护理专利申请策略

主　编　王丽芹　孟　萌　黄贤伟

副主编　赵恬静　王玉巍　杨荔慧

编　者　（以姓氏笔画为序）

王　蒙　白　颖　纪欢欢　杨晓红

张俊红　张晓琳　陈　瑜　孟晓云

盛　莉　韩　洋

科学出版社

北　京

内 容 简 介

本书从临床一线护理人员的科研需求出发，介绍了知识产权的基本理论及护理专利的写作方法与技巧，对如何发现护理问题并解决问题、专利授予条件、专利文件撰写、专利申请及产权归属等相关内容进行了详细阐述，为从事临床、教学、科研、管理的广大护理人员提供了一本贴近临床护理实践的、具有较强实用价值的入门参考书。本书总结了写作团队多年的专利撰写和申请实践经验，引入大量护理案例，并参考国内外相关的专利法律制度资料，解决了护理人员在专利书写和申请中遇到的疑难问题。不同领域、教育背景的护理人员可根据各自的需求选择进行重点阅读。

本书可供各级医院的护士及相关人员参考使用。

图书在版编目(CIP)数据

护理专利申请策略 / 王丽芹，孟萌，黄贤伟主编. —北京：科学出版社，2019.3

ISBN 978-7-03-060740-9

Ⅰ.①护… Ⅱ.①王… ②孟… ③黄… Ⅲ.①护理学－专利申请－研究－中国 Ⅳ.①D923.424

中国版本图书馆CIP数据核字（2019）第043207号

责任编辑：张利峰 / 责任校对：郑金红

责任印制：徐晓晨 / 封面设计：龙 岩

科学出版社出版

北京东黄城根北街16号

邮政编码：100717

http://www.sciencep.com

北京建宏印刷有限公司印刷

科学出版社发行 各地新华书店经销

*

2019年3月第 一 版 开本：880×1230 1/32

2019年10月第二次印刷 印张：9 1/4

字数：266 400

定价：45.00元

（如有印装质量问题，我社负责调换）

前　言

近年来，我国知识产权事业不断发展并取得了长足进步。据国家知识产权局公布的数据，2017 年我国发明专利申请量达到 138.2 万件，同比增长 14.2%，连续 7 年居世界首位；国际专利申请受理量 5.1 万件，同比增长 12.5%，排名跃居全球第二；每万人口发明专利拥有量达到 9.8 件，对我国的社会发展提供了强大的智力支持。护理学科作为医学门类下自然科学与人文科学色彩并重的一门综合性应用学科，在提高人民健康水平方面发挥着重要作用，其服务领域不断扩大、人才队伍素质不断提升，可以说进步明显、发展迅速。2013 年，护理学成为一级学科，为我国护理专业的发展提供了诸多发展契机和发展活力，而这些都离不开护理科学研究和理论研究的支撑。护理科研是护理学科发展的基础，是护理学作为一门独立学科的重要体现，也是推动护理事业进步的重要手段和途径。护理科研具体体现在研究项目、理论专著、学术论文和专利发明创造等方面。其中，专利发明作为知识、技术等创新的重要体现，越来越受到人们的重视。

护理人员工作在医疗临床第一线，专业的实践性极强，易于发现问题和解决问题。但由于护理人员的科研意识、科研能力、专利意识较为薄弱，目前护理人员的创造发明较临床医生来说，数量和质量还有一定差距。编者从一线护理人员的科研需求出发，针对护理人员专利申报意识薄弱的现状，适时恰当地从《中华人民共和国专利法》《中华人民共和国专利法实施细则》，以及诸多专利文献和自身申请专利的经验中总结出一套既实用又易于掌握的方法，从而编写了本书。本书对护理问题发现、解决问题的灵感、专利授予条件、专利文件撰写、专利申请、产权归属等相关内容进行了详细阐述，希望能为从事临床、教学、科研、管理的广大护理人员提供一本实用性和科学性强、可以有效指导护士正确便捷地撰写和申请专利的工具书。

本书共17章，包括知识产权、专利、专利权的主体、专利权的客体、专利权归属、护理专利选题、专利权的授予条件、专利检索、请求书撰写、说明书撰写、权利要求书撰写、专利邮寄申请、专利电子申请、专利申请审批程序、专利审查、专利权的授予与保护、专利权的转让等内容。同时重点讲解了护理学领域中特有的专利选题问题，并阐述专利的写作和申请技巧，针对没有任何专利申请文件撰写经验的一线护理人员，着重介绍一些基本的、与权利实体关系密切的撰写常识，以帮助他们在自行撰写专利申请文件时能够掌握和运用这些知识和方法。

本书的撰写以解放军总医院第八医学中心为依托，编者团队每年有较多的护理专利授权例数。编者在大量的临床护理实践和专利申请经验总结的基础上，秉承护理人科学严谨的态度、实事求是的作风、执着热忱的精神撰写此书，并采纳了多方意见，包括临床医生、护理教学人员、相关机构专利代理人等，力求突出科学性和实用性。由于水平有限，在专利法等相关法律事项的阐释上，以及编写形式和内容等诸多方面仍有不尽完善之处，恳请读者批评指正。

解放军总医院第八医学中心　王丽芹

2018年10月21日于北京

目　　录

第1章

知识产权

1973年，中国国际贸易促进委员会代表团首次出席世界知识产权组织（World Intellectual Property Organization，WIPO）的领导机构会议，并提出中文的知识产权概念，后沿用至今。因此，我国对知识产权的认识是从20世纪70年代正式开始的，随着我国社会主义市场经济不断发展，知识产权制度也在逐步完善。

知识产权是一种法定的权利，它保护的是人类智力劳动成果。智力劳动成果是指人类脑力劳动成果，知识产权所保护的人类脑力劳动成果只是其中的一部分，是符合法定条件的一部分。知识产权保护的主体可以是自然人、法人单位或非法人单位。知识产权并不是自古就有的，只有人类社会发展到一定阶段才会出现，它是商品经济和市场经济发展的产物。知识产权制度是知识产权保护的前提，没有知识产权制度就不存在知识产权保证。

第一节　知识产权概述

一、知识产权的概念

知识产权，英文为“intellectual property”，其原意为“知识（财产）所有权”或者“智慧（财产）所有权”，也称为智力成果权。1967年《成立世界知识产权组织公约》（简称WIPO公约）签订以后，该词才逐渐为国际社会普遍使用。在中国台湾和香港，则通常称之为智慧财产权或智力财产权。根据《中华人民共和国民法通则》的规定，知识产权属于民事权利，是基于创造性智力成果和工商业标记依法产生的权利的统称。

世界范围内比较公认的、有权威的对知识产权的定义是世界知识产权组织和世界贸易组织对知识产权的相关定义，主要体现在 WIPO 公约和《与贸易有关的知识产权协定》(Agreement on Trade-Related Aspects of Intellectual Property，TRIPs)，简称《知识产权协定》。

世界知识产权组织于 1967 年 7 月 14 日签订的、1970 年 4 月 26 日生效的 WIPO 公约第 2 条第（8）款规定："知识产权的范畴包括：文学、艺术和科学著作或作品；表演艺术家的演出、唱片或录音片和广播；人类经过努力在各个领域的发明；科学发现；工业品外观设计；商标、服务标志和商号名称及标识；以及所有其他在工业、科学、文学或艺术领域中的智能活动产生的产权。"世界知识产权组织是联合国下属机构，加入该组织的前提是必须为联合国成员国，也就是说必须是主权国家。因此，WIPO 公约对知识产权的定义是比较权威的，也是很多国家公认的，列举非常全面，范围也是最广的。

世界贸易组织（WTO）颁布的 TRIPs 第 1 条规定："适用的知识产权包括版权和相关权利；商标；地理标识；工业设计；专利；集成电路布图设计（拓扑图）；对未披露信息的保护。"

以上是两个比较公认的国际组织对知识产权的定义，影响较广。WIPO 公约和 TRIPs 相比，TRIPs 更注重考虑贸易相关的技术。

二、知识产权的特征

（一）无形性

知识产权的无形性也称无体性，是知识产权的本质特征。知识产权是一种无形财产权，这种无形财产权最大的特点是权利和权利保护的物质载体或客体是可以分离的，而有形财产权（物权）的权利和权利保护的物质载体或客体是不可以分离的。例如，一幅画作，纸张是画作的载体，有可能损坏，但是创作的画作是受知识产权保护的，没有消失，这种画作本身可在其他的纸张上或以其他形式产生。

知识产权保护的是人类的智力劳动成果，即一种创造性的思维活动。尽管这种思维活动也是人类无法感知的，但在法律层面上认为这种思维活动可以体现在具体的实物上。例如，护士发明一种手术寻针器，这种设计方案就是智力劳动成果，其智力活动其他人无法触摸和感知，但这种技术方案具体可以体现在零件、部件组成的寻针器实物上。一种智力劳动成果一经完成，就是客观存在的，不会随着载体的消亡而消亡。

（二）专有性

专有性即独占性或垄断性，指除权利人同意或法律规定外，权利人以外的任何人不得享有或使用该项权利。这表明权利人独占或垄断的专有权利受严格保护，不受他人侵犯。这种特殊的法律制度表现为知识产权保护制度。权利人依法可以独占其知识产权，对知识产权享有独占权利。每一项知识产品只能授予一人或集体所有权，以确保知识产权的权利主体具有唯一性，这体现了知识产权授予的专有性。知识产权的专有性直接来自于法律的规定或国家的授予，这是知识产权人利用知识产品的法律前提。

（三）地域性

地域性是指任何一项知识产权，只有依一定地域内的法律才能得以产生并在该地域内受到法律保护。这也是区别于有形财产的另一个重要法律特征。根据该特征，依一国法律取得的知识产权只在该国领域内受到法律保护，而在其他国家则不受该国家的法律保护，除非两国之间有双边的知识产权保护协定，或共同参加了有关保护知识产权的国际公约。

知识产权作为一种专有权利，其在空间上的效力并不是无限的，而要受到地域的限制。也就是说，在没有其他条约存在的情况下，知识产权的有效范围仅限于授予国的领域内，在该国的法律管辖范围内受到保护。如果要想在其他国家获得保护，必须向其他国家提出申请并按其法律进行审查批准或登记。

知识产权的地域性在《保护工业产权巴黎公约》所规定的专利、商标独立性原则中得到了充分体现。按照独立性原则的要求，一个成员国批准或驳回一项专利、商标，并不决定其他成员国是否对同一发明的申请案批准专利或商标；同样，一个成员国撤销了一项专利、商标或宣布它无效，也并不影响其他成员国就同一发明已经批准的专利、商标继续有效，且各国知识产权保护的实体内容和保护范围均是独立的。

（四）时间性

知识产权在法律规定的期限内受到保护，一旦超过法律规定的有效期限，这一权利就自动消失，相关知识产品即进入公有领域，成为整个社会的共同财富，为全人类共同享用。

目前，世界各国对知识产权的保护期限各有不同。根据我国相关法律规定，目前我国知识产权的保护期限如表 1-1 所示。

表 1-1　中国知识产权保护期限

种类	期限	起算日	备注
著作权	作者有生之年加死后 50 年	完成之日起	有些作品自发表之日起算
商标权	10 年	核准注册之日起	期满可以续展，每次续展的保护期限为 10 年
发明专利	20 年	申请之日起	—
实用新型专利	10 年	申请之日起	—
外观设计专利	10 年	申请之日起	—

第二节　知识产权制度的法律构成

一、我国知识产权相关法律和法规

（一）法律和法规

1.《中华人民共和国商标法》 1982 年 8 月 23 日通过，1983 年 3 月 1 日施行；1993 年 2 月 22 日第一次修订，1993 年 7 月 1 日施行；2001 年 10 月 27 日第二次修订，2001 年 12 月 1 日施行；2013 年 8 月 30 日第三次修订，2014 年 5 月 1 日生效。

《中华人民共和国商标法实施细则》于1983年3月10日颁发、施行；1988年1月3日第一次修订；1993年7月15日第二次修订；1995年4月23日第三次修订；2002年8月3日第四次修订，更名为《中华人民共和国商标法实施条例》，2002年9月15日施行；2014年4月第五次修订，2014年5月1日施行。

2.《中华人民共和国专利法》 1984年3月12日通过，1985年4月1日施行；1992年9月4日修订，1993年1月1日施行；2000年8月25日第二次修订，2001年7月1日施行；2008年12月27日第三次修订，2009年10月1日施行。

《中华人民共和国专利法实施细则》于1985年1月19日批准、公布，1985年4月1日施行；1992年12月12日修订，1993年1月1日施行；2001年6月15日第二次修订，2001年7月1日施行；2002年12月28日通过对第101条和第108条的修订，2003年2月1日施行；2009年12月30日 第四次修订，2010年2月1日施行。

3.《中华人民共和国民法通则》 1986年4月12日通过，1987年1月1日施行。相关内容有第五章第三节知识产权第八十八条第3、4款，第九十四至第九十七条。

4.《中华人民共和国技术合同法》 1987年6月23日通过，1987年12月1日施行；经修订并入1999年3月15日通过的《中华人民共和国合同法》(第18章技术合同)，1999年10月1日施行。

5.《中华人民共和国药品行政保护条例》 1992年12月12日批准，1992年12月19日发布，1993年1月1日施行。

《中华人民共和国药品行政保护条例实施细则》于1992年12月30日发布，1993年1月1日施行，2000年7月14日修改。

6.《中华人民共和国农业化学物质产品行政保护条例》 1992年12月25日批准，1992年12月26日发布，1993年1月1日施行。

《中华人民共和国农业化学物质产品行政保护条例实施细则》于1992年12月26日发布，1993年1月1日施行。

7.《中华人民共和国著作权法》 1990年9月7日通过，1991年6月1日施行；2001年10月27日修订并施行；2010年2月26日修订，

2010年4月1日施行。

《中华人民共和国著作权法实施条例》于1991年5月24日批准，1991年5月30日发布，1991年6月1日施行；2002年8月2日修订，2002年9月15日施行；2011年1月8日第一次修订；2013年1月30日第二次修订。

8.《中华人民共和国计算机软件保护条例》 1991年6月4日发布，1991年10月1日施行；2001年12月20日修订后重新公布，2002年1月1日施行；2011年1月8日第一次修订；2013年1月30日第二次修订。

9.《中华人民共和国实施国际著作权条约的规定》 1992年9月25日发布，1992年9月30日施行。

10.《中华人民共和国反不正当竞争法》 1993年9月2日通过，1993年12月1日施行；2017年11月4日修订。

11.《中华人民共和国知识产权海关保护条例》 1995年7月5日发布，1995年10月1日施行；2003年11月26日通过修订，12月2日公布，2004年3月1日施行；2010年3月24日修订。

《中华人民共和国海关关于〈中华人民共和国知识产权海关保护条例〉的实施办法》于2004年4月22日通过，2004年5月25日发布，自2004年7月1日施行；2009年2月17日审议通过，2009年7月1日施行。

12.《中华人民共和国特殊标志管理条例》 1996年7月13日发布、施行。

13.《中华人民共和国刑法》 1997年3月14日修订，1997年10月1日施行，相关内容有第3章第七节侵犯知识产权罪（第213条至第220条）及第八节扰乱市场秩序罪（第221条至第225条）。

14.《中华人民共和国植物新品种保护条例》 1997年3月20日发布，1997年10月1日施行。

《中华人民共和国植物新品种保护条例实施细则（农业部分）》于1999年4月27日通过，1999年6月16日发布、施行。

《中华人民共和国植物新品种保护条例实施细则（林业部分）》于

1999年8月10日发布、施行。

15.《中华人民共和国传统工艺美术保护条例》1997年5月20日发布、施行。

16.《中华人民共和国集成电路布图设计保护条例》2001年3月28日通过，2001年4月2日公布，2001年10月1日施行。

《中华人民共和国集成电路布图设计保护条例实施细则》于2001年9月18日公布，2001年10月1日施行。

17.《中华人民共和国技术进出口管理条例》2001年10月31日通过，2001年12月10日公布，2002年1月1日施行。

18.《奥林匹克标志保护条例》2002年1月30日通过，2月4日公布，2002年4月1日施行。

19.《中华人民共和国对外贸易法》1994年5月12日通过，1994年7月1日施行，2004年4月6日修订，2004年7月1日施行。相关内容为第三章货物进出口与技术进出口第十四条至第二十三条，第五章与对外贸易有关的知识产权保护第二十九条至第三十一条，第六章对外贸易秩序第三十二条至第三十六条。

（二）最高人民法院有关司法解释

1.《最高人民法院关于审理非法出版物刑事案件具体应用法律若干问题的解释》1998年12月13日通过，1998年12月17日公布，1998年12月23日施行。

2.《最高人民法院关于审理涉及计算机网络著作权纠纷案件适用法律若干问题的解释》2000年11月22日通过，2000年12月19日公布，自2000年12月21日施行，2003年12月23日修订，自2004年1月7日施行。

3.《最高人民法院关于人民法院对注册商标权进行财产保全的解释》2000年11月22日通过，2001年1月2日公布，自2001年1月21日施行。

4.《最高人民法院关于审理植物新品种纠纷案件若干问题的解释》2000年12月25日通过，2001年2月5日公布，自2001年2月14日施行。

5.《最高人民法院关于对诉前停止侵犯专利权行为适用法律问题的若干规定》 2001年6月5日通过，2001年6月7日公布，自2001年7月1日施行。

6.《全国法院知识产权审判工作会议关于审理技术合同纠纷案件若干问题的纪要》 2001年6月15日通过，2001年6月19日印发。

7.《最高人民法院关于审理专利纠纷案件适用法律问题的若干规定》 2001年6月19日通过，2001年6月22日公布，自2001年7月1日施行。

8.《最高人民法院关于审理涉及计算机网络域名民事纠纷案件适用法律若干问题的解释》 2001年6月26日通过，2001年7月17日公布，自2001年7月24日施行。

9.《最高人民法院关于开展涉及集成电路布图设计案件审判工作的通知》 2001年10月30日通过，2001年11月16日公布。

10.《最高人民法院关于民事诉讼证据的若干规定》 2001年12月6日通过，2001年12月21日公布，并自2002年4月1日施行。

11.《最高人民法院关于审理商标案件有关管辖和法律适用范围问题的解释》 2001年12月25日通过，2002年1月9日公布，自2002年1月21日施行。

12.《最高人民法院关于诉前停止侵犯注册商标专用权行为和保全证据适用法律问题的解释》 2001年12月25日通过，2002年1月9日公布，自2002年1月22日施行。

13.《最高人民法院关于涉外民商事案件诉讼管辖若干问题的规定》 2001年12月25日通过，2002年2月25日公布，自2002年3月1日施行。

14.《最高人民法院关于行政诉讼证据若干问题的规定》 2002年6月4日通过，2002年7月24日公布，自2002年10月1日施行。

15.《最高人民法院关于审理著作权民事纠纷案件适用法律若干问题的解释》 已于2002年10月12日通过，2002年10月12日公布，自2002年10月15日施行。

16.《最高人民法院关于审理商标民事纠纷案件适用法律若干问题

的解释》2002年10月12日通过，2002年10月12日公布，自2002年10月16日施行。

（三）最高人民检察院有关司法解释

《最高人民检察院公安部关于经济犯罪案件追诉标准的规定》于2001年4月18日发布实施（第六十一条至第六十九条）。

二、我国所缔结的国际公约

我国所缔结的国际公约是我国国内法的重要组成部分，我国现已加入了15个有关知识产权保护的国际公约，如下所述。

1.《建立世界知识产权组织公约》1967年7月14日于斯德哥尔摩签订，1970年4月26日生效，2013年4月为止已有185个成员国。我国于1980年6月3日加入该公约。

2.《保护工业产权巴黎公约》（简称《巴黎公约》）1883年3月20日于巴黎缔结，1884年生效，到2013年7月为止有175个成员国。我国于1985年3月19日加入该公约。

3.《集成电路知识产权条约》1989年5月26日于华盛顿签订，只有8个国家签字，至今尚未生效。我国于1989年5月26日签字加入该条约。

4.《商标国际注册马德里协定》1891年4月14日于马德里缔结，1892年生效，到2015年6月为止已有93个成员国。我国于1989年10月4日加入该协定。

5.《商标国际注册马德里协定有关议定书》1989年6月27日通过，1995年12月1日生效，到2004年12月为止已有66个成员国。我国于1995年12月1日加入该协定。

6.《保护文学和艺术作品伯尔尼公约》（简称《伯尔尼公约》）1886年9月9日于伯尔尼缔结，1887年12月生效，到2018年6月为止已有176个成员国。我国于1992年10月15日加入该公约。

7.《世界版权公约》1952年9月6日于日内瓦签订，到2004年7月为止已有98个成员国，由联合国教科文组织管理。我国于1992年10月30日加入该公约。

8.《保护录音制品制作者防止未经许可复制其录音制品公约》（简称《录音制品公约》或《唱片公约》） 1971年10月29日于日内瓦签订，1973年4月18日生效，到2004年4月为止已有73个成员国。我国于1993年4月30日加入该公约。

9.《专利合作条约》（PCT） 1970年6月19日于华盛顿签订，1978年生效，到2004年7月为止已有123个成员国。我国于1994年1月1日成为该条约的第64个成员国，中国专利局同时成为PCT的受理局、国际检索局和国际初审局。

10.《商标注册用商品和服务国际分类尼斯协定》（简称《尼斯协定》） 1957年6月15日于尼斯签订，1961年4月生效，到2004年7月为止已有72个成员国。我国于1994年8月9日加入该协定。

11.《国际承认用于专利程序的微生物保存布达佩斯条约》（简称《布达佩斯条约》） 1977年4月28日于布达佩斯签订，1980年8月19日生效，到2004年7月为止已有59个成员国。我国于1995年7月1日加入该条约。

12.《工业品外观设计国际分类洛迦诺协定》（简称《洛迦诺协定》）1968年10月8日于洛迦诺签订，1971年生效，到2004年7月为止已有44个成员国。我国于1996年9月19日加入该协定。

13.《专利国际分类协定》（简称IPC） 1971年3月24日于斯特拉堡签订，1975年生效，到2004年7月为止已有54个成员国。我国于1997年6月19日加入该协定。

14.《保护植物新品种国际公约》 1961年12月2日于巴黎签订，1996年生效，到2004年7月为止已有55个成员国。在此公约的基础上，成立了保护植物新品种联盟（简称UPOV）。我国于1999年4月23日加入该公约。

15.《与贸易有关的知识产权协定》（TRIPs） 1994年4月15日签订，1995年1月1日生效，到2004年7月为止已有147个成员。我国于2001年12月13日加入该协定。

参 考 文 献

管荣齐，2016. 中国知识产权法律制度 [M]. 北京：知识产权出版社 .
国家知识产权局，2010. 专利审查指南 [M]. 北京：知识产权出版社 .
王正志，2016. 中国知识产权指数报告 [M]. 北京：中国财政经济出版社 .
远德玉，丁云龙，2000. 科学技术发展简史 [M]. 沈阳：东北大学出版社 .
郑国辉，2015. 知识产权学 [M]. 第 4 版 . 北京：中国政法大学出版社 .

第2章

专　　利

在撰写和申请专利之前，我们首先要知道什么是专利，什么是专利权，要搞清楚一些专利最基本的知识，搞清楚专利与专利权之间的内在关系和必然联系，以及按照我国的专利制度我们应该怎样有效地申请专利等。本章主要对专利、专利权和专利制度等相关内容进行充分阐述。

第一节　专利概述

专利和专利权的概念是不同的，专利是一个比较笼统的概念，而专利权是一个权利归属概念，后文介绍的专利法则是对专利权人的合法权益进行保护的有关规定，保护的是一项权益。

一、专利的含义

“专利”一词在中国很早就出现了。在《国语》中有“荣公好专利”“匹夫专利，犹谓之盗”等用法，但其中的“专利”一词没有“公开”“显著”之意，只有独占、垄断之意。现代的专利（patent）一词来源于拉丁语“Litterae patentes”，是君主授予颁布某种特权的证明或者文件，后来指英国国王亲自签署的独占权利证书。现阶段是指一个主权国家或者代表若干国家的区域性组织根据申请而颁发授予发明创造者的在一段时间内独占实施其发明创造的权利。这种权利通过国家颁发的相应证书而达到确认。

结合专利法的相关规定，这里说的专利一般有以下四层含义。

(1) 我们在日常口语中所说的“专利”，仅仅指的是“独自占有”。例如，“你们不能按照我发明的产品生产，这是我的专利”。

(2) 一种专利权，就是指享有的专利权，专利权人依法在一定时期内享有的独占使用其发明创造的权利，这里强调的是权利，也是“专利”最基本的含义。

(3) 一项专利技术方案，即专利技术，是国家知识产权局授权认可的进行公开的专有技术，是在国家专利法保护下的技术或者方案，即专利的客体。

(4) 一项证书或者专利文献，是在国家知识产权局授权颁发的专利证书或指记载发明创造内容的专利文献，这里说的是一种专利文件（证书）。

二、专利的分类

根据《中华人民共和国专利法》(简称《专利法》) 第二条规定:“本法所称的发明创造是指发明、实用新型和外观设计”，具体描述如下所示。

1. 发明　是指对产品、方法或者其改进所提出的新的技术方案。

2. 实用新型　是指对产品的形状、构造或者其结合所提出的适于实用的新的技术方案。

3. 外观设计　是指对产品的形状、图案或者其结合及色彩与形状、图案的结合所作出的富有美感并适于工业应用的新设计。

第二节　专　利　权

一、专利权概述

(一) 专利权的定义

专利权是指国家按照《专利法》的规定，通过其主管机关授予发明人、设计人或其所在单位在法定期限内对某项发明创造享有独占权、排他权、专有权的权利。专利权的主体即专利权人，是指对某项已被国家授权的专利在法定期限内依法享有专有权的个人或单位。专利权主体可以是自然人，也可以是法人。

（二）专利权的产生

1. 提出申请　根据《专利法》第二十六条，必须由申请人向国家知识产权局提出书面申请，递交相应申请文件。

2. 专利受理　根据《专利法实施细则》第三十八条规定，国务院专利行政部门收到发明或实用新型专利申请的请求书、说明书（实用新型必须包括附图）和权利要求书，或者外观设计专利申请的请求书、外观设计的图片或者照片和简要说明后，应当明确申请日、给予申请号，并通知申请人。

3. 缴申请费　根据《专利法实施细则》第九十五条规定，申请人应当自申请日起 2 个月内或者在收到受理通知书之日起 15 日内缴纳申请费、公布印刷费和必要的申请附加费；期满未缴纳或者未缴足的，其申请视为撤回。

4. 审查授权　根据《专利法》第三十九条、第四十条规定，发明专利申请经实质审查没有发现驳回理由的，由国务院专利行政部门作出授予发明专利权的决定，发给发明专利证书，同时予以登记和公告。实用新型和外观设计专利申请经初步审查没有发现驳回理由的，由国务院专利行政部门作出授予实用新型专利权或者外观设计专利权的决定，发给相应的专利证书，同时予以登记和公告。

5. 办理登记手续　根据《专利法实施细则》第九十七条规定，申请人办理登记手续时，应当缴纳专利登记费、公告印刷费和授予专利权当年的年费；期满未缴纳或者未缴足的，视为未办理登记手续。

6. 专利权生效　发明、实用新型和外观设计专利权自公告之日起生效。

（三）专利权保护期限

根据《专利法》第四十二条、第四十三条、第四十四条规定，发明专利权的保护期限为二十年，实用新型专利权和外观设计专利权的保护期限为十年，均自申请日起计算。专利权人应当自被授予专利权的当年开始缴纳年费。

有下列情形之一的，专利权在期限届满前终止：①没有按照规定缴纳年费的；②专利权人以书面声明放弃其专利权的。

专利权在期限届满前终止的，由国务院专利行政部门登记和公告。

二、专利权的特征

专利权的特征和知识产权相关特征相似，作为一种智力劳动成果，其具有独占性、时间性和地域性。

（一）独占性

专利权的独占性是指权利人所独占，即国家依法在一定时期内授予专利权人独占使用其发明创造的权利，权利人垄断这种专有权利并受到法律的严格保护。在一定时间（专利权有效期内）和区域（法律管辖区）内，未经法律规定或权利人许可，任何单位或个人未经专利权人许可都不得实施其专利。

《专利法》第十一条："发明和实用新型专利权被授予后，除本法另有规定的以外，任何单位或者个人未经专利权人许可，都不得实施其专利，即不得为生产经营目的制造、使用、许诺销售、销售、进口其专利产品，或者使用其专利方法以及使用、许诺销售、销售、进口依照该专利方法直接获得的产品。外观设计专利权被授予后，任何单位或者个人未经专利权人许可，都不得实施其专利，即不得为生产经营目的制造、许诺销售、销售、进口其外观设计专利产品。"第十二条："任何单位或者个人实施他人专利的，应当与专利权人订立实施许可合同，向专利权人支付专利使用费。被许可人无权允许合同规定以外的任何单位或者个人实施该专利。"明确了权利人的独占权。

（二）时间性

专利权的时间性是指专利在法律规定的期限内受到保护，规定的是专利的独占权的时间。专利权人的独占权不是永久性的，超过法律规定的时间，这种独占权利就自动消失，专利相关的技术信息就进入公有领域，可以自由使用了，即成为整个社会的共同财富，为全人类共同享用。《专利法》第四十二条规定了专利保护时间，发明专利权的期限为二十年，实用新型专利权和外观设计专利权的期限为十年，均自申请日起计算。

（三）地域性

专利的独占专有权利是在地域上受到限制的，其并不具有地域上的无限性。它只在授予国家或者地区内有效，并受到该国或区域组织的法律管辖范围保护。如果一项专利要在其他国家获得法律保护，必须向其他国家提出申请并按其法律进行审查批准或登记。

第三节　专利制度

一、专利制度的起源

（一）世界上第一部专利法律

1474 年，威尼斯制定了《威尼斯专利法》，把工艺师的技艺当作准技术秘密加以保护，由君主赐予特权，要求工艺师只在当地同领域工艺师之间传授技术，而要对外国工艺师们严格保密。之所以称其为“最接近现代的专利制度”，是因为这部法律缺少“公开”的属性，并且带有浓厚的封建特权色彩。

（二）现代专利法

1624 年，英国颁布了《垄断法》，以立法取代了由君主赐予特权的传统，规定了许多经典意义的原则和定义，如发明专利权的主体和客体、取得专利的条件、专利有效期及专利权无效等。18 世纪初，英国改善了专利制度，加入了“专利说明书”等规定，最终形成了具有现代特点的专利制度。

（三）现代专利制度的建立

美国于 1790 年、法国于 1791 年、荷兰于 1817 年、西班牙于 1820 年、德国于 1877 年、日本于 1885 年相继建立了专利制度，这对西方经济的快速发展起到了较大的推动作用。近代中国因创新不足，错失了多次工业革命历史机遇而落后于西方。中国形成现代专利制度的时间非常晚，是在 1985 年。

二、我国专利制度的发展

（一）我国专利制度的萌芽

我国专利制度的萌芽可追溯到 19 世纪中叶太平天国时期。首次提出专利设想的是太平天国天王洪秀全的族弟洪仁玕，他在《资政新篇》中写道："兴车马之利，以轻便轻捷为妙。倘有能造如外邦火轮车，一日夜能行七八千里者，准自专有利，限满准他人仿做……"但是，伴随太平天国的覆灭，他的设想没有实现。

1881 年，资产阶级改良实业家郑观应管理上海机器织布局，上书要求给予机器织布工艺 10 年专利。光绪皇帝予以批准，使之成为我国历史上第一件"专利"。自此之后，清政府批准过造纸、酿酒、纺纱等新工业的垄断权。

1898 年，清政府光绪皇帝颁布了《振兴工艺给奖章程》，规定凡发明新方法制造重要的新产品，可以获准 50 年的专利；一般的新产品可获准 30 年的专利；即使仿造西方的产品，也可以获准 10 年的专利，并且还依据发明的大小给发明者分封大小不等的官职。然而，随着"百日维新"的"流产"，此专利法也被淹没在历史尘埃之中了。

（二）中华民国、国民党政府时期的专利法规

1912 年和 1923 年，中华民国政府分别颁布《奖励工艺品暂行章程》和《暂行工艺品奖励章程》。1928 年、1932 年和 1944 年，国民党政府分别颁布《奖励工艺品暂行条例》《奖励工业技术暂行条例》和《专利法》。其中，《专利法》还对专利申请、审查、实施等作了详细规定。然而因为战争，此专利法并没有得到有效实施。

（三）中华人民共和国的专利法规

1951 年，中华人民共和国政府颁布《保障发明权与专利权暂行条例》，采取了发明权与专利权的双轨制。发明人可以自由选择申请发明权或者专利权，并分别获得发明权证书或专利权证书。在之后长达 13 年的时间里，国家只批准了侯氏制碱法（侯德榜）、水煤气转化触媒剂、棉花水分电测器、压差式火灾警报器、简易制造纯氩气方法、简易水分测定器 6 项发明权，软硬性透明胶膜网线版（胡振夔）、国产软木、

地形测绘器、合成氨制造过程吸除一氧化碳的方法 4 项专利权。

1963 年，国务院废止《保障发明权与专利权暂行条例》，颁布《发明奖励条例》，认为以“独占、垄断”为要义的专利制度不符合“社会主义”，由过去实施的双轨制变成了单一的发明权制度。

改革开放以后，专利制度再次受到重视。1984 年 3 月 12 日，人大常委会通过并颁布了《中华人民共和国专利法》，并于 1985 年 4 月 1 日实施。同时，在其实施之前的 1985 年 1 月 19 日，国务院批准了《中华人民共和国专利法实施细则》，标志着我国现代专利制度的建立。法律规定了对发明、实用新型和外观设计的保护，规定了授予专利权的实质性要件、专利的申请和审查程序、专利权的无效程序和侵权的法律救济等内容。考虑到我国当时即将加入《保护工业产权巴黎公约》，也在专利法中体现了国民待遇、优先权、专利独立三大原则。

1992 年 9 月 4 日，人大常委会通过了《中华人民共和国专利法》的第一次修订，并于 1993 年 1 月实施。这次修订不仅修正了《中华人民共和国专利法》实施暴露出的缺陷，还考虑了恢复关贸总协定缔约国地位和中美知识产权保护的因素，做出了扩大专利保护的范围、增设本国优先权、强化专利权的保护力度、调整审批程序、延长保护期限、完善强制许可制度、扩大专利复审委员会的复审权限和范围等修正。

2000 年 8 月 25 日，人大常委会通过了《中华人民共和国专利法》的第二次修订，并于 2001 年 7 月实施。这次修订的主要目的是让中国的专利法符合《知识产权协定》的基本原则和最低要求，为中国加入世界贸易组织扫清障碍。该次修订进一步明确和完善了行政执法的原则、权限和责任，加大了对专利权的保护力度，取消了撤销程序，规定了有关方面的义务等。

2008 年 12 月 27 日，人大常委会通过了《中华人民共和国专利法》的第三次修订，自 2009 年 10 月起实施。这次修订的目的是为了进一步与 TRIPs 接轨，维护我国的经济发展利益。这次修订主要体现在以下方面：专利授权标准由“相对新颖性”提高到“绝对新颖性”，对专利权的保护力度大幅提升，专利侵权诉讼程序大幅简化，增加了对遗传资源的保护。

三、我国专利制度的主要特点

（一）先申请原则

世界范围内从时间上确定申请专利的原则有两个：一是先发明原则，二是先申请原则。先发明原则是几个人就同一发明创造向专利行政部门申请专利，专利行政部门将专利权授予最先完成发明创造的人。我国实行先申请原则，同样的发明创造只能授予一项专利权，对相同的发明创造申请授权的，专利权属于最先申请的人。

（二）形式审查和实质审查制

形式审查又称初步审查，是国务院专利行政部门为发明、实用新型和外观设计专利申请是否具备形式条件进行的审查。形式审查的主要目的是查明专利申请是否符合《专利法》关于形式要求的规定，为后期的公开和实质审查作准备；查明实用新型和外观设计是否符合《专利法》有关规定，对符合授权条件的依法授予专利权。实质审查是对发明专利的新颖性、创造性和实用性进行的审查，对符合条件的发明授予专利权。

（三）行政保护与司法保护双轨制

自 1984 年首部《专利法》确立了专利权行政保护和司法保护并行的制度开始，这样的双轨制模式一直沿用至今。专利权的行政保护是指国家专利行政机关按照相关法律程序，运用行政权力调解专利权归属纠纷和查处专利违法行为，维护专利权人合法权益的制度。专利权司法保护是指专利权人因专利权受到侵害而向法院提起诉讼，或者当事人申请专利时对专利复审委员会的决定不服而向法院提起行政诉讼时寻求司法救济的法律保护制度。

四、我国专利制度的发展目标

按照国家知识产权战略，专利制度发展要着重加强以下几方面。

（1）以国家战略需求为导向，在生物和医药、信息、新材料、先进制造、先进能源、海洋、资源环境、现代农业、现代交通、航空航天等技术领域超前部署，掌握一批核心技术的专利，支撑中国高技术产业与新兴产业发展。

（2）制定和完善与标准有关的政策，规范将专利纳入标准的行为。支持企业、行业组织积极参与国际标准的制定。

（3）完善职务发明制度，建立既有利于激发发明人创新积极性，又有利于促进专利技术实施的利益分配机制。

（4）按照授予专利权的条件，完善专利审查程序，提高审查质量，防止非正常专利申请。

（5）正确处理专利保护和公共利益的关系。在依法保护专利权的同时，完善强制许可制度，发挥例外制度的作用，研究制定合理的相关政策，保证在发生公共危机时，公众能够及时、充分获得必需的产品和服务。

参考文献

崔国斌，2016. 专利法：原理与案例 [M]. 第 2 版 . 北京：北京大学出版社 .
管荣齐，2016. 中国知识产权法律制度 [M]. 北京：知识产权出版社 .
郑国辉，2015. 知识产权学 [M]. 第 4 版 . 北京：中国政法大学出版社 .
支苏平，2017. 知识产权读本 [M]. 北京：经济管理出版社 .

第3章

专利权的主体

我们从法律相关基础知识中可以得知，法律主体是指享有权利、负有义务和承担责任的人。这里所说的“人”主要是指自然人。然而，在特定情况下，可以将法人等“人和组织”类推为法律主体。专利权的主体是指专利权的关系人，依法享有专利权并承担与此相应义务的个人或单位。本章主要对专利权关系人的相关概念和知识进行介绍。

第一节　专利权主体的含义

我们所说的专利权的主体与法律上所称的享有权利、负有义务和承担责任的人一样。这里所说的“人”也是指自然人和法人。专利权的主体有广义和狭义之分。广义的专利权的主体是指对本项发明创造作出创造性贡献的发明人或设计人、申请人和专利权人；狭义上的专利权的主体是特指的专利权人。根据《专利法》的规定，无论是职务发明或者非职务发明创造专利申请，在申请被授予专利权后，该单位或者个人都可以为专利权人。任何单位或者个人都可以依法成为权利人，任何单位或者个人不得压制。

根据《专利法实施细则》，对发明创造的实质性特点作出主要创造性贡献的人，对发明创造付出了相应的智力劳动，应当认为是专利权的主体。另外，为了鼓励发明创造，组织大量的人力或提供物质技术条件的单位，或者直接投资于发明创造的人或者单位也可以作为权利人。

第二节 发明人或设计人

一、发明人或设计人的概念和要件

根据《专利法实施细则》第十三条规定："专利法所称发明人或者设计人，是指对发明创造的实质性特点作出创造性贡献的人。"发明创造的实质性特点是指对所属技术领域的技术人员来说，发明相对于现有技术是显而易见的，是一种独特的解决问题的技术方案。创造性贡献是指在本项发明过程中对实质性技术特征起决定性作用的人。这种实质性贡献指的是对发明创造的原始性构思（创新点）进行的创造性劳动，或于发明人脑海里形成的完整具体而固定的原始性构思在运用一些技能后进行的可重复性操作。

二、发明人或设计人的判定

这里所说的发明人或设计人必须是自然人，不能是单位或者集体。同时，在完成发明创造的过程中，只负责组织工作的人、为物质技术条件的利用提供方便的人或者从事其他辅助工作的人，不是发明人或设计人。另外，发明人或设计人必须是对发明创造的实质性特点作出创造性贡献的人，而那些只是提出一般性意见、大体的方向性指导意见或者没有提出解决问题的具体技术方案的人员，不能是发明人或设计人。例如，在一项课题中，仅仅是参与了部分临床试验，参与计划修订，或在整个课题组内主持方向性的人员，不能是发明人或设计人。共同发明人或设计人是指完成这种发明创造的发明人或设计人。共同发明人或设计人的认定标准和单一的发明人或设计人的认定标准是一致的，都是依据我国《专利法实施条例》的规定，对发明创造的实质性特点作出创造性贡献的人。

共同发明人或者设计人是指共同完成发明创造的人。在没有协议的情况下，共同发明人或者设计人的权利和义务是相等的。共同发明人在申请专利时，专利权归共同发明人所有。我国《专利法》中未规定共有专利权或共同申请专利权利的行使。为此，应当理解为适用《民法通则》中关于权利共有的原则，即各共有人可以按份共有，也可以共同共有。对专利而言，共同共有是指两个以上共有人对共有的专利权或专利申请不分份额、平等地享有所有权。

三、发明人或设计人的权利

发明人或设计人在完成一项发明创造后，应该享有一定的权利。与权利人不同，发明人或设计人拥有荣誉权。具体来说，发明人或设计人享有以下权利。

（一）署名权

根据《专利法》第十七条规定："发明人或者设计人有权在专利文件中写明自己是发明人或者设计人。" 无论是单位或个人申请专利权都无法改变发明人的地位。

通过署名权可以让其他人知道本项专利的发明人或设计人是谁，同时也体现了对发明人或设计人的尊重。即使是职务发明，虽然专利权不属于发明人或设计人，但本条规定发明人或设计人在专利文件中仍然有署名的权利，一方面是表明发明人或设计人对该发明创造作出了实质性贡献，对其智力劳动的成果予以肯定，另一方面也可以激发发明人或设计人进行发明创造的积极性，鼓励发明创造。

首先，这种署名权属于个人人身权的一种，是一种精神权利，这种精神权利具有专有性，其他人不能享有；其次，这种精神权是无法转让的，无论是单位或者个人申请，无论是职务发明或者非职务发明，无论专利权怎样转让，都无法改变发明人的地位和署名的权利。总之，它不随本项发明创造所有权的变化而变化；另外，署名权也是不能继承的。

专利署名权是一种精神和荣誉。人们普遍认为，只有一项发明创造取得专利权后才享有署名权，这种观点是错误的。发明人或设计人对某一项发明创造作出了实质性贡献，对其付出了大量的智力劳动，无论这项发明创造是否申请了专利，或是在申请专利权时能否被授予专利权，发明人或设计人都始终享有这种精神权。

（二）获得奖励和报酬的权利

根据《专利法》第十六条规定，被授予专利权的单位应当对职务发明创造的发明人或设计人给予奖励；发明创造专利实施后，根据其推广应用的范围和取得的经济效益，对发明人或设计人给予合理的报酬。根据《专利法实施细则》规定，被授予专利权的单位可以与发明人、设计人约定或在其依法制定的规章制度中规定《专利法》第十六条规定的奖励、报酬的方式和数额。被授予专利权的单位未与发明人、设计人约定也未在其依法制定的规章制度中规定《专利法》第十六条规定的奖励方式和数额的，应当自专利权公告之日起 3 个月内发给发明人或设计人奖金。一项发明专利的奖金最低不少于 3000 元，一项实用新型专利或者外观设计专利的奖金最低不少于 1000 元。

由发明人或设计人建议而被其所属单位采纳、完成的发明创造，被授予专利权的单位应当从优发给发明人或设计人奖金。被授予专利权的单位未与发明人、设计人约定，也未在其依法制定的规章制度中规定《专利法》第十六条规定的报酬方式和数额的，在专利权有效期限内，实施发明创造专利后，每年应当从实施该项发明或实用新型专利的营业利润中提取不低于 2% 的数额，或者从实施该项外观设计专利的营业利润中提取不低于 0.2% 的数额，作为报酬给予发明人或设计人，或者参照上述比例，给予发明人或设计人一次性报酬。被授予专利权的单位许可其他单位或个人实施其专利的，应当从收取的使用费中提取不低于 10% 的数额，作为报酬给予发明人或设计人。

（三）申请权和专利权

发明人或设计人对一项发明创造依法享有“申请专利权”的权利和被“授予专利权”的权利，那么在这里我们要分清楚“申请专利权”和“专利申请权”两个概念。

“申请专利权”顾名思义就是发明人或设计人就一项发明创造有权向国务院专利行政部门提出申请专利权的权利，这是主要区分职务发明。“专利申请权”是申请人对已经向国务院专利行政部门提出申请但还未被授予专利权期间的专利申请的权利，是对一段时间而言的，此期间专利申请权可以转让，《专利法》第十条、第十五条和第七十二条都有关于“专利申请权”的叙述。

根据《专利法》规定，对于非职务发明创造，申请专利的权利属于发明人或设计人，申请被批准后，该发明人或设计人为专利权人。同时，即使是利用本单位的物质技术条件所完成的发明创造，单位提前与发明人或设计人订有合同，对申请专利的权利和专利权的归属作出约定的，从其约定。也就是说，在签订有效约定的情况下，利用单位技术条件申请的专利，发明人也可以是专利权人。

对发明人或设计人的非职务发明创造专利申请，任何单位或个人不得压制。这里所说的申请人所属的单位和有关人员，也包括国家知识产权局等任何与专利的申请和审批有关的单位与人员。

第三节　专利申请人

一、专利申请人的概念

专利申请人又称专利申请权人，是指对某一项发明创造依法向国务院专利行政部门申请专利的人。这里说的申请专利的人，可以是自然人，也可以是法人或其他组织。一项专利的申请人也就是本项专利的权利人，在国家知识产权局未授权前称为申请人，授权后称为专利权人。

根据《专利法》相关规定，职务发明创造申请专利的权利属于该单位，申请人应该是单位。非职务发明创造申请专利的权利属于发明人或设计人，申请人就是发明人或设计人。

二、职务发明创造申请人

根据《专利法》第六条规定："执行本单位的任务或者主要是利用本单位的物质技术条件所完成的发明创造为职务发明创造。职务发明创造申请专利的权利属于该单位。"《专利法》所称的"本单位"是企业、事业、国家行政机关、社会团体和其中组织，既包括正式工作单位，也包括临时工作单位，既包括法人单位，也包括非法人单位。

执行本单位的任务所完成的职务发明创造是指在本职工作中作出的发明创造；履行本单位交付的本职工作之外的任务所作出的发明

创造；退休、调离原单位后或者劳动、人事关系终止后1年内作出的，与其在原单位承担的本职工作或者原单位分配的任务有关的发明创造。

职务发明创造主要是利用本单位的物质技术条件所完成的发明创造，这里讲的物质技术条件应当包括资金、设备、零部件、技术情报或技术资料等。其中，技术情报或技术资料是指该单位拥有的内部情报或资料，如技术档案、设计图纸和新技术信息等。此外，对本单位物质技术条件的利用应当是完成发明创造所不可缺少的。应当指出的是，只有在工作人员完成发明创造不是进行其本职工作，也不是执行其单位分配的任务，而是自己进行的情况下，才需要根据“主要是利用本单位的物质技术条件完成的发明创造”这一规定来确定专利申请权和专利权的归属。

三、非职务发明创造申请人

根据《专利法》第六条第二款规定：“非职务发明创造，申请专利的权利属于发明人或设计人；申请被批准后，该发明人或设计人为专利权人。”其主要包括不在单位工作的独立发明人；在单位非本职工作中作出的发明创造；不是在履行本单位交付的本职工作时的发明创造；退休、调离原单位后或者劳动、人事关系终止满1年后作出的发明创造，不是用本单位的物质条件等完成的发明创造。既不明显属于职务发明；也不明显属于非职务发明的发明创造，如履行既非单位分配的任务，也非本职工作之外的其他任务时所作出的发明创造，当这类发明创造的权利归属问题发生纠纷时，一般由双方在尊重事实、全面考虑单位和发明人对发明创造的创造性贡献后协商决定。

四、合作或委托发明创造申请人

合作或委托完成的发明创造专利申请人按照《专利法》第八条规定执行：“两个以上单位或个人合作完成的发明创造、一个单位或个人接受其他单位或个人委托所完成的发明创造，除另有协议的以外，申请专利的权利属于完成或共同完成的单位或者个人；申请被批准后，申请的单位或个人为专利权人。”

参考文献

崔国斌，2016. 专利法：原理与案例 [M]. 第 2 版 . 北京：北京大学出版社 .
管荣齐，2016. 中国知识产权法律制度 [M]. 北京：知识产权出版社 .
国务院，2010. 中华人民共和国专利法实施细则 [Z].
全国人大常委会，2008. 中华人民共和国专利法 [Z].
郑国辉，2015. 知识产权学 [M]. 第 4 版 . 北京：中国政法大学出版社 .

第4章 专利权的客体

法律关系客体是指权利和义务所指向的对象，又称权利客体。专利权的客体是有明确的权利对象的，是受法律保护的载体。专利作为知识产权其中的一种智力劳动成果，它所指的是人们在智力活动中所创造的财产权利和精神财富。这种智力劳动就是知识产权所指向的对象。本章所叙述的专利权的客体是发明、实用新型和外观设计。《专利法》对专利权的客体条件作出了规定，是申请专利最基本的前提条件。

第一节 发 明

根据《专利法》第二条第二款规定 ：“发明是指对产品、方法或者其改进所提出的新的技术方案。”发明专利是发明人利用人类现有技术和自然规律解决问题的各种技术方案。发明体现在采用新的技术方案，这种技术方案主要通过技术特征来描述，而这种技术特征必须在某一技术领域内具有一定的创造性。

（一）发明的特征

1. 必须利用自然规律　发明中的技术方案是对要解决的技术问题所采取的利用自然规律的技术手段的集合。科学发现、智力活动的规则和方法由于未采用技术手段解决技术问题，以获得符合自然规律的技术效果的方案，所以不属于《专利法》意义上的发明。

2. 必须是具体技术方案　要求清楚、完整，充分公开其技术内容，对所属领域普通技术人员来说能够实现。

3. 必须包含技术创新　与现有技术相比，必须具有新颖性和创造性。

（二）发明的分类

1. 按照发明的对象或载体分类　主要分为产品发明、方法发明和改进发明三类。产品发明以产品技术方案的技术为特征，主要体现于产品的零部件、装置、材料和设备等，又可以细分为物品发明、物质发明和材料发明；方法发明主要以方法技术方案的技术为特征，主要体现于方法发明的步骤、过程、工艺、温度及时间等，包括制作方法发明、化学方法发明、生物方法发明和其他的方法发明。

2. 按照发明与现有技术之间的区别联系分类　可分为开拓性发明和改进性发明。开拓性发明又称首创性发明，是一种全新的技术方案，在技术史上未曾有过先例。改进性发明是对已有的产品、方法在技术上进行改进，这种改进是一种技术上的革新，在产品和方法上具有突出的实质特点和显著的进步。

如果未采用技术手段解决技术问题，则不属于发明的客体。科学发现和科学理论不属于发明创造的客体，因为其没有运用自然规律直接地能动地改造客观世界。但如果是利用其原理解决技术问题的，则属于此类。

第二节　实用新型

根据《专利法》第二条第三款规定："实用新型是指对产品的形状、构造或其结合所提出的适于实用的新的技术方案。"

实用新型专利和发明专利一样，也是采用新的技术方案，应用新的技术手段解决现存的技术问题，但其创新程度比发明稍弱，主要是那些不完全具备创造性条件的一些"小发明"。两者还是存在一定区别的。第一，实用新型只能是一种具体的产品形状或构造，而不是一种方法，是实实在在存在的客观实体，是从产品的立体外形、技术效果和功能角度出发的技术方案。第二，实用新型专利创新性要求低于发明，前者要求与现有技术相比有实质性特点和进步，后者要求与现有技术相比有突出的实质性特点和显著进步。第三，保护范围和期限不同。实用新型保护范围窄，保护期限短，发明专利保护期为 20 年，实用新型保护期为 10 年。第四，审查程序、期限和费用不同。实用新型无须进行实质审查，经审查认为符合《专利法》要求即可作出授权决定，审查程序简单、期限较短、费用较低；而发明专利要经过初步审查、早期公开和实质审查后才能作出授权决定，程序复杂、期限较长、费用较高。

第三节　外观设计

根据《专利法》第二条第四款规定：“外观设计是指对产品的形状、图案或者其结合以及色彩与形状、图案的结合所作出的富有美感并适于工业应用的新设计。”外观设计专利主要对产品的形状、图案、色彩方面做出创新或改进。外观设计针对的是产品载体，不管采用怎样的设计方案，必须是在产品上进行的；产品的色彩是不能构成外观设计的，也必须跟产品进行结合；外观设计还有一个明显的保护客体就是必须富有美感，主要关注点是在视觉效果上而不是功能和技术特征；同时还要适于工业应用并且可以在工业生产中批量生产。外观设计专利和实用新型专利都可以涉及产品的形状，但两者不同的是，实用新型专利是从产品的结构和功能角度出发的技术方案，而外观设计专利是从产品美感角度出发的设计方案。

第四节　不授予专利权

一、不授予专利权的原则

专利权是专利权人对特定的发明创造在一定期限内依法享有的独占权，这种独占权是国家直接授予的，体现着国家意志。所以凡是违反法律、社会公德或者妨害公共利益的发明创造，均不授予专利权。

根据我国《专利法》第五条和各个国家公约的相关规定，对违反法律、社会公德或者妨害公共利益的发明创造，不授予专利权。

（一）违反国家法律

直接违反法律的发明创造，不授予专利权，如吸毒的器具、赌博设备等法律明文禁止的发明创造。有些发明创造的目的并没有违反法律，但是由于其被滥用而违反法律的，则不属此列。例如，用于医疗的各种毒药、麻醉品、兴奋剂和用于娱乐的棋牌等。

《专利法实施细则》第十条规定，《专利法》第五条所称违反法律的发明创造，不包括仅其实施为法律所禁止的发明创造。如果仅仅是发明创造的产品的生产、销售或使用受到法律的限制或约束，则该产品本身及其制造方法并不属于违反法律的发明创造。例如，用于国防的各种武器的生产、销售及使用虽然受到法律的限制，但这些武器本身及其制造方法仍然属于可给予专利保护的客体。

（二）违反社会公德

社会公德是指公众普遍认为是正当的、并被接受的伦理道德观念和行为准则。它的内涵基于一定的文化背景，随着时间的推移和社会的进步不断地发生变化，且因地域不同而各异。例如，淫秽的图片或者照片的外观设计，非治疗目的的人造器官，克隆人或克隆人制作方法等，以上都违反社会公德，不授予专利权。

（三）妨害公共利益

妨害公共利益是指发明创造的实施或使用会给公众或社会造成危害，或者会使国家和社会的正常秩序受到影响。对一些破坏生态平衡、环境污染和致人伤残或死亡的发明创造，不授予专利权。例如，一种使扒手盗窃者断指的防盗装置及方法，不能被授予专利权。

如果一件专利中存在违反法律、社会公德或妨害公共利益的相关内容，后期经申请人补正后将其相关部分删除掉，是可以授权的。总之，只要是违反法律、社会公德或妨害公共利益的发明创造，国家知识产权局坚决不授予专利权，以防止其扰乱社会公共秩序，危害公众安全，导致犯罪，从而维护国家安全和社会安定。

二、不授予专利权的条件

根据《专利法》第二十五条的规定，对下列各项不授予专利权：①科学发现；②智力活动的规则和方法；③疾病的诊断和治疗方法；④动物和植物品种；⑤用原子核变换方法获得的物质；⑥对平面印刷品的图案、色彩或者两者的结合作出的主要起标识作用的设计。对前款第④项所列产品的生产方法，可以依照本法规定授予专利权。

下文主要介绍不能授予专利权的内容。从各国专利法的规定来看，并非创造出来的任何东西都可以获得专利权和进行法律保护。也就是说，并不是“普天之下，但凡是人创造出来的东西，都可以获得专利”。

（一）科学发现

科学发现不同于发明，发现是揭露自然界中存在的物质、现象、规律等，是客观存在的。科学理论也属于广义上的发现，是对这个客观世界认知的总结，正如牛顿根据坠落的苹果发现地球引力是一种自然界的客观现象。虽然说发现在本质上是改造客观世界的基础，但它不同于专利法意义上的发明创造，故而不能授予专利权。

发现与发明有本质上的区别，两者也有密切的关系。如果发现付诸实施应用，指导形成了具体的技术、产品等，就可以构成发明。发现往往促成发明，综观专利发明不难看出，绝大多数发明都是建立在发现基础上的。例如，在自然界中某一物体上发现了一种新型抗生素，这种抗生素可以抑制和杀死多耐药菌菌株，这是一种发现，是不能授予专利权的。然而，科研人员经过不断提纯、动物实验及临床试验研制一种新药，就可以被授予专利权。发明与发现的这种密切关系在化学物质的“用途发明”上表现最为突出，当发现某种化学物质的特殊性质之后，利用这种性质的“用途发明”应运而生。

（二）智力活动的规则和方法

智力活动的规则和方法是指导人们思维、分析、推理和判断的规则和方法，属于抽象思维。智力活动的规则和方法是人类的思维活动，没有采用技术手段或者利用自然规律，也未解决技术问题和产生技术效果，因而不构成技术方案，所以不能被授予专利权。专利权规范和保护的是采用技术特征来改造客观世界的一种方案，是一种生产、生活的经营活动，而并非人的思想。智力活动的规则和方法本质上就是一种人脑的最为基本的思维活动规律，将这种思维活动申请为专利，显然是不合理的。

有人会问，完成一项发明创造的过程不就是人的智力活动的体现吗？没有智力活动哪来的发明创造呢？当然，没有人的智力活动是什么也完成不了的，这毋庸置疑。但是，我们这里所讲的智力活动的规则和方法显然不是指在完成整个发明创造过程中人的智力的体现，而是指完成发明创造后，其实施是否仍然依靠人的智力活动。例如，为中小学生提供的一种学习方法，没有学生的智力活动就无法实施这种方法。

因此，专利申请中权利要求限定的全部主题或内容是智力活动的规则和方法，是不授予专利权的。如果说一项发明创造的权利要求不仅包括限定的主题或内容是智力活动的规则和方法，还包括技术特征，而这种技术特征不是智力活动的，就可以考虑授予专利权。

（三）疾病的诊断和治疗方法

疾病的诊断和治疗方法是指以有生命的人体或动物体为直接实施对象，进行识别、确定或消除病因或病灶的过程。出于人道主义和伦理的要求，医生在诊断和治疗过程中应当有选择各种方法和条件的自由。另外，疾病的诊断和治疗方法无法在产业上利用，不属于专利法意义上的发明创造。因此，疾病的诊断和治疗方法不能被授予专利权。但是，用于实施疾病诊断和治疗方法的仪器或装置，以及在疾病诊断和治疗方法中使用的物质或材料属于可被授予专利权的客体。

1. *疾病诊断*　是指识别、研究和确定有生命的人体或动物体病因或病灶状态的过程，以有生命的人体或动物体为对象，并且以获得疾病诊断结果或健康状况为直接目的，不能被授予专利权。例如，血压测量法、诊脉法、X 线诊断法、超声诊断法、胃肠造影诊断法、内镜诊断法、同位素示踪影像诊断法等。

2. *治疗方法*　是指为使有生命的人体或动物体恢复或获得健康或

减少痛苦，进行阻断、缓解或者消除病因或病灶的过程，包括以治疗为目的或具有治疗性质的各种方法。根据《专利法》第二十五条第一款第（三）项的规定，治疗方法不能被授予专利权。预防疾病或免疫的方法也被视为治疗方法，不能被授予专利权。例如，外科手术治疗方法、药物治疗方法、心理疗法；以治疗为目的的针灸、麻醉、推拿、按摩、刮痧、催眠、药浴、空气浴、阳光浴、森林浴和护理方法；以治疗为目的利用电、磁、声、光、热等种类的辐射刺激或照射人体或动物体的方法；以治疗为目的采用涂覆、冷冻、透热等方式的治疗方法；为预防疾病而实施的各种免疫方法；为实施外科手术治疗方法和（或）药物治疗方法采用的辅助方法，如返回同一主体的细胞、组织或器官的处理方法、血液透析方法、麻醉深度监控方法、药物内服方法、药物注射方法、药物外敷方法等；以治疗为目的的受孕、避孕、增加精子数量、体外受精、胚胎转移等方法；以治疗为目的的整容、肢体拉伸、减肥、增高方法；处置人体或动物体伤口的方法，如伤口消毒方法、包扎方法；以治疗为目的的其他方法，如人工呼吸方法、吸氧方法。另外，外科手术方法，使用器械对有生命的人体或动物体实施的剖开、切除、缝合、文刺等创伤性或者介入性治疗或处置的方法，都不能被授予专利权。

（四）动物和植物品种

动物和植物是有生命的物体。根据《专利法》第二十五条第一款第（四）项的规定，动物和植物品种不能被授予专利权。专利法所称的动物不包括人，动物和植物品种可以通过《专利法》以外的其他法律法规获得保护。例如，植物新品种可以通过《植物新品种保护条例》获得保护。根据《专利法》第二十五条第二款的规定，对动物和植物品种的生产方法可以授予专利权。但这里所说的生产方法是指非生物学的方法，不包括生产动物和植物的生物学方法。

（五）用原子核变换方法获得的物质

原子核变换方法及用该方法所获得的物质关系到国家的经济、国防、科研和公共生活的重大利益，不宜为单位或私人垄断，因此不能被授予专利权。

综上所述，申请人要想顺利通过专利审查获得专利权，就必须满足发明创造本身要满足的客体条件。

参考文献

崔国斌，2016. 专利法：原理与案例 [M]. 第 2 版 . 北京：北京大学出版社 .
国家知识产权局，2010. 专利审查指南 [M]. 北京：知识产权出版社 .
国务院，2010. 中华人民共和国专利法实施细则 [Z].
全国人大常委会，2008. 中华人民共和国专利法 [Z].

第5章

专利权归属

专利权归属的问题归根结底是某一项发明创造的无形财产权的归属问题。专利权作为一项财产权，具有独占的性质，容易在经济和利益方面产生纠纷和矛盾。同时，专利属于知识产权的一部分，从加大知识产权保护的力度、保护发明人的合法权益，以及鼓励发明创造和推动社会进步的多个角度出发，专利申请权和专利权的归属问题在法律上必须给予明确的规定。本章主要阐述专利权的归属问题。

第一节 概 述

我们所讲的专利权归属有狭义和广义之分。从狭义的角度讲，专利权归属其实就是指一项专利的专利权人。在《专利法》中明确规定，专利权人是专利权的所有人及持有人的统称，可以自由地支配和使用此项专利。从广义的角度讲，一项专利权利的产生是根据申请人在向专利行政管理部门提出申请时确定的，不管是自然人或单位法人都有“申请专利权”。在申请过程中申请人有“专利申请权”，在批准申请后，被“授权专利权”，这些都是根据申请专利的进程进行确定的。

所有的发明创造都是经过人的智力劳动创造出来的，发明人或设计人有权对其发明创造提出授予专利申请，同时权利人也就应当是发明人、设计人。例如，某些国家的专利法规定，专利申请人只能是发明人。但是，在现实情况中，对于一些重大的发明创造，需要辅以大量的资金、众多的设备、各种物质条件和有组织的协调，个人很难独立完成。因此，我国《专利法》对职务发明和非职务发明的专利权人进行了明确。综上所述，各个国家的专利法根据其经济发展情况和实际科技水平在立法宗旨上进行严谨的设计，对专利申请和专利权主体资格的规定具有很强的政策引导性，决定着专利制度下科技的发展趋势。

第二节　职务发明

根据《专利法》第六条规定："执行本单位的任务或者主要是利用本单位的物质技术条件所完成的发明创造为职务发明创造。职务发明创造申请专利的权利属于该单位；申请被批准后，该单位为专利权人。"职务发明的专利权归该单位所有，所有权由该单位支配。

一、单位人员和单位

理解"本单位"应该从"本单位的人员"和"单位"两个方面进行分析。一项发明创造必须是本单位工作人员进行的智力劳动，同时还应是对发明创造的实质性特点作出创造性贡献的人。这类单位人员包括在岗在编的正式人员和临时工作人员，还包括退休、调离原单位后或者劳动、人事关系终止后1年内作出发明的工作人员。临时工作人员还包括聘用人员和借调的人员。例如，从其他单位借调，虽然这些人员的编制和工资关系在其他单位，但借调单位实际上是把他们纳入本单位的工作计划的，所以在完成该单位所分配工作的情况下，应当视为本单位的工作人员。

本条所称的"单位"，既包括法人单位，也包括非法人单位，主要是企业、事业、国家行政机关、社会团体和其他组织。

二、执行任务时作出的发明创造

执行任务时作出的发明创造主要包括以下几种情况：①发明人

或设计人在本职工作中完成的发明创造。例如，一位输液中心的护士，她在工作中发明了一种安瓿折断钳，这项发明就是职务发明创造。②履行本单位交付的本职工作之外的任务所作出的发明创造，虽然其与发明人或设计人的本职工作无关，但是属于在执行本单位分配的专门任务时完成的发明创造。例如，输液中心护士的本职工作主要是负责门诊成年人患者的输液和设计一些输液用具，单位临时派她去进行一项新手术探查灯的发明，她作出的有关发明创造也是职务发明创造。③工作人员离职、退休或调动工作后1年之内作出的，与其在原单位承担的本职工作或者分配的任务有关的发明创造。发明创造是极其艰苦的智力劳动，要有一个漫长的构思和试验的过程，离职、退休后一段时间内作出的发明创造往往与原单位的工作有密切的关联。那么离开原单位，要多长时间内所作的发明创造应定为职务发明？我国《专利法实施条例》规定为1年。

三、利用本单位的物质技术条件

《专利法》第六条所称本单位的物质技术条件，是指本单位的资金、设备、零部件、原材料或者不对外公开的技术资料等。其中，不对外公开的技术资料是指该单位拥有的内部情报或资料，如技术档案、设计图纸和新技术信息等。对本单位物质技术条件的利用，应当是完成发明创造所不可缺少的。只有在工作人员完成发明创造不是进行其本职工作，也不是执行其单位分配的任务，而是自己进行的情况下，才需要根据“主要是利用本单位的物质技术条件完成的发明创造”这一规定来确定专利申请权和专利权的归属。如果一项发明创造不是利用本单位的物质条件，也不是执行本单位交付的任务，而是采用本单位的内部情报资料，这种情况下申请的专利也属于职务发明。

第三节　非职务发明

《专利法》第六条第二款规定：“非职务发明创造，申请专利的权利属于发明人或设计人；申请被批准后，该发明人或设计人为专利权人。”根据本条，除了职务发明外，所有其他的发明创造都是非职务发明创造。例如，没有工作单位的人员进行的发明创造。

一、合约非职务发明

根据《专利法》第六条第三款规定 ：“利用本单位的物质技术条件所完成的发明创造，单位与发明人或设计人签订有合同，对申请专利的权利和专利权的归属作出约定的，从其约定。”本条规定单位工作人员可以利用本单位的物质条件进行发明创造，通过事先的合约进行专利权的归属。也就是说，发明人利用本单位的物质条件进行发明创造时，个人与单位之间签订的合同可以是职务发明，也可以是非职务发明，应按照个人与单位签订的合同内容来判定。

本条规定一方面是在鼓励发明创造，也规范了怎样处理好单位与个人之间的关系，在一定的条件下利于发挥个人的积极性，同时也使本单位闲置的一些物质条件得到充分利用 ；另一方面个人利用单位物质条件完成的发明创造，以合约的形式明确了专利权的归属问题，大大地减少纠纷和矛盾，也给发明创造和科技发展注入了活力和动力。个人与单位之间的经济利益关系通过双方的平等协商签订，明确了双方的权利和义务关系，双方必须遵守。但要在实施中注意，不能随意把职务发明通过合同“合法”地转变为非职务发明，随意地将职务发明抢先以个人名义申请专利。

二、不得压制非职务发明

《专利法》第七条规定 ：“对发明人或设计人的非职务发明创造专利申请，任何单位或者个人不得压制。”这主要针对由专利权归属的问题（换而言之就是为了规避财产权利的归属问题）导致的一系列利益和矛盾的冲突。本条明确规定了非职务发明创造专利申请，任何单位或个人不得压制，既包括申请人所属的单位和有关人员，也包括国家知识产权局等任何与专利申请和审批有关的单位与人员。

压制非职务发明专利申请的表现方式包括明知是发明创造而不承认是发明创造 ；明知可以或应当申请专利而阻挠申请专利 ；因专利申

请是非职务发明而在审批程序上予以歧视等。另外，如果单位将发明人或设计人的非职务发明创造据为己有，并向专利局申请专利，那就成了侵夺发明人或设计人的非职务发明创造专利申请权，这是一种严重的侵权行为，事实确凿的，应根据《专利法》第七十二条的规定“侵夺发明人或者设计人的非职务发明创造专利申请权和本法规定的其他权益的，由所在单位或者上级主管机关给予行政处分”作出相应处分。

总之，非职务发明的专利权归属于发明人或设计人，对于利用单位物质条件进行的发明签订合约的，按照合约规定归属专利权，可以是单位，也可以是发明人或设计人。对于非职务发明创造专利申请，任何单位或个人不得压制。通过个人与单位专利权归属的问题，我们可以看出其归根结底还是专利财产权的支配或经济利益分配的问题。现阶段怎样解决个人与单位的利益分配问题，对未来发明创造的前景和动力有较大影响。

第四节　共同发明

关于共同发明，《专利法》第八条规定 ：“两个以上单位或者个人合作完成的发明创造、一个单位或者个人接受其他单位或者个人委托所完成的发明创造，除另有协议的以外，申请专利的权利属于完成或者共同完成的单位或者个人 ；申请被批准后，申请的单位或个人为专利权人。”本条所规定的专利权的归属问题是明确的协议优先，只要双方订有合作协议，就应按照协议签订的内容对其归属问题进行划分。如果没有协议、协议未明确专利归属或协议无效的情况下，申请和取得专利的权利属于完成或共同完成的单位或个人。这里所说的合作可以是单位与单位之间、单位与个人之间、个人与个人之间合作完成的发明创造。

共同发明是在签订共同合作协议的基础上产生的，或者是在协议无效的基础上产生的，规定了专利权的归属问题，双方必须履行遵守。一般情况下，合作双方共同完成了一项发明创造，双方都对发明创造的实质性特点作出了创造性贡献，然而这种实质性贡献没有规定最低数量或质量的限制，一般共同发明申请和取得专利的权利属于共同共有。

如果双方签订了有效协议，专利权归属按照协议内容执行；如果双方没有签订协议，且双方都对此项发明创造的实质性特点作出了创造性贡献，那么专利权属于双方共同共有；如果双方合作，只要一方的发明人对此项发明创造实质性特点作出了创造性贡献，在没有协议的情况下贡献发明人所在的单位就拥有申请专利和取得专利的权利。这种实质性贡献指的是对发明创造的原始性构思（创新点）作出的贡献。

第五节　委托发明

关于委托发明，《专利法》第八条规定："两个以上单位或者个人合作完成的发明创造、一个单位或者个人接受其他单位或者个人委托所完成的发明创造，除另有协议的以外，申请专利的权利属于完成或者共同完成的单位或者个人；申请被批准后，申请的单位或者个人为专利权人。"这里所说的委托可以是单位与单位之间、单位与个人之间、个人与个人之间的委托。本条所规定的专利权的归属问题是明确的协议优先，只要双方订有委托协议，就应按照协议签订的内容对其归属问题进行划分。如果在没有协议、协议为明确专利归属或协议无效的情况下，申请和取得专利的权利属于完成或共同完成的单位或个人。

一个单位或个人接受其他单位或个人委托所完成的发明创造，应当签订协议，根据协议划分权利归属。按照常理来说，委托方提供资金、技术资料和原始数据，进行有效的协助工作，受委托方合理地使用委托方的资金，按照提供的技术资料和原始数据，按期完成发明任务，提供技术成果。委托方享有权利的多少和其提供资金的多少成正比，资金越多则享有的权利也就越多，反之则越少，当然这些权利的分配必须在协议中明确。如果没有协议，受委托方主要从事科学研究工作，为对发明创造作出创造性贡献的一方，即完成发明创造的一方，那么申请专利的权利应当属于受委托方所有。另外，协议没有明确双方专利权归属的内容，那么申请专利的权利属于完成或共同完成的单位或个人；申请被批准后，申请的单位或个人为专利权人。

参考文献

国务院，2010. 中华人民共和国专利法实施细则 [Z].
全国人大常委会，2008. 中华人民共和国专利法 [Z].
郑国辉，2015. 知识产权学 [M]. 第 4 版 . 北京 ：中国政法大学出版社 .

第6章

护理专利选题

爱因斯坦曾经说过：“提出一个问题往往比解决一个问题更重要。因为解决问题也许仅仅是一个数学上或者实验上的技能而已，而提出新的问题，从新的角度去看待旧的问题需要有创造性的想象力。”发现问题，提出问题，是所有科研工作的第一步，护理科研和发明创造也是如此。创新驱动在全球各地已经掀起新一轮的发展浪潮。知识产权的运用不仅是创新实现价值的主要方式，更是创新支撑学科发展的主要路径，而专利作为一种重要的知识产权资源已成为个体、团队乃至学科的立身之本。

在客观世界中有太多未知的事物和未解的现象，这些未知的谜等待我们去探索发现，然而对于一些已知的事物，还有许多未知的规律没有被发现；抑或是即使已经发现了规律，但怎么去应用这些已知的规律改造世界还等待着我们去探索，这就是我们需要面对的应用科学研究工作。好奇、探索和发现始终是推动科研前进的永不枯竭的发动机。对于那些富有新颖性、创造性和实用性的专利来说更是如此。选题被看作是所有科研形式的开端，是专利申请的第一步，也是许多护理工作者存在疑惑的地方。本章主要对护理专利的选题进行阐述。

第一节　概　　述

专利一般是由政府机关根据专利申请而颁发的一种文件，这种文件记载了发明创造的内容，并且在一定时期内产生一种法律状态，是一项发明创造的首创者所拥有的受保护的独享权益。《专利法》和《专利法实施细则》并没有明确规定选题及选题的相关概念，但护理专利选题和护理科研选题是相通的，都是以临床问题为起源的。

护理专利选题

选题是科研工作的起点，是护理科研工作者首要面对的问题，无论从事怎样形式的护理科研工作，选题都是最为关键的一步。

（一）选题的含义

选题是指选择、形成和确定一个需要研究和解决的科学问题，它是开展科学研究的前提。护理研究者选择一个研究问题，课题、试验或论文撰写等都是围绕护理选题开始的。护理选题过程就是提出一个问题的过程。提出和发现的问题应是某一学科、领域或某一分支内未知的具有一定科学价值的问题。在我们所属的技术领域内有许许多多未被认知的事物、方法和规律。不管遇到什么问题，我们都应当多问几个“是什么？”“为什么这样？”“有哪些弊端？”“怎么做更合理？”当发现了问题，就应想方设法利用各种资源、手段去解决问题，在我们特别强调解决实际问题的同时，其实我们也完成了另一个问题的蜕变，那就是创新，因为解决实际问题最终的目的就是去实现创新。

要想选好护理选题，首先要确定一个存在亟待解决的重要问题的科学领域或者说正确的科研方向，要在自己喜欢的技术领域内去发现和探索，这是富有意义或充满乐趣的一件事。如若不然，则最后的效果会常有不佳或者过程比较苦闷。另外，要在所选定的技术领域内时常关注最前沿的发展动向，这就要求我们不仅要掌握本技术领域的基础知识、技能，还要经常检索文献，跟踪技术领域的前沿动向。

（二）选题的重要性

护理专利和护理课题等形式的护理研究意义相近，在评价专利有没有意义或价值时，排除必须具备的要素、格式或形式外，最主要的是评价这个专利研究和解决问题的程度，而课题解决问题的方案还要看研究工作的程序，研究程序最终还是要落在最初的选题上，要与选题相匹配。

选题是整体科研的第一步，是科研的主要思想，也是体现一名科学研究者科研能力和水平的重要方面。选题的过程凝结着研究者对本技术领域知识认知的学术结晶，更是一种具有绝对创新的思维活动。选题的最终确立可以指导和引领今后整个科研过程的方向。选题能力从一定程度上真正体现了一名研究者的创新思维能力和学术创造价值。所以，选题是一项重要的科学研究工作，是高水平和创造性研究成果的开端，也是一个研究者学术能力和学术地位的体现。

（三）护理专利的选题

专利创造主要是对产品、方法或者对产品的形状、构造或是对产品的形状、图案进行发明创造。对于护理人员而言，专利的选题范围是比较宽泛的。护理方法的改进、护理用具的革新及常见护理风险提示标志的设计等，这些都是护理人员可以选择的护理专利范围。

一大批优秀的护理人员从自己日常工作中的临床实践出发，总结经验、发现问题并且自己动手解决问题，其中不乏富含科技含量和社会贡献价值的专利。这些专利在不违反相关标准、指南要求的情况下不仅能节省大量护理人力和时间，而且还使患者得到高质量的护理照护，促进患者身心健康的恢复。护理专利发明的实施转化，不仅节约了护理成本，减轻了护士个体的劳动量，而且增加了社会效益。

第二节　发现护理问题

发现问题是一切科研探索的出发点。一个有意义、有价值的选题的出现，也证明一个有价值问题的提出，这样的问题会激发护理研究者极大的兴趣去探索和研究，这就是科研的乐趣所在。

护理问题的来源

护理研究的范围宽泛，主要涉及与护理工作相关的所有问题与现象。护理专利的选题和护理研究一样宽泛，只要是与护理工作相关的问题，都可以看作护理专利选题的来源。对于一些护士而言，不管在哪个护理专科工作，当在具体实践中遇到一些问题或现象不能用已知的知识进行说明和解释，有经验或有科研意识的护士就会对此问题与现象多问几个为什么，在脑海里出现一些最原始的想法，通过后期文献检索、专家咨询等过程不断修正、完善，最终形成专利选题。这种科研意识是难能可贵的，特别是最初的思维火花。在实践中，护理人员有哪些途径来实现护理专利选题？通过总结经验，我们把护理专利的选题途径分为以下几个方面。

（一）临床实践

临床实践是所有护理研究的灵感和问题来源，也是护理科研的实践基础。在临床工作中会遇到一些没有解决的陈旧问题或者不断产生的新问题，这些就是大量选题的灵感源泉。当护理人员发现一些问题时，个人或团队通过科学的研究思路和方法解决发现的问题，不仅丰富了个人的专业知识，同时也是一场科研之旅。通过观察发现临床实践中的一些问题和现象，并善于总结问题，是护理科研的捷径。正如 19 世纪法国著名的雕刻家罗丹所说：“美是到处都有的，对于我们的眼睛，不是缺少美，而是缺少发现。”其实在我们日常护理的工作中，有许多值得我们停下来去发现、去总结、去思考的东西。但是我们在每天平常的工作、忙碌和奔波中忘了去发现或不再去发现，或者根本就不想再去发现。下面，我们总结几种临床实践中发现问题的视角。

1. *最普遍的问题*　首先，我们看一个古老的中国故事。战国时期，鲁国的鲁班偶然被茅草的叶子划破了手指，他发现叶子的边缘长着许多小齿，他想如果在金属片边缘打制一些锋利的锯齿，在伐树中肯定比用斧头砍要更省力、更快。于是他就做了试验，果然很快就把树锯断了。这个故事告诉我们，在日常工作中要善于观察和思索。所以，发现和灵感都来源于生活、来源于平凡的工作、来源于身边、来源于临床一线，它不是虚无缥缈或者“高大上”的东西，而是实实在在地在我们身边。

在我们的日常工作中也会经常遇到某些问题，如深部手术切口照明效果问题。在现阶段，由于切开术能更好地暴露手术视野，更好地切除或清除病灶，因此切开术仍然是手术室开展的主要手术方式之一。目前，无影手术灯是切开术的主要照明系统，但是它对于一些深部组织的手术和部分微型手术照明效果不佳。针对这一问题或现象，我们可以多问几个为什么，为什么无影灯对一些手术照明效果不佳？这类手术是什么手术？以往在行这些手术时的无影灯照明效果是什么样的？哪些因素导致照明效果不佳？照明不佳时会带来哪些风险？在现有的条件下怎么解决这些问题？怎么采用最经济的方法解决这个问题？

在这个问题中，我们可以了解一例手术事例。例如，小切口下开胸肺叶切除手术。以前开胸手术一般切口比较大，需要剪断肋骨进行手术，一般切口需要 20 ～ 30cm，切口较大比较容易看清楚肺叶组织。随着医疗技术的不断提高和一些美容观念及微型化手术观念的深入，手术切口正在逐渐缩小。现在一些小切口开胸手术，切口在 10 ～ 15cm，不再剪断肋骨。但其胸部较深，切口小，手术医生又多是头碰头注视术野，这些多方面的原因导致无影灯无法照到胸腔内，照明效果不佳。怎么设计一种既经济又实用的手术探查设备呢？发明人受到腹腔镜手术时腔镜镜头照明的启发，设计了一种可以随意折弯置入体腔内、易于取得较长时间和较稳定的照明、便于消毒灭菌、可以在无菌手术台上直接使用、不需要额外大型输电设备的支持、可以提高手术视野的照明亮、减少非必要的探测和治疗时间的照明灯，即一种手术探查指示灯。它的主要结构包括盒体，安置在所述盒体内的用于提供电源的电池，安置在所述盒体内且与所述电池连接的多个光源；电池的一端与所述多个光源连接用于传导光线的多个光导纤维束；所述多个光导纤维束的外部套装有可折弯的外套管，所述外套管的尾端连接所述盒体，所述外套管的头端内部安置有与所述多个光导纤维束另一端连接的灯头，所述外套管的头端顶部设有至少一个聚光光线输出窗口，所述外套管的头端侧部均匀开设有多个散光光线输出窗口。此实用新型的手术探查指示灯可以直接置于切开腔中提供照明，结构简单，使用方便，照明效果佳，可大大提高手术效率。

再来看一个例子：一种手术缝针寻针器。手术缝针是手术室一般用物中最小的物品，同时也是使用频率较高的物品之一。在使用过程中如果夹持不当，较容易引起蹦针或飞针。根据手术室物品清点制度要求，手术人员必须找到所飞出的针。此时参与手术的所有人员必须全部停止工作，配合巡回护士一起寻找丢针。寻找的盲目性、缝针的大小、寻找人员的人数都会影响找针的速度和时间。如果发生飞针事件，就会增加手术时间，增加患者手术风险和患者的经济损失等，同时也大大降低手术医生对手术的满意率。

我们知道在手术过程中存在多处飞针的风险。手术医生专心手术操作，传递手术缝针时过于依赖护士，在催促过程中难免发生不正确的传递，从而发生飞针；手术医生在传递过程中，持针器未扣满齿，护士在接持过程中调整缝针位置时容易引起飞针；部分手术医生有不良习惯，直接将持针器抛掷在无菌台上，容易引起飞针；部分医生在缝合皮下组织和皮肤时没有正确掌握缝合技术，导致缝针断裂而飞针；部分新护士在参加手术时由于精神过度紧张，不正确的持针容易导致飞针。不管什么原因，手术缝针飞到地面上，必须要进行查找。发明人根据磁铁的原理和电极的原理设计了一种可报警的缝针寻针器。

专利“一种手术缝针寻针器”，主要结构包括用于磁吸手术缝针的磁铁，叠合在所述磁铁上的至少一个电极板，电连接所述电极板的报警电路。其中，所述电极板上有用于探测所述手术缝针是否被磁吸的检测线圈。该寻针器实用新型结构简单，操作方便，可提高寻针效率。

2. *改进工作中的难题*　在实际临床工作中我们会遇到一些使用比较困难、烦琐或不顺手的护理用具等，在不违反各类原则的情况下，护理人员试图寻求改进，从而使用起来更加合理、省时省力，如改进的一种电动清创车。

我们知道，开放伤是创伤的一种，是按照皮肤完整性而划定的。有皮肤破损的开放伤，包括擦伤、撕裂伤、切割伤、砍伤和刺伤等。开放性的伤口常有污染，需要进行清创处理，其目的是将污染的伤口变成清洁伤口，为组织愈合创造条件，清创时间越早越好，在伤后 6 ～ 8 小时进行清创一般都能达到一期愈合。一般情况下，主要用生理盐水、肥皂液、碘伏、苯扎溴铵、3%过氧化氢等消毒液体进行清创。清创时，按照清创步骤依次应用消毒液体进行逐步处理。现有技术中，清创所用的这些液体都存放在各自的容器内，清创时，按照使用步骤依次倒取。采用这种方法，倒取液体时比较麻烦，耗时费力，同时也存在消毒液体被交叉污染的可能性。根据现有的清创车，发明人进行了一部分功能上和结构上的改进，使用起来更加方便。其主要结构包括上表面呈漏斗形的车架；安置于车架上且位于漏斗下方的废水回收箱；安装于车架上的用于朝漏斗方向自动喷出不同消毒液体的多个液体喷射组件。该实用新型的电动清创车结构简单，可以自动喷出消毒液体，便于清创操作，省时节力，有效防止不同消毒液体交叉污染，提高清创效果。

以问题为导向是护理专利选题最常用的护理方法。但只会发现问题也是远远不够的，还要会总结，总结可对其发现的问题或现象摸索发展规律，通过总结使零星的、肤浅的、表面的感性认识上升至全面的、系统的、本质的理性认识，可以更好更快地进行一些护理研究。我们必须要勤于发现、勤于思索、善于总结，通过观察和发现问题，研究出非常直接和行而有效的解决问题的方法。

（二）阅读文献

我们在学习、工作和科学研究时，要采用一种有效的途径获得对自己有价值的信息和文献，来满足自己的学习需要。阅读文献就是我们最好的获取知识和有价值信息的方法，如同“站在巨人的肩膀上”，也是我们最便捷和高效的获得知识的途径。

1. *提供信息和灵感*　选择适合自己专业的高质量的核心期刊，经常阅读，也可以经常浏览最新的学术专著和一些专业网站，了解学术发展动态，了解研究热点和前沿信息。同时，针对自己感兴趣的护理研究领域进行文献检索、发掘新问题。通过阅读文献资料，看一看同行们正在研究什么、研究的深度和广度等，从中吸取值得学习和借鉴的地方，结合自身经验激发灵感。

当我们在日常工作中发现需要解决的问题时，如果个人和团队没有什么好的技术方案可以解决，此时就可以通过查阅文献和指南，从中总结出一套合适的解决办法。或者自己通过试验研究已经解决了所发现的问题，然后看一看这套解决问题的办法在文献中有没有相似的，有没有别人已经公布保护起来的，这套方案是否还具有新颖性、创造性，是否还可以进行专利的申请。

2. 对比借鉴　通过阅读文献可以发现自己的技术方案的局限性。通过总结文献资料，可以对自己的技术方案不断加以完善，找出一套更加合适的、严谨的技术方案。即使在阅读文献的过程中发现了现有技术或者已知领域中有与自己想法相似的专利，我们也可以针对已公布的技术方案找出不足之处，找出存在的技术漏洞，找出他们无法解决的现存问题。这样把自己更优化或更新颖的技术方案撰写出来，可以再次申请专利保护。

（三）同行交流

与同事之间的交流也分好多种，主要可以分为正式的学术交流和非正式的学术交流。通过参加正式的学术交流活动，一些优秀的业界专家和成功人士从专业的角度分享所属领域的学术前沿信息，可以更好地开阔思路，增长学识。特别是在开阔思路方面，学会用另一种思维模式看问题，用另一种角度和立场看待所发现的问题，会有一种柳暗花明的感觉，自己的灵感也会被激活。这种正式的学术交流形式是多种多样的，学术交流和探讨不仅可以激发灵感，还可以澄清研究思路，形成清晰的思维，从而解决新问题。

非正式的学术探讨主要是在科室日常工作或非工作时间的交流活动，可以有组织地进行，也可以自发地进行。这种交流方式可以更加放松，在较为愉悦的轻松环境中进行，个人所阐述的观点不必考虑正确与否，可以随心所欲地进行交流。我们可以从大量的交流信息中总结出对自己有价值的思路。

（四）科研基金指南

科研基金是为了从事科学研究活动而设立的具有一定数量的资金。我国主要的科研基金来源可以划分为国家级、部委级和地市级，主要包括国家、卫生健康委员会、科技部、护理学会、大学和医院等相关部门。科研基金明确资助的研究领域和范围引导着研究方向。所以，我们要认真阅读各类科研基金指南要求，理解指南的内涵，找准适合自己能力范围的课题定位，找到适合自己的科研方向。通过一些定性和成形的科研题目或选题，我们可以直接进行研发。

第三节　发现问题常用的方法

当遇到问题时，人们常采用自己习惯的思维方法去思考和解决问题。思维方法有很多种，纵观历史发展，某些思维方法在特定的年代、特定的人群中被灵活运用，创造出许多具有重大影响的发明。在当今知识大爆炸、重大发现和发明层出不穷的时代，我们要灵活地运用一些思维方法去解决问题。不管采用怎样的思维方式方法都必须要求自我的强大，要求自我在所属的领域内有高超的技艺、丰富的学识积累、成熟的心智经历和坚定执着的信念。

一、问题导向法

问题导向法即从问题出发，根据问题直接相关的条件引导人们的思维活动。护理人员每天面对较为繁重的临床护理任务，经常遇到多种多样的问题。面对诸多问题，要采用不同方法行而有效地解决。问题导向法是被动的思维方式，遇到问题，解决问题，没有主动把控问题发展的趋势，但能在繁重临床护理工作中站在客观实际的角度，采用科学的方法去解决遇到的问题，已经是难能可贵了。对于忙碌穿梭于临床一线的护理人员来说，问题导向法不失为一个好办法。

例如，我们公布的一种医用钢钉 / 钛钉存取盒，主要解决了钢钉 / 钛钉的清洗效果和钉子安全固定的问题。供应室工作人员发现，一般情况下，医用钢钉 / 钛钉按照直径大小、长短顺序放置在钉盒内，放置个数相对固定。通常由厂家人员按照医院流程交由供应室人员进行消毒处理。在交接过程中双方人员清点数目，固封钉盒进行后续的清洗、消毒灭菌处理。按照医院的清洗消毒规范，此钉盒应放置在清洗机中进行清洗。在清洗过程中，现有技术中钉盒的四面和顶面是整体的结构，在清洗后进行 ATP 生物荧光检测时，往往钉盒最中间的钉体的清洗效果并不理想。另外，现有技术的钉盒没有将盒体与盒盖锁定的结构，如果没有封好钉盒，在后续的搬运过程中，钉盒极容易散开。

因此，较短的钉子会从钉盒内飞出，易对周围人员造成伤害，且需对钉子进行再次处理，降低了清洗与有效使用效率。

这是临床一线护理人遇到的问题。针对这些问题我们按照问题导向法的原则，寻找与问题直接相关的条件。在清洗效果方面，我们发现盒体四面和顶面是整体的结构，只有一个底部开口。清洗后往往钉盒最中间的钉体的清洗效果并不理想。同时，我们还发现现有技术的钉盒没有将盒体与盒盖锁定的结构。钉子是直接安插在钉板上的，特别容易导致短小的钉子脱出。于是护理人员发明并公开了一种医用钢钉 / 钛钉存盒：取盒顶面和正面分别开口的盒体；其一侧与盒体背板顶端连接的盒盖用于与盒体形成可封闭的盒子；安装在盒体内的用于存放两层医用钢钉 / 钛钉的折叠式存取结构，具有上层安置组件、下层安置组件和将上下层安置组件连接在一起的连接板；其中，所述上层安置组件包括上活动板，所述下层安置组件包括下固定板；所述下固定板与所述上活动板分别与所述连接板的内外两侧边连接，以便所述下层安置组件可相对所述上层安置组件移动。

该实用新型的存取盒结构简单，使用方便，存取盒存放钢钉 / 钛钉多且便于存放或拿取，减少采购成本，为医护人员提供便利，便于对医用钢钉 / 钛钉的储存、搬运与清洗，清洗效果好，避免不安全事故的发生。

二、头脑风暴法

头脑风暴法（brain-storming，BS）是美国创造学家奥斯本在1939年提出的，它是搜集人们对某一特定问题看法的一种方法，通常是将有兴趣解决某一问题的人集合在一起，在完全不受约束的条件下，敞开思路，畅所欲言，是一种无限制的自由联想和讨论，其目的在于产生新观念或激发创新设想。头脑风暴法又可分为直接头脑风暴法(通常简称为头脑风暴法）和质疑头脑风暴法（也称反头脑风暴法)。前者是在专家群体决策下尽可能激发创造性，产生尽可能多设想的方法，后者则是对前者提出的设想、方案逐一质疑，分析其现实可行性的方法。

（一）会议原则

为使与会者畅所欲言，互相启发和激励，达到较高效率，必须严格遵守下列原则。

（1）禁止批评和评论，也不要自谦。对别人提出的任何想法都不能批判、不得阻拦。即使自己认为是幼稚的、错误的，甚至是荒诞离奇的设想，也不得予以驳斥；同时也不允许自我批判，在心理上调动每一个与会者的积极性，防止出现一些扼杀性语句和自我扼杀语句，如“这根本行不通”“你这想法太陈旧了”“这是不可能的”“这不符合某某定律”或者“我提一个不成熟的看法”“我有一个不一定行得通的想法”等语句，禁止在会议上出现。只有这样，与会者才可能在充分放松的心境下，在别人设想的激励下，集中全部精力开拓自己的思路。

（2）目标集中，追求设想数量，越多越好。在智力激励法会议上，只要求大家提设想，越多越好，会议以谋取设想的数量为目标。

（3）鼓励巧妙地利用和改善他人的设想，这是激励的关键所在。每个与会者都要从他人的设想中激励自己，从中得到启示或补充他人的设想，或将他人的若干设想综合起来提出新的设想等。

（4）与会人员一律平等，各种设想应全部记录下来。与会人员，不论是该方面的专家、员工，还是其他领域的学者，或是该领域的外行，一律平等。各种设想，不论大小，甚至是最荒诞的设想，记录人员也要认真地将其完整地记录下来。

（5）主张独立思考，不允许私下交谈，以免干扰别人的思维。

（6）提倡自由发言，畅所欲言，任意思考。会议提倡自由奔放、大胆思考、任意想象、尽量发挥，主意越新越怪越好，因为它能启发人推导出好的观念。

（7）不强调个人的成绩，应以小组的整体利益为重，注意和理解别人的贡献，人人创造民主环境，不以多数人的意见阻碍个人新观点的产生，激发个人追求更多更好的主意。

头脑风暴法极易操作执行，具有很强的实用价值，非常具体地实现了集思广益，体现了团队合作的智慧。每一个人的思维都能得到最大限度的开拓，能有效开阔思路，激发灵感。在科学的时间段内可以批量生产灵感，会有大量意想不到的收获。这种方法面对任何难题都举重若轻。对于熟练掌握“头脑风暴法”的人来讲，再也不必一个人冥思苦想，“孤独求索”了。同时，这种方法使参加者更加自信，因为他会发现自己居然能如此有“创意”，因此可以发现并培养思路开阔、有创造力的人才。头脑风暴法创造了良好的平台，提供了一个能激发灵感、开阔思路的环境，其良好的沟通氛围也有利于增加团队凝聚力，增强团队精神。因此，该方法可以提高工作效率，能够更快更高效地解决问题。

（二）头脑风暴法实例

关于不良事件，我们针对一例安瓿划伤事件进行了分析。某科室护士在掰安瓿时，由于用力不当，安瓿玻璃残端刺入手指，划断了其手指肌腱。护士长组织科室人员对此事件进行分析，查找原因，提出系统改进方法，以杜绝此类事件的发生，同时初步设想怎样设计一种方便护士掰安瓿的装置，在使用工具上进行革新。护士长组织科室 5 名骨干人员，采用头脑风暴法进行讨论。由护士长主持，1 名记录员进行记录，护士长对相关背景进行说明。场面轻松活跃，采用轮流发言的方式，每轮每人简明扼要地说清楚一个创意设想，避免形成辩论会和发言不均。与会者从不同角度、不同层次、不同方位，大胆地展开想象，尽可能地标新立异，与众不同，提出独创性的想法。最终从大家充满创造性的方法中总结出一种最佳方法。

我们申请并公开了一种安瓿分离收集器实用新型专利，主要结构包括盒体；设置在盒体上的用于切割安瓿头部的切割结构；设置在盒体上的用于分离切割后安瓿头部和瓶体的分离结构；其中，经所述分离结构分离的安瓿头部落入所述盒体内。本实用新型的安瓿分离收集器结构简单，使用方便，可以安全、快速地将安瓿的头部与瓶体分离，减少对医护人员的损伤。

三、试　错　法

（一）试错法的概念

试错法是指人们通过反复尝试运用各式各样的方法或理论，直到错误充分地减少，从而能够正确解决问题的一种创新方法。试错法是一个比较古老的方法，人类有了思维以后就在运用这种方法。在特定的历史时代，试错法在解决问题和创新方面作出了巨大的贡献。人们在生产实践过程中，总是在尝试利用一种方法、装置和工艺等来解决某些问题，在种种尝试中进行摸索，直到最后解决问题。从古到今，人们在意识里很自然地选择试错法来解决问题，只要遇到困难，就会反复尝试所能想到的办法来解决问题。

但是，在遇到问题时，当我们用尽所有的常规办法或者自己能想到的办法还是没有解决问题，此时往往会怀疑自己遇到的问题是否有意义，甚至会产生放弃的念头。在尝试各种办法的同时，人们会发现整个过程或思路很无序，在选择用什么办法时也很难做出有效的选择。特别是在发明初期，整个发明思路不明确或者只有一个发明思路的时候，运用此方法就比较被动。所以，试错法不是一个快速解决问题的方法，并且效率较为低下。

我们认为试错法对于一些结构简单、操作简便的发明或者实用新型专利还是比较有用的，特别是对于一些简单护理用具的革新，试错法的应用效果是值得肯定的。

（二）试错法案例

在人类发展历程中，人们应用试错法解决了无数的问题，最著名的是爱迪生发明电灯的故事。爱迪生的故事可谓家喻户晓，我们被他不怕失败的探索精神所折服。据记载，他在发明电灯时，用过 1600 多种金属材料和 6000 多种非金属材料，所搜集的材料多达 14 000 多种，经过试验最终选择使用钨金属作为灯丝。在爱迪生那个年代，也许只能选择试错法进行创造发明，而在现在的信息时代，我们要对试错法有一个正确的认识，要审时度势地加以选择和应用。

以上我们只列举了三种常用的创新思维方法，其实类似方法还有很多，无论从事何种科研活动的护理人员都要根据条件选择适合自己的方法。

第四节 护理人员必备的素质

护理科研和发明创造是护理学专业发展的重要组成部分，现如今护理专业的飞速发展要求护士必须具备独立思考、分析、解决问题的能力，还要有良好的科研素质才能为护理事业的快速发展提供智力和成果保证。素质是一个人在社会生活中思想与行为的具体体现，随着医学模式的转变，护理工作的范畴也在逐渐扩大，护理实践不仅仅只停留在临床护理，在社区保健、护理教育、护理管理和护理研究等方面都有涉足，特别是在护理研究和发明创造方面，也应相应提高护士应具备的科研素质。

一般认为科研素质由四个方面组成，即科研意识、科研知识、科研能力和科研态度。科研意识是动力，知识是科研的必备保障，而创新能力是科研的灵魂，兴趣与勇气是科研创新的伙伴，这些都缺一不可。

一、科研意识

科研意识指个人进行科研的主观意愿，是护理人员是否愿意从事科研活动最基本的内在因素。一方面，护理人员对于科研活动没有兴趣，多是迫于科室领导或职位晋升等原因被迫进行科研活动，结果往往适得其反，效果不佳；另一方面，护理人员对护理科研缺乏较多的知识储备，没有能力进行，也不主动地去学习或尝试，科研兴趣和意识也不高；同时，护士缺乏搞科研的动力和勇气，认为科研是枯燥乏味的事情，具有科研探索的惰性。因此，护理管理人员应加强所属人员科研意识的引导，在日常工作中就要灌输科研思想，引导护士发现和解决困难，让护士认真思考、分析和总结，归纳自己的想法和观点，然后再返回实践中进行检验，让护士从解决问题的过程中感觉到一定的成就感和满足感，以此来提高护士发现问题和解决问题的能力，积极培养科研探索的兴趣。护士越早尝试到这种解决问题的成就感，那么她们解决问题的能力会越早得到提升，想法也会越来越多，从而自己主动去挑战一些问题。当发现自己的知识或能力不足时，会激起她们强烈的求知欲望，从而主动去学习和掌握知识。提高护士对护理研究的感性认识，如在激起她们对科研兴趣的同时，再教授一些护理研究知识与方法，就能更快地促使护士对护理研究从感性认识到理性认识的升华，从而提高科研意识。

二、科研知识

科研知识指个人进行科研所应具有的知识系统。良好的科研素质为科研的顺利进行打下了基础，而知识是科研的必备保障。没有牢固的基础和有力的保障，就不可能在科研道路上有所成就。所谓的科研知识包括护理研究自身的相关知识和个人应该具备的相关专业知识，两者是有机的结合体。

对于从事护理工作的人员，必须牢固掌握所从事专科的基础知识和操作技能，这是发现问题和解决问题的前提。要想在从事的护理工作中脱颖而出，就必须用一定的时间去认真学习本专科的基础知识和操作技能，时刻留意本专科的发展前沿和最新动态。当专业知识积累到一定程度或是高度后就会有所发现和收获。

除专业基础外，科学研究相关的专业知识也是不可或缺的，如《医学统计学》《护理研究》等相关的专业课程。如果科研知识掌握不够牢固，试验设计不够严谨，检索不够彻底，则做出来的结果有可能都是无用功。

三、科研能力

科研能力指个人发现问题并通过科学研究解决问题的能力。科研能力和个人能力相关，应是一个综合能力的统一体。这些能力是不好列举的，作为一名护理科研人员必须要有快速学习能力、领悟能力、动手能力、发现问题能力、试验设计能力等，同时还要有沟通交际、团结协作等能力。科研能力需要个人通过不断的科研实践习得，这些能力的具备也不是一蹴而就的，要有一定时间的锻炼、积累和沉淀。

四、科研态度

科研态度是指个人从事科学研究时，对于科学研究过程和结果的态度如何。科研态度是决定科研是否成功的重要因素。护士因常年加班加点工作，不仅工作辛苦而且精神压力大，还要面对各种考试考核及承担家庭、社会角色，每天都觉得时间不够用，根本无暇顾及撰写论文、申请专利、申报课题，这是大多数护士所面临的一个比较现实的问题，然而对于少数护士而言，同样面临诸多类似的问题，他们是怎么成功在科研道路上脱颖而出的？通过观察和分析，不难看出他们都有坚强的意志、不懈的执着精神和不达目的誓不罢休的毅力。

科研态度决定科研成败。第一，要有严谨的科学作风，在科研上要做一个有心人、细心人，不得马马虎虎、粗枝大叶。第二，要有责任心，要敢于负责和敢于承担责任，要对所从事的每一项科研环节负责，护理人员多数的科研工作是围绕患者进行试验的，我们更要对自己所从事的每一步科研过程和研究对象负责。第三，科研工作人员要有胆量，要敢于较真碰硬。第四，要寻求乐趣，快乐地从事自己喜欢的工作利于成果产出。第五，要摆正人生定位，找准自己的位置，这点非常重要。估计过高会盲目乐观，估计过低会自卑丧气，看低自己只会不求上进，看高自己总会怨天尤人。

总之，在护理科研和发明创造的道路上，要勇敢地迈出第一步，所有后续工作一切皆明朗；不要忽视并且要认真记录那些细枝末节的问题，这些有时候会很有用；遇到问题时要尽情去想、去思索，不要控制，随便想象，可以天马行空；罗列所有细节和想象，然后总结归纳，据此再写方案提纲；一定要组织或参加一个优秀团队，尽量在学识上、兴趣上、性格脾气上能合得来，团队人数多少不重要，两三个人也可；一定要切记——执着走下去，只要自己喜欢，坚信成功就在不远处。

第五节　专利发明类型

以上四节主要介绍了护理专利选题概况、发现护理问题、发现问题常用思维方法及护理人员必备的素质，也阐述了在整个护理研究过程中选题和护理人员自身能力的重要性。根据《专利法》第二十二条第三款对创造性的规定及对创造性的理解，对于同类型发明的创造性判断，在此进行举例说明，启发护理人员的发明思路。

一、开拓性发明

开拓性发明是一种全新的技术方案，在人类技术史上从未出现过。这种开拓性发明在推动人类进步和社会发展方面起到了非常重要的作用，是一种先进生产力的集中体现，是社会变革的催化剂。例如，蒸汽机的发明标志着人类进入第一次科技革命，开创了以机器代替手工劳动的时代，是工场手工业发展到机器大生产的一次飞跃。它不仅是一场生产技术上的革命，也是一次深刻的社会革命，引起了生产关系的重大变革。同样，中国的四大发明——指南针、造纸术、活字印刷术和火药——也推动了社会科技的飞跃式发展。此外，作为开拓性发明的例子还有很多。在医学领域内也有许多开拓性发明，如听诊器、B 超仪和一些放射线检查设备的发明。

二、组合发明

组合发明是指将某些技术方案进行组合，构成一项新的技术方案，以解决现有技术客观存在的技术问题。组合后看这些技术特征在功能上是否相互联系和相互促进，能否达到一种新的技术效果，而且总的技术效果是各组合部分效果的总和，而不仅仅是一种简单的叠加。例如，我们常见的橡皮头铅笔，是橡皮头和铅笔的结合，它们各自发挥各自的作用，没有明显的总的技术效果，而仅仅是一种简单的叠加。诸如此类的发明很多。

三、转用发明

转用发明是指将某一技术领域的现有技术转用到其他技术领域中的发明。在进行转用发明的创造性判断时通常需要考虑转用技术领域的远近、是否存在相应的技术启示、转用的难易程度、是否需要克服技术上的困难、转用所带来的技术效果等。例如，“一种手术探查指示灯”的转用思路来源就是腹腔镜手术的腔镜镜头照明，发明人据此设计了一种可以随意折弯置入体腔内的照明设备。此外，“一种安瓿折断钳”转用思路来源于常见的手术钳，是在手术钳结构上进行的改变。

四、要素变更的发明

要素变更的发明包括要素关系改变的发明、要素替代的发明和要素省略的发明。在进行要素变更发明的创造性判断时通常需要考虑要素关系的改变、要素替代和省略是否存在技术启示、其技术效果是否可以预料等。此类的发明创造有很多，主要是改变了组成其技术方案的各个要素之间的关系、要素替代和省略而衍生成另外一种技术方案，得出了新的有益的技术效果。

参考文献

曹敏，黄贤伟，2016.08.31. 电动清创车：201620134793.4[P].

陈东方，黄贤伟，2017.08.29. 医用钢钉或钛钉存取盒：201620848398.9[P].

陈瑜，黄贤伟，2018.03.02. 安瓿折断钳：201720393637.0[P].

国家知识产权局，2010. 专利审查指南 [M]. 北京：知识产权出版社 .

国务院，2010. 中华人民共和国专利法实施细则 [Z].

胡晓林，王世平，2013. 护理本科临床能力的构建依据及构成分析 [J]. 护理研究，27（1B）：99-101.

胡雁，2014. 护理研究 [M]. 第 4 版 . 北京：人民卫生出版社 .

黄贤伟，刘征，2016.01.20. 一种手术缝针寻针器：201520714338.3[P].

黄贤伟，张腾飞，2016.08.31. 一种手术探查指示灯：201620197524.9[P].

李峥，刘宇，2014. 护理学研究方法 [M]. 北京：人民卫生出版社 .

全国人大常委会，2008. 中华人民共和国专利法 [Z].

孙慧卿，宋秋香，2017. 本科实习护士科研素质现状调查与分析 [J]. 护理研究，31（9）：1347-1348.

童新元，王洪源，郭秀花，2013. 医学统计与 CHISS 应用 [M]. 北京：人民军医出版社 .

王淑华，刘燕，蔡德芳，等，2013. 地市级医院护理科研的管理及发展思路 [J]. 中华医学科研管理杂志，24（4）：280-281.

王永平，边亚滨，徐海红，等，2012. 不同专业聘用制医务人员科研现状的调查 [J]. 中华现代护理杂志，2（34）：3180-3182.

吴观乐，2013. 发明和实用新型专利申请文件撰写案例剖析 [M]. 北京：知识产权出版社 .

赵敏，史晓凌，2016.TRIZ 入门及实践 [M]. 北京：科学出版社 .

第 7 章

专利权的授予条件

对于申请人而言，要想顺利地获得专利权取得法律保护，就必须满足专利申请的各项条件。专利权的授予条件有许多，总结来说主要有三个方面：首先是发明创造本身的质量；其次是提交的申请文件质量；最后是申请人办理的各种手续要符合要求。本章主要对《专利法》规定的发明创造要满足的基本条件进行阐述，第九章至第十七章主要对提交的申请文件和办理的各种手续进行详细充分的阐述。

根据《专利法》第二十二条规定："授予专利权的发明和实用新型，应当具备新颖性、创造性和实用性。"申请人在申请专利时，所申请的发明创造必须要满足这三个条件，这是发明创造的关键技术、核心条件，也是申请人在开始进行发明创造时就必须遵循的原则。同时该条款与《专利法》第二条、第二十五条的规定完整地构成了具有"专利性条件"。护理科研人员必须完全遵守"专利件条件"的相关要求。

第一节　现有技术

现有技术是《专利法》中较为重要的概念之一，它是判断和评价新颖性和创造性的重要依据，在理解新颖性、创造性时，必须首先介绍现有技术概念和内涵。根据《专利法》第二十二条第五款规定："本法所称现有技术，是指申请日以前在国内外为公众所知的技术。"我们应当从时间界限、公开形式、现有技术公众所知三个方面进行理解。

一、时间界限

判断一项发明或者实用新型专利是否具备新颖性和创造性，就必须要将申请的技术方案和已公开的现有技术进行对比，此时就会有一个时间界限的问题。根据我国《专利法》的规定，现有技术是以申请日为界限的。

国际上主要采用两种时间作为标准，一种是以发明创造的完成日期为时间标准；另外一个就是以申请日为标准。不过第一种时间标准只有极少数国家在使用，因为发明创造的完成时间很难确定，不好判断,也不好掌握。绝大多数国家都采用申请日作为标准,比较容易判断,容易掌握。我国就是采用申请日作为时间界限的，申请日之前公开的技术都是现有技术。关于申请日之前的现有技术可以追溯到什么时候的问题，理论上没有限制，但申请日当天公开的技术内容不包括在现有技术范围内。

二、公开形式

现有技术公开的目的是“被公众所知”，主要通过出版公开、使用公开和其他形式的公开为公众所知。出版物公开，不管是印刷的、打印的或是手写的，符合上述含义的出版物均在此列，如专利文献、科技期刊、科技书籍、学术论文、专业文献、教科书、技术手册、正式公布的会议记录或技术报告、报纸、产品样本、产品目录、广告宣传册等；还包括用其他类型的载体用电、光、磁、照相等方法制成的视听资料，如胶片、影片、磁带、光盘等。除此之外，还可以是以其他形式存在的资料，如存在于互联网或其他在线数据库中的资料等。使用公开是指由使用而导致的技术方案的公开。例如，一项发明的技术内容通过制造、使用、销售、进口、交换、馈赠、演示、展出等方式构成技术公开。如果某一项产品必须通过破坏才能知道其结构或者内部装置，则也属于技术公开。其他主要是指口头公开等，如口头交谈、报告、讨论会发言、广播、电视、电影等能够使公众得知技术内容的方式。

三、现有技术公众所知

不管采用怎样的公开形式，只要构成一项发明或实用新型专利，都必须满足新颖性要求，就不能是“现有技术”。“现有技术”包括两个方面，一是大家均可以自由使用的现有技术（学术界称之为自由已有技术，如解剖学内容，所有医务人员或非医务人员均可自由使用）。二是尚未进入公有领域的现有技术，如之前已经有另一个人就该技术获得专利权，且该专利权还处于有效专利的法律状态。不管专利是否已公开或已处于为公众所知的状态。为公众所知不是指所有人员全部都要知道技术方案，而是想了解这些技术内容的人通过正常的途径都能知道，就表明此项技术处于公众所知状态。只要处于公开的状态，就属于现有技术，至于多少人知道、多少人深入了解都是无关紧要的。

第二节　新　颖　性

关于新颖性，各个国家专利法都对其进行了规定，凡是不符合新颖性规定的申请，都不能授予专利权。新颖性也是国家知识产权局最主要的审查对象之一。

一、新颖性的含义

根据《专利法》第二十二条第二款规定：“新颖性是指该发明或者实用新型不属于现有技术；也没有任何单位或者个人就同样的发明或者实用新型在申请日以前向国务院专利行政部门提出过申请，并记载在申请日以后公布的专利申请文件或者公告的专利文件中。”从概念上我们可以看出，新颖性就是要避开“申请日之前公开的现有技术”。

当某一发明或者实用新型被授予专利权时，就证明其不属于现有技术，并且满足了审查必备的其他条件，为社会贡献了创新的技术信息，可以给予一定时期的独占权。然而，那些被公众所知的进入共有领域的技术和信息，公众可以自由地使用。《专利法》中关于新颖性的规定，其目的就是防止那些进入共有领域、公众可以自由使用的技术和信息被再次授予独占权。新颖性所遵循的是先申请原则和避免重复授权原则。

二、新颖性判断

新颖性是由专利申请中的权利要求书中要求保护的技术方案决定的，权利要求内容是一项发明或者实用新型专利判断新颖性的依据。

权利要求书的每一项权利要求都是判断新颖性的依据，每一项权利要求的所有内容都应被当作一个整体看待。同时，在判断新颖性时，只能将权利要求的内容与单项现有技术的技术方案进行对比。例如，单独的某一台设备或者某一个产品，不允许将不同的设备、产品或部分结构组合起来去判断一项权利要求所要求保护的技术方案的新颖性。

对各项不同的权利要求的新颖性必须分别予以判断，独立权利要求不具备新颖性，不代表从属权利要求也不具备新颖性，所以不同的权利要求要分别给予判断。专利说明书中不仅详细记载发明的技术方案，还写明了技术领域、解决的技术问题和将会产生的有效效果，在判断发明或者实用新型专利的新颖性时，也要考虑说明书或者其他文件的内容是否具有新颖性。

在判断新颖性时要根据申请的技术方案和现有技术进行对比。要区分清楚上位概念和下位概念、数值和数值范围，对包含性能、参数、用途、组合物等内容进行区别对比。

三、不丧失新颖性

根据《专利法》第二十四条的规定："申请专利的发明创造在申请日以前六个月内，有下列情形之一的，不丧失新颖性：(一) 在中国政府主办或者承认的国际展览会上首次展出的；(二) 在规定的学术会议或者技术会议上首次发表的；(三) 他人未经申请人同意而泄露其内容的。"

在中国政府主办或者承认的国际展览会上首次展出的技术方案，要给予临时保护，这也是《巴黎公约》的规定。参与国际展览会有利于国际交流，也有利于展示我国的科技发展实力，但如果对于参展的发明创造没有法律的保护，发明人和设计人就不愿意在国际交流中展出，所以对于展出的发明、实用新型和外观设计应当给予保护，一般情况下给予特别的专利申请优先权。先展出后发明人再申请专利的，申请日会被确认为开幕日或展出日。在展出后一定时期内提出申请的不算是丧失新颖性，但是时间期限不能超出六个月。

在规定的学术会议或技术会议上首次发表的发明创造不丧失新颖性。这里所说的学术会议或技术会议是国务院有关主管部门或全国性学术团体组织召开的学术会议或技术会议，包括书面报告或口头报告，以及一些事先散发的文件等。一些技术人员在完成一项科学研究后，不知道自己的研究成果可以申请专利而公开，所以《专利法》规定申请日之前六个月内，在规定的学术会议或技术会议上首次发表的，不丧失新颖性。但在学术期刊上公开发表的专利则不享受这项宽限时间的保护，视为公开。

第三节　创　造　性

一项发明或者实用新型专利符合新颖性，如果与现有技术相比只是很小的变化，没有产生很好的效果，所属领域技术人员很容易就能想到或实现的，则不应授予专利权。如果这种发明创造也要授予专利权，岂不是专利要泛滥，所以授予专利权的发明创造除了要有新颖性，还要有创造性。

一、创造性的含义

根据《专利法》第二十一条第三款的规定："创造性，是指与现有技术相比，发明具有突出的实质性特点和显著的进步，该实用新型具有实质性特点和进步。"发明专利和实用新型专利两者之间的创造性要求是明显不同的，发明专利对创造性的要求要高于实用性新型专利。

二、突出的实质性特点

就发明专利而言，发明专利创造性具有突出的实质性特点，是指对所属技术领域的技术人员来说，发明相对于现有技术是非显而易见的。如果发明是所属技术领域的人员在现有技术的基础上仅仅通过合乎逻辑的分析、推理或有限的试验可以得到的，则该发明是显而易见的，也就不具备突出的实质性特点。而对于实用新型专利而言，具有实质性特点即可,其中“突出”一词表明两者实质性特点的要求在程度上有所不同。

三、显著的进步

发明有显著的进步，是指发明与现有技术相比能够产生有益的技术效果。这里所说的效果不仅仅是技术效果，还包括社会意义上的效果。例如，发明克服了现有技术中存在的缺点和不足，或者为解决某一技术问题提供了一种不同构思的技术方案，或者代表某种新的技术发展趋势。而对于实用新型专利而言，与现有技术相比具有进步性即可，其中“显著”一词表明两者的进步要求在程度上有所不同。

四、创造性判断

判断一项发明创造是否具有创造性，是在判断其是否具有新颖性基础上进行的。要先判断是否具有新颖性，即判断一项发明或者实用新型专利的技术方案是否处于公开状态。当没有类似技术方案处于公开状态时，才具有新颖性，继而才能继续判断其是否有创造性。一项不具备新颖性的发明或者实用新型专利则不具备创造性。

判断是否具有创造性和判断是否具有新颖性的方法相似，判断的基础都是权利要求书要求的特征。在判断时把权利要求书的内容作为一个整体来看待，同时对每一项权利要求分别进行判断。但创造性的判断要更为困难一些，要取决于检索和对比的结果，工作量和信息量较大，判断比较客观。

创造性是一种社会意义上的概念，是一种对社会有益的效果。在判断创造性时，要根据《专利法》的规定进行审查，要分析到每一项发明创造的具体情况，综合考虑多种因素恰当地进行判断。

第四节　实　用　性

实用性是发明或者实用新型专利必须满足的第三个条件，实用性考察的主要是发明或者实用新型的应用效果和可推广性。

一、实用性的概念

根据《专利法》第二十二条第四款的规定："实用性，是指该发明或者实用新型能够制造或者使用，并且能够产生积极效果。"这说明发明或者实用新型专利不能是抽象的、纯理论性的东西，必须能在实践中实现或应用。

二、能够制造或使用

在产业上能够制造或使用的技术方案，是指符合自然规律、具有技术特征的可实施的技术方案，是必须能在实践中实现的东西。申请人如果申请的是一种产品（包括发明和实用新型），那么该产品必须在产业中能够制造，并且能够解决技术问题；如果申请的是一种方法（仅限发明），那么这种方法必须在产业中能够使用，并且能够解决技术问题。

此外，发明或者实用新型专利要求具有实用性，是指此项发明或者实用新型专利能够经过所属技术领域人员试验和设计后实现，并不是要求这项发明或者实用新型在申请时已经实际制造或使用。

三、能够产生积极效果

能够产生积极效果是指发明或者实用新型专利申请在提出申请之日，其产生的经济、技术和社会的效果是所属技术领域的技术人员可以预料的。这些效果应当是积极的和有益的。这种有益效果可以是技术效果，也可以是社会效果和经济效果。一般体现在可以提高生产效率，节省人力、物力和财力，提高产品质量，改善工作环境，提高满意度等方面。

四、实用性判断

一些发明或者实用新型的实用性判断和新颖性、创造性的判断是有一定区别的。新颖性、创造性是并列在一起审查的，实用性是单独审查的。也就是说，一项发明或者实用新型专利新颖性、创造性主要与现有技术方案进行对比，实用性则是根据发明创造的本身进行判断。

一般情况下，一项发明或者实用新型专利若在实用性上缺少技术手段，则不应授予专利权。在申请时只说明发明创造的任务、技术背景和要解决的技术问题，没有实际的技术手段，不能被制造或使用，也不具备实用性。另外，一项发明或者实用新型专利在应用时违背自然规律，则不应被授予专利权。如果申请的发明创造违背了公认的自然规律，如能量守恒定律、万有引力定律等，则显然不能被制造或使用，不具备实用性。一项发明或者实用新型专利若没有积极效果，不应授予其专利权。申请的发明创造不能产生有益的技术效果、经济效果和社会效果，也就不具备实用性。

实用性效果的判断可以是单独进行的，这不同于新颖性和创造性具有逻辑上的先后顺序。在审查申请的发明创造时，可以先审查实用性，如果一项发明或者实用新型没有实用性，可以得出不授予专利权的驳回理由，也没有必要继续进行大量的检索来判断其是否具有新颖性或创造性。因为检索是一项工作量比较大的事情，等到审查新颖性和创造性后，发现不具备实用性，就会浪费大量的时间和精力。从内容上看，判断一项发明或者实用新型专利的实用性与判断其新颖性、创造性是彼此独立的，所以申请人在撰写专利权利要求书或说明书时一定要注意实用性条件要求。

申请人在申请专利时，不仅要正确提交各种申请文件，同时还要正确办理各种申请手续，最主要的还是要看发明创造应该满足的基本条件，这是一项发明创造最根本的条件，也是一项发明创造能不能成为发明或者实用新型的必要条件，申请人务必认真对待。

参考文献

国家知识产权局，2010. 专利审查指南 [M]. 北京：知识产权出版社 .

国务院，2010. 中华人民共和国专利法实施细则 [Z].

何越峰，2011. 专利法律知识分册 [M]. 北京：知识产权出版社 .

全国人大常委会，2008. 中华人民共和国专利法 [Z].

第 8 章

专利检索

第一节　专利检索的目的

一、判断是否具有新颖性

进行新颖性、创造性检索时，首先是根据具体的技术内容确定构成该发明的基本要素、基本要素的相互关系和发明的关键点。选择描述基本要素和发明的关键点的词汇，确定为该发明创造的技术主题词和关键词，同时找出每个主题词、关键词的同义词、缩略词等。根据主题词和关键词找出分类号、选择检索范围、分析对比文献、判断新颖性。

二、了解某一技术的发展现状

为了解某一技术的发展现状或查找某一技术解决方案或收集技术资料，一般采用追溯检索，这种检索方式可以帮助我们了解前人在同一技术领域解决难题的具体方案，可以按技术主题或发明人、设计人、专利申请人、专利权人的名称找到特定的专利。

三、防止侵犯他人的专利权

这种检索被称为防止侵权检索，是指为避免发生专利纠纷而主动进行的专利检索。防止侵权检索在检索对象、时间范围、国家范围及检索结果的判定依据的要点：①检索的对象为有效专利，只有有效专利才会被侵权；②检索的时间范围依各国专利保护期限而定，一般发明专利保护期限自申请日起 20 年，美国是自批准日起 17 年；③检索的国家范围依生产、销售产品的国家（地区）而定；④检索的结果判定主要依据权利要求书。检索的方法与新颖性检索的方法相似，属于主题检索，与新颖性检索的区别是只检索专利。

四、查找被控侵权专利的证据

当一项新产品或采用某项新工艺、新方法被指控侵权时所进行的检索即为被动侵权检索。被动侵权检索的步骤一般为：①确定是否为授权专利及是否为有效专利，如果没授权或已经失效，则终止检索，否则进入下一步工作。②分析是否属于侵权，阅读检索到的专利说明书的权利要求，与被控侵权的产品或方法的技术特征进行比较、分析，判断是否属于侵权。如果不侵权，终止检索，否则进入下一步工作。③为无效诉讼的提出而进行检索，具体检索方法与新颖性、专利性检索相同。

第二节　专利检索的要素及步骤

对于专利检索来说，检索要素是指能够代表具体技术领域及技术范围的术语的可检索要素；而对于专利新颖性或创造性检索来说，检索要素是指能够体现发明创造技术方案的基本构思（包括所属技术领域、解决的技术问题、采用的技术手段和产生的技术效果）的可检索要素。每项技术主题检索有多少项检索要素，需根据专利技术主题检索分析结果确定。

检索要素及逻辑关系

在选择用主题词表达的检索要素时，“一般需要考虑相应检索要素的各种同义或近义表达形式，而且在必要时还需要考虑相关的上位概念、下位概念，以及其他相关概念及其各种同义或近义表达形式”。

在选择用国际专利分类表（IPC）表达的检索要素时，需利用 IPC 分类表确定检索要素表达，并按以下步骤进行：①查阅国际专利分类表每个部开始部分的“部的内容”栏，按类名选择可能的分部和大类。②阅读所选定分部和大类下面的类名，从中选择最适合于覆盖检索的主题内容的小类。③参看小类开始部分的“小类检索”，阅读大组完整的类名及附注与参见，选择最适合于覆盖检索的主题的大组。④阅读所选择的大组下面全部带一个圆点的小组，确定一个最适合于覆盖检索主题的小组。如果该小组有附注和参见部分，则应当根据它们考虑其他分类位置，以便找到一个或多个更适合于检索的主题的分类位置。⑤选择带一个以上圆点的，但仍旧覆盖检索主题的小组。

检索要素可通过检索要素表来表达，如表 8-1 所示。

表 8-1 检索要素

主题		可挤牙膏的牙刷			
检索要素		检索要素 1	检索要素 2	检索要素 3	检索要素 4
检索要素名称		牙刷	刷把	孔槽	挤牙膏
关键词	中文	牙刷	把，柄	孔，槽	挤牙膏，挤膏
	英文	toothbrush	handle	aperture, groove	squeeze, toothpaste
IPC 号		A46B5/00			

在组织各检索要素之间逻辑关系时，应依照以下原则进行。

（1）相同检索要素的不同表达之间为逻辑“或”，如相同检索要素的主题词与 IPC 号之间用逻辑“或”符号连接。

（2）不同检索要素之间为逻辑“与”，如检索要素 1 的主题词与检索要素 2 的主题词、检索要素 1 的主题词与检索要素 2 的 IPC 号、检索要素 1 的 IPC 号与检索要素 2 的主题词之间用逻辑“与”符号连接。

（3）不同检索要素的 IPC 号之间一般不进行逻辑“与”运算，但对于专利新颖性或创造性检索来说，两个不同检索要素的 IPC 号中有一个属于引得码，则可以进行两个 IPC 号之间的逻辑“与”运算。

（4）对于专利技术信息检索来说，一般检索要素与需排除的检索要素之间为逻辑“非”。

例如，根据上述检索要素表表达检索要素逻辑关系：检索式一为 A46B5/00 与槽（或孔）与挤牙膏（或挤膏）；检索式二为牙刷与把（或柄）与槽（或孔）与挤牙膏（或挤膏）；检索式三为检索式一或检索式二。

我们目前常遇到的要进行专利检索的情况主要有三种：①为判断申请专利的发明创造是否具有新颖性查找对比文献；②为了解某一技术的发展现状或查找某一技术解决方案收集技术资料；③为防止某种新技术应用或新产品上市导致侵犯他人的专利权进行检索。换言之，在查找中的问题可以简化为两种：只知道要检索的领域，需要用关键词和主题词来检索；已知专利的某些信息，如专利号、标题等，可以利用这些要素快速检索。

检索步骤如下：①深入分析技术主题或检索线索，选择主题词或关键词及同义词；②进行初步检索，选择所有可能的分类位置；③编制检索提问式，将主题词、分类号有机地组配起来；④选择要检索的国家及地区；⑤根据检索结果，浏览文摘，进行筛选；⑥根据需要，将相关文献的专利说明书找出来，对其进行深入分析，以此修改检索式，扩大检索线索；⑦组成完整检索式，进行最终检索。

按照这个检索步骤，下面举一个查找 MP3 硬件实现相关专利的例子。

第一步：分析 MP3 硬件实现相关的技术主题，初步提取关键词，依照 MP3 解码流程找出其可能产生专利的模块，如 Huffman Decoding、Requantization、Alias Reduction、IMDCT 等，选择其作为检索关键词。

第二步：选择要进行检索的数据库，一般的专利都能在美国专利数据库、欧洲专利数据库及中国专利数据库中找到，当然有时候还要用到一些其他数据库，如日本专利数据库等。这里以中、美、欧三个专利数据库为例。

第三步：在待检索的专利数据库里编制检索式，将各关键词进行各种可能的组合，进行检索，提炼最佳的组配。例如，在美国专利数据库里进行检索时，输入不同的关键词组配，从检索结果来看，关键词以如下组配检索得到的结果最符合我们的目的：decoder and MP3,

IMDCT，Huffman，inverse quantization and MP3，Alias Reduction 等。而在中国专利数据库进行检索时，同样从各种关键词组配的检索结果来看，以下组配最合适：MP3 与解码，MP3 与 IMDCT，MP3 与量化，Huffman 等。

第四步：用每一个关键词组配检索出来的结果可能很多，其中有许多不一定是我们需要的，这时就需要浏览其标题或文摘，进行筛选，找出有用的专利。

第五步：筛选好后，将专利说明书或专利全文下载下来，对其进行深入分析，看是否符合要求。一般这样一次检索下来，就能够找到想要的内容。当然在深入分析具体的专利时，可能会得到一些启发，从而得到更加有效的检索线索，可以再次进行检索。

第三节　常用专利检索资源

目前，根据提供商不同，互联网上常见的专利检索资源可分为各国（地区）专利局通过其网站提供的专利数据库和商业机构提供的专利数据库两大类。

一、国家专利局提供的数据库

（一）我国国家知识产权局网站专利信息资源

国家知识产权局（网址 http：//www.sipo.gov.cn/.）提供的专利信息资源有专利检索、专利法律状态检索、英文专利检索。专利检索提供 1985 年以来公布的中国发明、实用新型和外观设计专利；数据内容包括基本著录项目、文摘及图像全文；每星期三更新。专利法律状态检索提供 1985 年以来公布的中国专利法律状态信息、信息来源发明、实用新型、外观设计专利公报。信息包括实质审查请求的生效，专利权的无效宣告，专利权的终止，权利的恢复，专利申请权、专利权的转移，专利实施许可合同的备案，专利权的质押、保全及其解除，著录事项变更，通知事项等。英文专利检索（SIPO_ENGLISH_PATENT_SEARCH）提供 1985 年以来公布的中国发明和实用新型专利信息；数据内容包括英文基本著录项目、英文文摘及机器翻译的说明书和权利要求书英文译文。

中国国家知识产权局网站提供“一般专利检索”和“高级检索”入口。

“一般专利检索”可以实现直接在网页上进行申请号、申请日、公开号、公开日、申请人、发明人、名称、摘要或主分类号的检索。页面右侧“专利检索”项下方设有“高级检索”的按钮，点击后可进入“专利检索”界面。在“专利检索”界面上方有“发明专利”“实用新型专利”“外观设计专利”3个选项，用户据此选择检索的范围。“专利检索”界面提供“申请（专利）号”“名称”“摘要”“分类号”16个字段的检索入口，用户可以选择一个或多个字段进行检索。各字段间可以进行复杂的逻辑运算，并且部分字段支持模糊检索。例如，字符“?”代表1个字符，字符“%”代表0～n个字符。

以上字段的具体输入格式如下所示。

1. **申请（专利）号**　该字段可对申请号和专利号进行检索。申请号和专利号由8位或12位数字组成，小数点后的数字或字母为校验码。

申请（专利）号可实行模糊检索。模糊部分位于申请号（或专利号）起首或中间时应使用模糊字符“?”或“%”，位于申请号（或专利号）末尾时模糊字符可省略。

2. **申请日**　由年、月、日3个部分组成，各部分之间用圆点隔开；“年”为4位数字，“月”和“日”为1或2位数字。

3. **公开（告）号**　由7位或8位数字组成。公开（告）号可实行模糊检索。模糊部分位于公开号起首或中间时应使用模糊字符“?”或“%”，位于公开（告）号末尾时模糊字符可省略。

4. **公开（告）日**　由年、月、日3个部分组成，各部分之间用圆点隔开；“年”为4位数字，“月”和“日”为1位或2位数字。

5. **申请（专利权）人**　可为个人或团体，键入字符数不限。申请人可实行模糊检索，模糊部分位于字符串中间时应使用模糊字符“?”或“%”，位于字符串起首或末尾时模糊字符可省略。

6. **发明（设计）人**　可为个人或团体，键入字符数不限。发明人可实行模糊检索，模糊部分位于字符串中间时应使用模糊字符“?”或“%”，位于字符串起首或末尾时模糊字符可省略。

7. 地址　地址的键入字符数不限。地址可实行模糊检索，模糊部分位于字符串中间时应使用模糊字符“?”或“%”，位于字符串起首或末尾时模糊字符可省略。

8. 名称　专利名称的键入字符数不限。专利名称可实行模糊检索，模糊检索时应尽量选用关键字，以免检索出过多无关文献。模糊部分位于字符串中间时应使用模糊字符“?”或“%”，位于字符串起首或末尾时模糊字符可省略。字段内各检索词之间可进行“与、或、非”的逻辑运算。

9. 摘要　专利摘要的键入字符数不限。专利摘要可实行模糊检索，模糊检索时应尽量选用关键字，以免检索出过多文献。模糊部分位于字符串中间时应使用模糊字符“?”或“%”，位于字符串起首或末尾时模糊字符可省略。字段内各检索词之间可进行“与、或、非”的逻辑运算。

10. 分类号　专利申请的分类号可由《国际专利分类表》查得，键入字符数不限（字母大小写通用）。

分类号可实行模糊检索，模糊部分位于分类号起首或中间时应使用模糊字符“?”或“%”，位于分类号末尾时模糊字符可省略。

11. 主分类号　同一专利申请中具有若干个分类号时，其中第一个称为主分类号。主分类号的键入字符数不限（字母大小写通用）。主分类号可实行模糊检索，模糊部分位于主分类号起首或中间时应使用模糊字符“?”或“%”，位于主分类号末尾时模糊字符可省略。

12. 颁证日　由年、月、日3个部分组成，各部分之间用圆点隔开；“年”为4位数字，“月”和“日”为1位或2位数字。

13. 专利代理机构　其键入字符数不限。专利代理机构可实行模糊检索，模糊部分位于字符串中间时应使用模糊字符“?”或“%”，位于字符串起首或末尾时模糊字符可省略。

14. 代理人　专利代理人通常为个人。专利代理人可实行模糊检索，模糊部分位于字符串中间时应使用模糊字符“?”或“%”，位于字符串起首或末尾时模糊字符可省略。

15. 优先权　优先权信息中包含表示优先权日、国别的字母和优先权号。优先权可实行模糊检索，模糊部分位于字符串中间时应使用模糊字符“?”或“%”，位于字符串起首或末尾时模糊字符可省略。

16. 国际公布　国际公布信息中包括国际公布号、公布的语种和公布的日期。

USPTO 网站提供 3 种结果显示方式：列表显示、文本型全文显示、图像型专利文献全文显示。

在检索结果列表中，每条检索记录按照公布日期顺序排列，每页一次最多显示 50 条记录。此外，点击页面中“Search Summary”可以得到检索结果的详细信息，包括每个检索项在文献中出现的词频、使用逻辑运算符的中间结果、检索所需的时间等。

在检索结果页面中，点击所需的专利号，可直接进入该专利号的全文文本显示页面，系统提供该专利的著录项目、摘要、权利要求、说明书。通过点击页面中的“Referenced By”可以检索到当前专利文献被哪些文献引用过。

在文本型全文显示页面中点击“Image”，可获得图像型专利文献全文。

（二）美国专利商标局网站专利信息资源

美国专利商标局网站网址为 http：//www.uspto.gov/，提供的专利信息资源包括授权专利数据库（1790 年以来）、专利申请公布数据库（2001 年以来）、专利权转移数据（1980 年以来）、美国专利法律状态数据库、专利公报数据库。

美国授权专利检索界面提供 3 种检索方式，分别为快速检索（Quick Search）、高级检索（Advanced Search）和专利号及专利申请公开号检索（Patent/Publication Number Search）；美国专利申请公布检索界面也同样分为 3 种检索方式，分别为快速检索、高级检索和专利申请公开号检索。美国授权专利数据库和美国专利申请数据库两者的检索页面及检索方式大致相同，只是收录范围和少数字段格式有所不同。此外，USPTO 网站还提供美国专利法律状态检索。

1. 快速检索　是一种简单快捷的检索方式。用户可根据检索需求选择相应的检索字段选项“Field1”和“Field2”，以及两个检索字段之间的布尔逻辑运算符（“AND”运算符、“OR”运算符、“NOT”运算符），之后填写检索字段“Term1”和“Term2”，并选择年代（Select Years），从而构造完整的检索式。

2. 高级检索　允许用户使用命令进行检索，并可输入两个以上的检索项，其检索方式更为灵活，检索效率更高。在页面上“Query”的文本框中输入检索表达式，点击“Search”按钮即可查询。其中，“Query 的句法为检索字段代码 / 检索项表达。例如，TTL/ motorcycle AND ISD/20020108，即检索专利名称中包含“motorcycle”且其授权公布日为 2002 年 1 月 8 日的所有专利。

3. 专利号及专利申请公开号检索　专利号检索界面上只设有一个专利号检索输入框“Query”，用户可将已知的专利号输入后直接进行检索。专利号检索方式也允许用户同时对多个专利号进行检索，当输入多个专利号时，专利号之间需使用空格或使用“OR”逻辑运算符，专利号中间的逗号存在或缺省均可。例如，① 5146634D339456RE35312；② 5146634ORD339456ORRE353；③ 5，146，634ORD339，456ORPP8，901。

另外，专利号输入也可采用右截断进行检索，如 5146648，其检索结果为 514664 及 5146640 ～ 5146649 共 11 项专利。

专利申请公布号检索与专利号检索相似，用户只需将已知的专利申请公布号输入“Query”输入框后，即可直接检索。

4. 法律状态检索　在“Patent Application Information Retrieval”检索界面上输入需要查询法律状态的申请号或专利号，即可获得该号码的专利记录结果。选择“Fees”一项，可查询该美国专利维持费的缴费情况。

进入“Withdrawn Patent Number”网页，可见该页面中列出了所有被撤回的专利。利用“查找”功能搜索被检索的专利号，即可得知该专利是否已被撤回。

（三）日本特许厅网站专利信息资源

日本特许网站网址为 http ://www.jpo.go.jp/，提供的专利信息资源为自 1885 年以来公布的所有日本专利、实用新型和外观设计，日本公开专利英文文摘数据，FI 与 F-TERM 分类表及日本外观分类表，以及日本专利、实用新型与外观设计的法律状态信息。

以下以英文版为例介绍日本专利和实用新型的检索方法。

1. 专利与实用新型公报数据库　进入英文版工业产权数字图书馆界面后，可以点击“Patent& Utility Model Gazette DB”链接进入“专利与实用新型公报数据库”检索界面。该界面上设有 12 组检索式输入窗口，每组输入窗口分别由“Kind code”（专利文件种类代码）和“Number”（号码）窗口组成，各组输入窗口之间的逻辑关系为“或”，因此可以通过输入文献号同时检索多达 12 篇专利文献。

2. 专利与实用新型对照索引　在英文版工业产权数字图书馆界面点击“Patent& Utility Model Concordance”链接可以进入“专利与实用新型对照索引”检索界面。该界面有 5 组检索式输入窗口，每组输入窗口分别由“Kind code”选择菜单和“Number”窗口组成。“Kind code”选择菜单提供“Application”“Unexamined”“ Examined”和“Registration”4 个选项。各组输入窗口之间的逻辑关系为“或”。

3. 日本专利分类号检索　在英文版工业产权数字图书馆界面点击“FU/F-term Search”链接，可以进入“日本专利分类号”检索界面。该界面中有 4 组检索式选择窗口和输入窗口 :“Data Type”（数据类型）、“Theme”（主题）、“Publication Year”（公布年代）和“FI/F-term/ /facet”（FI/F-term 分类号）。其中,“Data Type”为多项复选框，用于选择检索的范围，其中包括“Patent”（专利）、“Examined utility model registration”（经审查的实用新型注册）、“Patent specification”（专利说明书）和“ Examined utility model specification”（经审查的实用新型说明书）。“ Theme”为输入窗口，检索时在该窗口输入 F-term 分类号。“ Publication Year”为检索的年代范围，检索在“From”窗口输入一个起始年，在“To”窗口输入一个终止年，即可把检索的范围限定到输入的年代范围中。“FL/F-term/ facet”输入窗口用于通过 FI

分类号和（或）F-term 分类号进行检索，检索时可以输入完整的 FI/F-term 分类号，也可以与“Theme”窗口连用。

4. 日本专利英文摘要检索　在英文版工业产权数字图书馆界面点击“PAJ”链接可以进入“日本专利英文摘要”检索界面。该界面有“Text Search”（文本检索）及“Number Search”（号码检索）两种检索模式。在“Text Search”检索模式下，有 3 组检索模式选择窗口和输入窗口：“Applicant, Title of Invention, Abstract”（申请人、发明名称、摘要）、“Data of Publication of Application”（申请公布日期）和“IPC”（国际专利分类号）。“Applicant, Title of Invention, Abstract”由 3 组检索式输入窗口组成，各组之间可以选择“或”“与”“非”3 种逻辑关系。“Data of Publication of Application”可输入起始和终止日期，以缩小检索范围。“IPC”输入窗口可输入国际专利分类号进行检索。在“Text Search”检索模式下，点击页面右侧的“Number Search”按钮即可进入“Number Search”检索模式。在该界面中可以选择“Application Number”（申请号）、“Publication Number”（公开号）、“Patent Number”（专利号）和“Appeal/ /trial number”（诉讼 / 审判号码）这 4 个选项之一，限定检索范围。

5. 法律状态检索　日文版的工业产权数字图书馆提供法律状态检索功能，用户点击页面上的“经过情报检索”即可进入法律状态检索页面。“经过情报检索”中提供 3 种检索模式：号码检索、范围指定检索、最终处理对照索引。

（1）号码检索：在号码检索界面中通过输入专利号码即可检索日本发明、实用新型、外观设计及商标的法律状态。

（2）范围指定检索：可在下拉菜单中选择需要查看的法律状态项目，然后输入时间范围，即可查看指定的时间范围内处于选定法律状态的文献列表。

（3）最终处理对照索引：其中记录了案卷作出各种决定的时间。用户在该界面的下拉菜单中选择文献类型，在其后的输入框中输入相应的文献号，即可检索到该文献各个阶段及相关日期。

“专利与实用新型公报数据库”及“专利与实用新型对照索引”

的检索结果输出方式相同，点击选中文献号后，即可进入英文摘要及摘要附图。

英文摘要及摘要附图显示界面中显示所选文献的著录项目、英文摘要及摘要附图。

若点击检索结果屏幕上方的“DETAIL”键，可进入全文显示状态。全文显示状态中包括“CLAIMS”“DETAILED DESCRIPTION”等选项，对应专利文献各部分的计算机翻译英文译文。

若点击检索结果屏幕上方的“JAPANESE”键，可进入日文原文显示状态，系统将显示日本专利或实用新型的说明书扫描图形，提供放大、缩小、翻转、翻页等功能，便于用户浏览。

（四）韩国知识产权局网站

韩国知识产权局网站网址为 http：//www.kipris.or.kr/。提供的专利信息资源为自 1948 年以来公布的所有韩国授权发明、实用新型及 1983 年以来公开的发明、实用新型申请。

在韩国知识产权信息中心网站的专利数据库中提供“一般检索（General Search）”和“高级检索（Advanced Search）”两种查询模式。

进入检索界面默认的“一般检索”查询模式。在该查询模式下，用户可以根据关键词和专利号码进行检索。用户根据具体检索需求，选择性地输入相应内容即可。

点击“Advanced Search”，进入高级检索模式。高级检索模式为菜单式检索，设有文献 23 个检索字段，用户按照相应格式要求即可进行检索。

在高级检索中还设有一个“Free Search（Full Text）”输入框，该输入框不仅可输入任意关键词在全文范围内进行检索，还可输入字段代码，编辑高级检索式。例如，TL=[（tv+ computer）* LCD] AP=[samsung]。

（五）欧洲专利局网站专利信息资源

欧洲专利局网站网址为 http：//www.epo.org/。提供专利信息资源的网址是 espacenet 专利检索 http：//worldwide.espacenet.com/ 和 epoline 欧洲专利法律状态查询 https：//register.epo.org/espacenet/

regviewer。

欧洲专利局网站上提供的ESPACENET专利检索中的专利信息资源有欧洲专利（1978年以来著录数据和全文）、国际申请公布（1978年以来著录数据和全文）、世界专利（90多个国际、地区及组织著录数据和全文）。

欧洲专利局网站上提供的epoline欧洲专利法律状态查询中的专利信息资源有欧洲专利法律状态信息和指定并进入欧洲阶段的国际申请的法律状态信息。

1. *espacenet系统检索方法* espacenet检索界面提供3种专利检索方式，分别为快速检索（Quick Search）、高级检索（Advanced Search）和号码检索（Number Search）。此外，espacenet检索界面目前还提供一种试用检索方式——智能检索（Smart Search）。另外，该检索界面还提供了欧洲专利分类检索（Classification Search）。上述各种检索方式的入口均可从检索界面中进入。

（1）快速检索（Quick Search）：快速检索界面中有以下3个区域。①数据库（Database），可以选择EP数据库、WIPO数据库或Worldwide数据库；②检索类型（Type of Search），可以确定检索的范围是发明名称或摘要，还是申请人或发明人；③检索项输入区（Search Terms），用于输入检索字段。

（2）高级检索（Advanced Search）：高级检索界面中有两个区域，分别为①数据库（Database）；②检索项输入区（Search Terms），用于输入检索字段。系统提供了关键词、公开号、发明人等10个检索字段，每个字段最多可输入4项内容，输入字母时不区分大小写。在检索字段中截词符“*”代表任意长度的字符，“?”代表0或1个字符，“#”代表1个字符；其中，“?”和“#”分别最多只能使用3次，前面至少需要输入1个字符，“*”前面至少需要输入3个字符。

（3）号码检索（Number Search）：号码检索界面中有两个区域，分别为①数据库（Database）；②号码输入区（Enter Number）。选择数据库后输入号码即可。

（4）智能检索（Smart Search）：目前espacenet的主页上还提供一

种“智能检索”的检索方式。该检索模式可以自动识别输入的检索项内容。例如，输入检索式“Siemens EP2007”，系统将自动寻找申请人为 Siemens、于 2007 年公开的欧洲专利申请。

智能检索时用户不需输入“字段标识”（如 pd、num、ia 等），只需输入检索项具体内容（如 Siemens、EP、2007 等）。但是智能检索对检索式的格式有一定要求，需要遵照系统规定输入格式。

若用引号（“”）将多个词语包围，则智能系统按照词组进行检索。此外，用户根据需要对特定字段进行检索时，也需要用引号标识检索内容。例如，Ti= “electric moter”，ti any= “motorengine”，ti all= “paint brush hair”。

智能检索系统还支持逻辑算符、邻近算符等多种运算符。

1）逻辑算符：AND，OR，NOT。其中，AND 为默认算符，按照左侧有限原则进行排序。

2）邻近算符：示例如下。

A. mouse prox/ distance < 3trap，系统将根据 txt 字段检索包括 mouse 和 trap，且两者相隔不超过 3 个词语的专利文献。

B. mouse prox/unit= sentence trap，系统将根据 txt 字段检索包括 mouse 和 trap，且两者是在同一个句子中的专利文献。

C. mouse prox unit= paragraph trap，系统将检索 txt 字段检索包括 mouse 和 trap，且两者是在同一个段落中的专利文献。

D. ia=Apple prox/ ordered ia=Corp，系统将在 ia 字段检索包括“Apple Corp”而不是“Corp Apple”的专利文献。

3）关系算符：示例如下。

A. 算符“=”，为系统缺省关系字符，查询与检索项内容完全匹配的专利文献。例如，pa= Siemens。

B. 算符“all”，查找包含所有检索项内容的专利文献，且不要求各个内容之间按照输入的顺序。例如，ti all “paint brush hair”，检索包含“paint”“brush”和“hair”的文献，且不要求三者按照顺序出现。

C. 算符“any”，查找包含任一项检索内容的专利文献。例如，ti

any “moter engine”，检索包含“moter”或“engine”的专利文献。

4）仅在公开日字段有效的算符

A. 算符“within”，表示两个时间之间，如 pd within “20052006”或 pd within “2005，2006”，即公开日介于 2005 年和 2006 年的文献。

B. 算符“>=”，表示晚于或等于。例如，pd>=2005，即公开日晚于或等于 2005 年的文献。

C. 算符“<=”，表示早于或等于。例如，pd>=2005，即公开日早于或等于 2005 年的文献。

同时，智能检索对输入格式也有诸多限制。智能检索式中最多支持 4 种著录项目检索，最多 21 个检索词；最多支持 5 组括号；不支持左侧截词符、省略号、连词符；斜线“/”仅在日期格式中支持（如 d/mm/yyyy）；引号用于检索一个区域；不支持全文检索（权利要求和说明书）。

（5）欧洲专利分类检索（Classification Search）：欧洲专利分类检索页面提供了欧洲专利分类（ECLA）的检索，可以通过输入关键词或分类号进行检索，获得对应的分类号定义，也可直接点选分类定义，通过多级超链接的方式直接进入特定的分类号定义。

同时，通过勾选各个分类号右侧的复选框，可以将分类号复制到“Copy to searchfrom”一栏，点选“Copy”按钮即可跳转到前述高级检索界面，并将所选中的分类号粘贴到分类号（“European Classification”）一栏，从而实现从分类定义检索到专利文献检索界面的快捷链接。

2. *epoline 系统检索方法* epoline 检索界面提供两种检索方式，分别为快速检索和高级检索。

快速检索界面中有 1 个下拉菜单可供选择，提供 13 个检索字段选项、1 个检索输入框。用户应首先选择下拉菜单中的检索入口，之后在检索输入框中填写检索式，即可检索。

点击页面上方的链接“Advanced Search”即可进入高级检索界面。高级检索可以进行 3 个字段的组合检索，其检索方式与快速检索相似。

3. *法律状态检索* 在 espacenet 检索系统中，每个检索结果中的

“INPADOC legal status”标签都有国际专利文献中心（International Patent Documentation Center）提供的法律状态信息。该系统提供的法律状态依赖于各国提供的信息，由于各国数据不一定完全，因此其实时性和准确性相对较低。

在 epoline 检索系统中，检索结果的左侧菜单有“About this file”和“Legal status”两项。在“About this file”界面中的“Status”一项显示简要的法律状态信息。“Legal status”界面中显示更为具体和全面的法律状态信息。

相对于 espacenet 系统中的法律状态，epoline 中的信息是对审查、异议及上诉等各种法律状态进行加工整理后的信息，更为直观，方便用户查阅；不足的是，epoline 系统只包含欧洲、指定欧洲的 PCT 专利申请的数据，无法查找其他国家和地区专利申请的法律状态信息。

EPO 网站的检索结果首先以列表的形式显示，点击其中的一项，可查看每一件专利文献的详细信息。该详细信息页面共包含以下标签。

（1）“Bibliographic data”标签：界面右侧的“Also published as”中列出的文献是所选专利的同族，可以通过 PDF 格式浏览；要查看所有类型的同组专利，可点击“View INPADOC patent family”，系统将以列表形式显示所有同组专利。界面右侧的“Cited documents”显示该专利申请的检索报告中的引用文献。点击页面下方的“View list of documents”显示引用该专利文献的所有文献。此外，用户也可点击“view document in the European Register”转入“Register Plus”系统，查看该专利的审查过程。

（2）“Description”和“Claim”标签：显示文本格式的专利文献说明书和权利要求，这两个标签的页面中还提供了“Translate this text”按钮，可以将法文、德文等非英文的内容翻译成英文。

（3）“Mosaics”标签：将所有附图以矩阵排列的缩略图形式显示在一个页面中，从而可以方便地在一个页面中浏览全部附图。

（4）“Original Document”标签：显示扫描件形式的图像全文，还提供了 PDF 全文下载。

此外，如前文所述，“INPADOC legal status”标签显示了该专利的法律状态信息。

（六）世界知识产权组织网站专利信息资源

世界知识产权组织（WIPO）的官方网站（http：//www.wipo.int）提供知识产权数字图书馆。通过该网站可以免费检索 PCT 专利申请的相关信息。该网站收录了自 1978 年以来公开的国际专利申请，可进行全文检索。在 WIPO 的官方网站上点击页面左侧的“Patent”后，进入 PATENTSCOPE 系统点击该系统中的“PATENTSCOPE Search Service”链接即可进入专利检索界面，或者在 IE 浏览器的地址栏中直接输入网址 http：//www.wipo.int/ pctdb/en/，也可进入该检索系统。

在 PATENTSCOPE 检索系统中，可以通过 4 种检索模式进行检索：“简单检索”（Simple Search）、“高级检索”（Advanced Search）、“结构化检索”（Structured Search）、“浏览每周公布”（Browse by Week）。打开上述网址后，默认进入结构化检索页面，可以通过系统界面中的“options”选择菜单，选定其他 3 种检索模式之一。

1. 简单检索（Simple Search） 在系统界面的“options”选择菜单中选择“Simple Search”即可进入简单检索界面。该界面提供一个检索输入框和一个下拉菜单。用户可以将检索词输入检索输入框，如果需要输入多个检索词，在各检索词之间以空格间隔。下拉菜单用于选择所输入的检索词之间的关系，其中有 3 个可选项：“All of these words”，该选项要求检索的文献包括全部所输入的检索词；“Any of these words”，该选项要求检索出的文献只需包括任何一个检索词即可；“This exact phrase”，该选项要求检索出的文献包括多个检索词所构成的短语。

2. 高级检索（Advanced Search） 在系统界面的“options”选择菜单中选择“Advanced Search”即可进入高级检索界面。该界面中有两个输入选择项：“Date”（日期）和“Search”（检索范围），以及一个检索输入框。通过输入选择项“Date”可以选择包括所有数据“All”，或者某一特定周的数据“Week of”；通过输入选择项“Search”可以选择检索的范围，“Front Page”仅检索扉页的著录项目字段数据，“Full

Text”检索著录项目、权利要求和说明书中的内容。高级检索界面中的检索输入框允许输入复杂的检索式，其基本输入格式为“字段代码/字段内容”，字段代码可以参考页面“Field Code”中的相关说明。并且，在检索输入框中可以使用逻辑运算符、短语检索、邻近检索及截词检索。

3. 结构化检索（Structured Search） 在系统界面的“options”选择菜单中选择“Structured Search”即可进入结构化检索界面。在该检索界面中，可以根据需要在检索输入框中填写检索字段，而无须使用字段代码；同时在下拉菜单中选择各个检索字段之间的逻辑关系。在结构化检索中同样支持短语检索、邻近检索、截词检索及逻辑表达式。

4. 浏览每周公布（Browse by Week） 在系统界面的“options”选择菜单中选择“Browse by Week”，可以浏览选定周内公布的PCT专利申请。

系统对以上检索结果以列表形式显示。用户点击显示列表中的文献号码和标题，即可进入文献详细信息显示界面。

二、主要商业机构提供的专利文献数据库

商业机构提供的专利文献数据库分为收费和免费两类。收费的数据库往往提供功能强大的检索手段。例如，德温特公司的DI数据库可以实现引证文献检索、化学结构式检索，并能对检索结果进行初步统计分析。免费数据库的检索手段往往功能不如收费数据库强大，但有些数据库却提供独特的检索服务。例如，Google Patents提供了全部美国专利文献的检索，Patent Cluster能够将检索结果按照专利族树进行显示；Free Patent Online数据库可以提供美国、欧洲、WIPO专利文献的跨库全文检索；Patentics数据库可以提供中英文双语互检、概念检索及新颖性或侵权分析等服务。

（一）中外专利数据库

中外专利数据库由国家知识产权局知识产权出版社提供，用户可通过登录网址http：//www.chip.com或http：//zhuanli.eol.cn/cmip进入中外专利数据库。中外专利数据库收录了自1985年起的中国专利文献和自1978年起的美国、日本、英国、德国、法国、瑞士、EPO、

WIPO 的专利数据，部分东南亚国家联盟、阿拉伯国家联盟、韩国、俄罗斯等国，以及我国香港、澳门、台湾等地区的专利数据。对于中国专利文献，该数据库中提供专利著录项目、摘要、主权利要求、法律状态及说明书全文。对于其他专利文献，该数据库提供专利著录项目、摘要和摘要附图。

（二）DI 数据库

DI[Derwent Innovations Index（德温特创新索引）] 数据库是 Thomson Scientfic 公司基于 ISI Web of Knowledge 网络检索平台推出的专利信息检索产品，该数据库将 DWPI [Derwent World Patents Index（德温特世界专利索引）] 与 PCI[Patents Citation Index（专利引文索引）] 有机地整合在一起。其网址为 http：//isiknowledge.com。用户不仅可以通过 DI 数据库检索专利文献及专利引用情况，还可以使用 Derwent Chemistry Resources（德温特化学资源数据库）进行化学结构式检索。DI 数据库包括美国、日本、欧洲、中国、韩国等 40 多个专利机构出版的专利信息，技术内容涉及化学、电子与电气及工程技术领域的综合全面的发明信息,其中专利文献索引自 1963 年起至今，专利引文索引自 1973 年起至今。

（三）Google Patents 专利数据库

Google Patents 是 Google 公司推出的美国专利文献全文检索系统，其网址为 http：//www.google.com/patents。该系统的专利数据由美国专利商标局（USPTO）提供，较完整地收录了自 18 世纪 90 年代以来的申请及公开出版的专利。据其介绍已收录了约 700 万条专利信息，以及超过 100 万条专利申请信息，但实际上目前的文献收录数量早已超过上述数字。该系统界面简洁明了，浏览方便，是美国专利文献全文检索的方便工具。需要说明的是，由于 Google 需要对 USPTO 所提供的专利公开文本进行数据加工，因此其未收录最近的专利文献。据测试，美国专利文献公开约半年后可被 Google Patents 收录。

（四）Patent Cluster 数据库

Patent Cluster 是一个免费检索网站，其特点是提供专利族检索。目前，该数据库仅收录了部分美国专利文献，可对其进行全文检索。

不久的将来，该数据库将实现对自 1974 年至今的美国专利和申请的全文检索，并计划收录欧洲、日本和其他国家的专利文献。网址为 http：//www.patentcluster.com。

（五）Free Patents Online 数据库

Free Patents Online 是一个免费专利检索网站，提供美国专利和专利申请、欧洲专利、WIPO 专利的全文检索，以及日本专利的摘要检索。用户可以通过 Free Patents Online 系统实现多国文献的跨库检索。网址为 http：//www.freepatentsonline.com。

（六）Patentics 数据库

Patentics 网站提供基于概念模型的专利语义检索和分析服务，该系统可以实现双语检索、概念检索、相关度排列、自动标引、聚类、分类，以及相关内容的智能化分析，极大地提高了对海量全文数据的情报检索效率。Patentics 数据库包括自 1971 年 3 月至今的美国授权专利全文，2001 年至今的美国专利申请、欧洲专利、世界专利、中国专利全文及多国专利英文摘要。网址为 http：//www.patentics.com。

（七）Soopat 数据库

Soopat 是一个免费的专利搜索引擎，其中收录了中国、美国、欧洲、日本等多个国家的专利文献，可对其进行摘要检索。网址为 http：/www.sepat.com。

三、现有主要专利检索资源适用性比较

在前面介绍的基础上，对各个网站在收录的文献范围、分类号检索、关键词检索及其他功能方面进行适用性比较。

（一）文献范围

由于检索目的不同，对检索专利文献的国别、地区范围及起止年代也有着不同的要求。例如，进行防止出口侵权的检索时，可能会针对所欲出口的特定的国别和地区范围，以及可能处于相应的专利有效期间内的专利文献进行检索；而在进行专利性检索时则希望检索可以覆盖尽量全面的国别、地区范围及起止年代。这就需要了解相应网站所收录的文献范围，以满足相应的需要。

（二）分类号检索

恰当的检索入口可以提高检索的效率。例如，在对难以使用关键词表达的结构特征及一些概括的技术特征进行检索时，可以考虑使用分类号检索。除了几乎所有专利数据库均可使用的 IPC 分类之外，还可以考虑使用一些特定的分类体系，如 USPTO 提供的 UC 分类、JPO 提供的 FL/FT 分类、EPO 提供的 ECLA 分类、德温特公司提供的 DC/MC 分类等。

（三）关键词检索

关键词是一种重要的检索手段，尤其是在不清楚待检索对象的专利分类的情况下，通常首先使用关键词进行检索。关键词检索的效果与网站所提供的关键词功能密切相关。涉及关键词检索的功能有同义词 / 近义词扩展、邻近算符、同在算符、截词符及词距离运算等。

1. *同义词 / 近义词扩展* 是关键词检索的难点。目前一些网站提供同义词库供用户查阅或关键词扩展功能，如 Lexisnexis 和 Patentics。另一些网站通过内置同义词库或特定的算法进行同义词扩展检索，如中外专利检索系统和 Google Patents。

2. *邻近算符* 当检索词可能涉及特定的位置关系时，如检索词是词组，使用邻近算符可以提高检索准确度。不同网站邻近算符表达方式不同，如有“near”（表示邻近）、“AnWB”（A 和 B 有 0 ～ *n* 个词，词序不能变化）、“AnDB”（A 和 B 有 0 ～ *n* 个词，词序可以变化）等多种形式。中外专利数据库、Lexisnexis、WIPO 网站、KIPO 网站、DPMA 网站、espacenet 的智能检索中均提供邻近算符功能。

3. *同在算符* 当需要表达两检索词同时出现在一个句子、段落或字段中时，一些网站提供同在算符。例如，“Aw/pB” 表示 A 和 B 出现在同一个段落里，“Aw/segB” 表示 A 和 B 出现在同一个字段里，“Aw/sB” 表示 A 和 B 出现在同一个句子里。 Lexis Nexis 和 espacenet 的智能检索中均提供同在算符功能。

4. *截词符* 大部分网站对于英文关键词均提供截词符（或称为英文通配符）功能。例如，中外专利数据库的英文界面、espacenet、DI 数据库、Lexisnexi、Patent Cluster、freeman-entsonline、Patentics 等，但具体表达方式各不相同。典型的表达方式：使用“*”代表任意长度的字符，使用“?”代表0或1个字符，使用“#”代表1个字符。

5. 其他算符　某些非专利局网站提供了词距离运算、词频运算等方式进行检索。例如，词距离运算可以避免由于拼写错误导致的漏检，词频运算由于可以限定词的出现次数，从而可以提高检索的准确度。Patentcluster、Free Patents Online、Patentics提供了该功能。

（四）其他辅助功能

1. 结果显示　Patentics、Google Patents等可以提供高亮检索词的功能，这样便于检索者集中注意所关注的词语。Google Patents还可以在美国早期专利文献全文中高亮显示检索词，这是美国专利商标局网站所不具备的功能。Lexisnexis、Patentics、Google Patents、Soopat、中外专利数据库等均提供对检索结果按照时间或相关度排序的功能。这样，在存在目标文献的情况下，通过先浏览最相关文献提高浏览效率。Patentics还可以选择按照与给定词的相关度进行排序。此外，一些网站还提供摘要浏览和详细浏览的不同显示方式。例如，WIPO、Google Patents、Patentics、中外专利数据库等均提供带摘要附图的摘要浏览方式，这种浏览方式对于提高检索效率非常有帮助。

2. 结果统计　一般涉及分类号统计、申请人/发明人统计、关键词统计等。由于专利分类专业性较强，对于大多数用户来说，一般都不熟悉分类表，可以先通过简单关键词检索，之后通过一些网站提供的对检索结果的分类号统计功能可以快速地找到合适的分类号。Patentics和Soopat均提供对检索结果的分类号、申请人等统计功能。此外，DI数据库也提供对检索结果的专利权人、专利权人代码、发明人、IPC、DC/MC、学科类别的统计功能。

3. 全文下载功能　网站大多都提供下载功能，但有些网站只提供单页下载方式，没有打包下载功能，使用不便。EPO网站提供全部的PDF格式打包下载，下载全文比较方便。对于中国专利文献，除了EPO网站上可方便下载外，中外专利数据库也可直接进行全文下载。此外，JPO、WIPO、KIPO、Free Patents Online、Google Patents也有全文打包下载功能。

第9章

请求书撰写

请求书是申请人向国家知识产权局提交的表示请求授予专利权愿望的一种书面文件，其综合了专利相关权益的各方面基本信息，在专利申请文件中具有总领作用。申请人应当按照发明专利请求书表格或实用新型专利请求书表格的要求正确填写相关信息，并将其与其他文件一起交给专利局以供审查。

第一节　请求书内容

请求书是国家知识产权局制定的一种统一的制式表格。申请发明专利的使用“发明专利请求书”；申请实用新型专利的使用“实用新型专利请求书”；申请外观设计专利的使用“外观设计请求书”。申请人根据自己的发明内容选择合适的请求书，切勿选择错误类型的请求书填写，以免影响后期专利申请授权等事宜。

根据《专利法实施细则》第十六条的规定，请求书中除了包含发明或实用新型的名称外，还包括申请人、代理人、法律手续（声明）三类信息。

一、申请人信息

申请人是中国单位或个人的，包括其名称或姓名、地址、邮政编码、组织机构代码或居民身份证件号码；申请人是外国人、外国企业或外国其他组织的，包括其姓名或名称、国籍或注册的国家或地区；发明人姓名。此外，请求书中还设有联系人信息栏，申请人可以根据需要决定是否填写联系人。申请书中还设有某些声明事项，如申请人为多个时，可以在申请书中声明某个申请人是该专利申请的代表人。

二、代理人信息

申请人委托专利代理机构的，填写受托机构的名称、机构代码及该机构指定的专利代理的姓名、执业证号码、联系电话。

三、法律手续（声明）信息

要求优先权的，需有申请人第一次提出专利申请的申请日、申请号及原受理机构的名称；申请人或专利代理机构的签字或者盖章。

此外，请求书中还包括其他一些附加信息，包括申请文件清单、附加文件清单、其他需要写明的有关事项。例如，申请人如果要求享受不丧失新颖性的宽限期，则应当在请求书中声明；申请人认为其申请专利的发明或实用新型涉及国家安全或重大利益需要保密，应当在请求书中声明；专利申请涉及核苷酸或氨基酸序列或者发明创造的完成依赖于遗传资源，均应当在请求书中声明。申请人也可以在发明专利请求书中声明请求提前公布其专利申请。

除按照《专利法实施细则》第十六条规定应当写明的上述内容外，如果专利申请属于分案申请，申请人还应当在请求书中写明原申请的申请日和申请号；如果专利申请涉及新的生物材料，并提交了生物材料样品保藏，申请人应当在请求书中写明生物材料样品的保藏单位、保藏单位地址、保藏日期、保藏编号及其分类命名。

四、请求书填写要求

（一）专利名称

申请人要在请求书内写明其申请专利的名称，请求书的名称要和说明书的名称一致，专利名称要简洁明了，突出主题和申请类型。请求书中的专利名称要区分开申请保护的专利时产品或方法，如“一种手术缝针寻针器”“一种可注射利福霉素类抗生素凝胶微球及其设备方法”。不得含有非技术性用语，如人名、单位名称、商标、型号等；不得含有含糊的词语；不得仅使用笼统的词语，致使未给出任何发明信息，如仅用“方法”“装置”“组合物”“化合物”等词作为发明名称。发明名称一般不得超过 25 个字，特殊情况下，如化学领域的某些发明，可以允许最多 40 个字。

外观设计的产品名称应对图片或照片中表示的外观设计所应用的产品种类具有说明作用。产品名称一般应当符合国际外观设计分类表中小类列举的名称。同时，外观设计专利的名称还应当避免含有人名、地名、国名、单位名称、商标、代号、型号或以历史时代命名的产品名称；避免概括不当、过于抽象的名称，如“工具”“器械”等；还应当避免产品规格、大小、规模、数量单位的名称，如“六寸钳”“5ml 注射器”等。

（二）发明人或设计人

请求书中要写明发明人或设计人的姓名。《专利法实施细则》第十三条规定，专利法所称发明人或者设计人，是指对发明创造的实质性特点作出创造性贡献的人。在完成发明创造过程中，只负责组织工作的人、为物质技术条件的利用提供方便的人或者从事其他辅助工作的人，不是发明人或者设计人。发明人或者设计人必须是自然人（个人），请求书不能填写单位和集体，如不得写成“××× 大学”“××× 医院护理部”“××× 医院普外科”或“××× 课题组”等。

在填写请求书发明人姓名时，必须是真实姓名，不得填写笔名或乳名。如果是多人完成的，应当把全部人员的名称写上。按照规定，在填表时应当按自左向右的顺序填写。发明人或设计人如要求不公开姓名，在填写请求书时要写明。审查认为符合规定的，专利局在专利公报、专利申请单行本、专利单行本及专利证书中均不公布其姓名，并在相应位置注明“请求不公布姓名”字样，发明人也不得再请求重新公布其姓名。

（三）申请人

根据《专利法》第六条、第七条规定，执行本单位的任务或者主要是利用本单位的物质技术条件所完成的发明创造为职务发明创造。

职务发明创造申请专利的权利属于该单位；申请被批准后，该单位为专利权人。非职务发明创造，申请专利的权利属于发明人或者设计人；申请被批准后，该发明人或者设计人为专利权人。利用本单位的物质技术条件所完成的发明创造，单位与发明人或者设计人订有合同，对申请专利的权利和专利权的归属作出约定的，从其约定。对发明人或者设计人的非职务发明创造专利申请，任何单位或者个人不得压制。

在填写请求书时，申请人是个人的可以推断是非职务发明，申请人是单位的可以推断是职务发明。个人有权提出专利申请，任何单位或者个人不得压制。职务发明填写单位时，必须是法人单位，如可以填写“××× 大学”“××× 医院”“××× 研究所”等，不可写成“××× 大学科技处”“××× 医院护理部”“××× 医院普外科”或“××× 课题组”等。

申请人是中国单位或者个人的，应当填写其名称全称或者姓名、地址、邮政编码、组织机构代码或者居民身份证号码。申请人是个人的，应当使用本人真实姓名，不得使用笔名或其他非正式的姓名。申请人是单位的，应当使用正式全称，不得使用缩写或简称。请求书中填写的单位名称应当与所使用的公章上的单位名称一致。

（四）联系人

申请人是单位且未委托专利代理机构的，应当填写联系人，联系人是代替该单位接收专利局所发信函的收件人。联系人应当是本单位的工作人员，只能填写一人。填写联系人的，还需要同时填写联系人的通信地址、邮政编码和电话号码。

（五）专利代理机构

专利代理机构应当依照专利代理条例的规定经国家知识产权局批准成立。如果申请人委托专利代理机构代为申请，请求书应当写明专利代理机构的名称，此名称必须是在国家知识产权局备案的全称，必须与代理机构加盖印章的名称一致。不得使用简写或略写。

（六）专利代理人

专利代理人是指获得专利代理人资格证书、在合法的专利代理机构执业，并且在国家知识产权局办理了专利代理人执业证的人员。在请求书中，专利代理人应当使用其真实姓名，同时填写专利代理人执业证号码和联系电话。

（七）签字或盖章

请求书必须要有申请人签字或盖章，如果申请人是自然人可以签字或盖章，如果申请人是单位则必须加盖单位公章。由代理机构代为申请的应由代理机构加盖印章。

（八）地址

请求书中的地址（包括申请人、专利代理机构、联系人的地址）应当符合邮件能够迅速、准确投递的要求，地址中可以包含单位名称，但单位名称不得代替地址，如不得仅填写“××省××大学”“××市××医院”，必须写全省（自治区）、市（自治州、直辖市）、区、街道门牌号码和电话号码。

第二节　请求书书写原则

一、客　观　性

申请专利权的发明和实用新型必须没有在国内外出版物上公开发表过或者在国内公开使用过，也没有以其他方式为公众所知；申请专利权的外观设计必须与国内外出版物上公开发表过或国内公开使用过的外观设计不同或不相似。这就保证了申请专利权的发明、实用新型、外观设计具有新颖性。同时，要注意根据自己申请的专利类型如实客观地填写。

二、说　明　性

专利请求书应当写明发明和实用新型的名称、发明人及申请人的姓名、地址、邮政编码、组织机构代码或居民身份证件号码及其他事项。请人委托专利代理机构的，应当写明受托机构的名称、机构代码及该机构指定的专利代理的姓名、执业证号码、联系电话等。

三、规　范　性

专利请求书是一种专利申请文件，应当使用统一格式。国家知识产权局统一制作了各种专利请求书的表格式样，只需按规定正确填写即可，一式两份提交国家知识产权局。

第三节　请求书常用表格

一、发明专利请求书

发明专利请求书见表 9-1，请按照后文的发明专利请求书填写注意事项正确填写表 9-1 各栏。

表 9-1　发明专利请求书

<table>
<tr><td colspan="4"></td><td>此框内容由国家知识产权局填写</td></tr>
<tr><td rowspan="2">⑦发明名称</td><td colspan="3" rowspan="2"></td><td>①申请号</td></tr>
<tr><td>②分案提交日</td></tr>
<tr><td rowspan="3">⑧发明人</td><td>发明人 1</td><td></td><td>□不公布姓名</td><td>③申请日</td></tr>
<tr><td>发明人 2</td><td></td><td>□不公布姓名</td><td>④费减审批</td></tr>
<tr><td>发明人 3</td><td></td><td>□不公布姓名</td><td>⑤向外申请审批</td></tr>
<tr><td colspan="3">⑨第一发明人国籍或地区</td><td>居民身份证件号码</td><td>⑥挂号号码</td></tr>
<tr><td rowspan="7">⑩申请人</td><td rowspan="7">申请人(1)</td><td colspan="2">姓名或名称</td><td>申请人类型</td></tr>
<tr><td colspan="2">居民身份证件号码或统一社会信用代码 / 组织机构代码
□请求费减且已完成费减资格备案</td><td>电子邮箱</td></tr>
<tr><td colspan="3">国籍或注册国家（地区）　　经常居所地或营业所所在地</td></tr>
<tr><td>邮政编码</td><td colspan="2">电话</td></tr>
<tr><td colspan="3">省、自治区、直辖市</td></tr>
<tr><td colspan="3">市县</td></tr>
<tr><td colspan="3">城区（乡）、街道、门牌号</td></tr>
</table>

续表

<table>
<tr><td rowspan="14">⑩
申
请
人</td><td rowspan="7">申
请
人
(2)</td><td colspan="3">姓名或名称</td><td>申请人类型</td></tr>
<tr><td colspan="3">居民身份证件号码或统一社会信用代码 / 组织机构代码
□请求费减且已完成费减资格备案</td><td>电子邮箱</td></tr>
<tr><td colspan="4">国籍或注册国家（地区）　　经常居所地或营业所所在地</td></tr>
<tr><td>邮政编码</td><td colspan="3">电话</td></tr>
<tr><td colspan="4">省、自治区、直辖市</td></tr>
<tr><td colspan="4">市县</td></tr>
<tr><td colspan="4">城区（乡）、街道、门牌号</td></tr>
<tr><td rowspan="7">申
请
人
(3)</td><td colspan="3">姓名或名称</td><td>申请人类型</td></tr>
<tr><td colspan="3">居民身份证件号码或统一社会信用代码 / 组织机构代码
□请求费减且已完成费减资格备案</td><td>电子邮箱</td></tr>
<tr><td colspan="4">国籍或注册国家（地区）　　经常居所地或营业所所在地</td></tr>
<tr><td>邮政编码</td><td colspan="3">电话</td></tr>
<tr><td colspan="4">省、自治区、直辖市</td></tr>
<tr><td colspan="4">市县</td></tr>
<tr><td colspan="4">城区（乡）、街道、门牌号</td></tr>
<tr><td rowspan="5">⑪
联
系
人</td><td colspan="2">姓　名</td><td colspan="2">电话</td><td>电子邮箱</td></tr>
<tr><td colspan="5">邮政编码</td></tr>
<tr><td colspan="5">省、自治区、直辖市</td></tr>
<tr><td colspan="5">市县</td></tr>
<tr><td colspan="5">城区（乡）、街道、门牌号</td></tr>
<tr><td colspan="6">⑫代表人为非第一署名申请人时声明　特声明第　署名申请人为代表人</td></tr>
<tr><td rowspan="5">⑬
专
利
代
理
机
构</td><td colspan="5">声明已经与申请人签订了专利代理委托书且本表中的信息与委托书中的相应信息一致</td></tr>
<tr><td colspan="3">名称</td><td colspan="2">机构代码</td></tr>
<tr><td rowspan="3">代
理
人
(1)</td><td>姓　名</td><td rowspan="3">代
理
人
(2)</td><td colspan="2">姓 名</td></tr>
<tr><td>执业证号</td><td colspan="2">执业证号</td></tr>
<tr><td>电　话</td><td colspan="2">电　话</td></tr>
<tr><td>⑭
分
案
申
请</td><td colspan="2">原申请号</td><td colspan="2">针对的分
案申请号</td><td>原申请日　年　月　日</td></tr>
</table>

续表

<table>
<tr><td rowspan="2">⑮生物材料样品</td><td colspan="2">保藏单位代码</td><td colspan="2">地址</td><td>是否存活</td><td>□是 □否</td></tr>
<tr><td colspan="2">保藏日期 年 月 日</td><td colspan="2">保藏编号</td><td colspan="2">分类命名</td></tr>
<tr><td>⑯序列表</td><td colspan="3">□本专利申请涉及核苷酸或氨基酸序列表</td><td>⑰遗传资源</td><td colspan="2">□本专利申请涉及的发明创造是依赖于遗传资源完成的</td></tr>
<tr><td rowspan="2">⑱要求优先权声明</td><td>原受理机构名称</td><td>在先申请日</td><td>在先申请号</td><td>⑲不丧失新颖性宽限期声明</td><td colspan="2">□已在中国政府主办或承认的国际展览会上首次展出
□已在规定的学术会议或技术会议上首次发表
□他人未经申请人同意而泄露其内容</td></tr>
<tr><td></td><td></td><td></td><td>⑳保密请求</td><td colspan="2">□本专利申请可能涉及国家重大利益，请求按保密申请处理
□已提交保密证明材料</td></tr>
<tr><td colspan="4">㉑声明本申请人对同样的发明创造在申请本发明专利的同日申请了实用新型专利</td><td>㉒提前公布</td><td colspan="2">□请求早日公布该专利申请</td></tr>
<tr><td colspan="2">㉓摘要附图
（指定说明书附图中的图为摘要附图）</td><td colspan="5"></td></tr>
<tr><td colspan="4">㉔申请文件清单
1. 请求书 份 页
2. 说明书摘要 份 页
3. 权利要求书 份 页
4. 说明书 份 页
5. 说明书附图 份 页
6. 核苷酸或氨基酸序列表 份 页
7. 计算机可读形式的序列表 份

权利要求的项数 项</td><td colspan="3">㉕附加文件清单
□实质审查请求书 份 共 页
□实质审查参考资料 份 共 页
□优先权转让证明 份 共 页
□优先权转让证明中文题录 份 共 页
□保密证明材料 份 共 页
□专利代理委托书 份 共 页
总委托书备案编号（______）
□在先申请文件副本 份
□在先申请文件副本中文题录 份 共 页
□生物材料样品保藏及存活证明 份 共 页
□生物材料样品保藏及存活证明中文题录 份 共 页
□向外国申请专利保密审查请求书 份 共 页
□其他证明文件（注明文件名称） 份 共 页</td></tr>
</table>

续表

㉖全体申请人或专利代理机构签字或者盖章 年　月　日	㉗国家知识产权局审核意见 年　月　日

发明专利请求书填写注意事项如下所述。

1. 申请发明专利，应当提交发明专利请求书、权利要求书、说明书、说明书摘要，有附图的应当同时提交说明书附图，并指定其中一幅作为摘要附图（表格可在国家知识产权局网站 www.sipo.gov.cn 下载）。

2. 本表应当使用国家公布的中文简化汉字填写，表中文字应当打字或印刷，字迹为黑色。外国人姓名、名称、地名无统一译文时，应当同时在请求书外文信息表中注明。

3. 本表中方格供填表人选择使用，若有方格后所述内容的，应当在方格内作标记。

4. 本表中所有详细地址栏，本国的地址应当包括省（自治区）、市（自治州）、区、街道门牌号码，或者省（自治区）、县（自治县）、镇（乡）、街道门牌号码，或者直辖市、区、街道门牌号码。有邮政信箱的，可以按规定使用邮政信箱。外国的地址应当注明国别、市（县、州），并附具外文详细地址。其中申请人、专利代理机构、联系人的详细地址应当符合邮件能够迅速、准确投递的要求。

5. 填表说明

（1）本表第①、②、③、④、⑤、⑥、㉗栏由国家知识产权局填写。

（2）本表第⑦栏发明名称应当简短、准确，一般不得超过 25 个字。

（3）本表第⑧栏发明人应当是个人。发明人可以请求国家知识产权局不公布其姓名。

（4）本表第⑨栏应当填写第一发明人国籍，第一发明人为中国内地居民的，应当同时填写居民身份证件号码。

（5）本表第⑩栏申请人是个人的，应当填写本人真实姓名，不得使用笔名或其他非正式姓名；申请人是单位的，应当填写单位正式全称，并与所使用公章上的单位名称一致。申请人是中国内地单位或个人的，应当填写其名称或姓名、地址、邮政编码、统一社会信用代码 / 组织机构代码或居民身份证件号码；申请人是外国人、外国企业或外国其他组织的，应当填写其姓名或名称、国籍或者注册的国家或地区、经常居所地或营业所所在地。申请人类型可从下列类型中选择填写：个人、企业、事业单位、机关团体、大专院校、科研单位。申请人请求费用减缴且已完成费减资格备案的，应当在方格内作标记，并在本栏填写证件号码处填写费减备案时使用的证件号码。

（6）本表第⑪栏，申请人是单位且未委托专利代理机构的，应当填写联系人，并同时填写联系人的通信地址、邮政编码、电子邮箱和电话号码，联系人只能填写一人，且应当是本单位的工作人员。

（7）本表第⑫栏，申请人指定非第一署名申请人为代表人时，应当在此栏指明被确定的代表人。

（8）本表第⑬栏，申请人委托专利代理机构的，应当填写此栏。

（9）本表第⑭栏，申请是分案申请的，应当填写此栏。申请是再次分案申请的，还应当填写所针对的分案申请的申请号。

（10）本表第⑮栏，申请涉及生物材料的发明专利应当填写此栏，并自申请日起 4 个月内提交生物材料样品保藏及存活证明。对于外国保藏单位出具的生物材料样品保藏及存活证明，还应同时提交生物材料样品保藏及存活证明中文题录。本栏分类命名应填写所保藏生物材料的中文分类名称及拉丁文分类名称。

（11）本表第⑯栏，发明申请涉及核苷酸或氨基酸序列表的，应当填写此栏。

（12）本表第⑰栏，发明创造的完成依赖于遗传资源的，应当填写此栏。

（13）本表第⑱栏，申请人要求优先权的，应当填写此栏。

（14）本表第⑲栏，申请人要求不丧失新颖性宽限期的，应当填写此栏，并自申请日起两个月内提交证明文件。

（15）本表第⑳栏，申请人要求保密处理的，应当填写此栏。

（16）本表第㉑栏，申请人同日对同样的发明创造既申请实用新型专利又申请发明专利的，应当填写此栏。未作说明的，依照《专利法》第九条第一款关于同样的发明创造只能授予一项专利权的规定处理（注：申请人应当在同日提交实用新型专利申请文件）。

（17）本表第㉒栏，申请人要求提前公布的，应当填写此栏。若填写此栏，不需要再单独提交发明专利请求提前公布声明。

（18）本表第㉓栏，申请人应当填写说明书附图中的一幅附图的图号。

（19）本表第㉔、㉕栏，申请人应当按实际提交的文件名称、份数、页数及权利要求项数正确填写。

（20）本表第㉖栏，委托专利代理机构的，应当由专利代理机构加盖公章。未委托专利代理机构的，申请人为个人的应当由本人签字或盖章，申请人为单位的应当加盖单位公章；有多个申请人的由全体申请人签字或盖章。

（21）本表第⑧、⑩、⑮、⑱栏，发明人、申请人、生物材料样品保藏、要求优先权声明的内容填写超出表格时，应当使用规定格式的附页续写。

二、实用新型专利请求书

实用新型专利请求书见表 9-2，请按照后文的实用新型专利请求书填写注意事项正确填写表 9-2 各栏。

表 9-2 实用新型专利请求书

<table>
<tr><td colspan="3"></td><td>此框内容由国家知识产权局填写</td></tr>
<tr><td rowspan="2">⑦实用新型名称</td><td colspan="2" rowspan="2"></td><td>①
申请号 （实用新型）</td></tr>
<tr><td>②分案
提交日</td></tr>
<tr><td rowspan="3">⑧发明人</td><td colspan="2" rowspan="3"></td><td>③申请日</td></tr>
<tr><td>④费减审批</td></tr>
<tr><td>⑤向外申请审批</td></tr>
<tr><td colspan="3">⑨第一发明人国籍 居民身份证件号码</td><td>⑥挂号号码</td></tr>
<tr><td rowspan="15">⑩申请人</td><td rowspan="8">申请人(1)</td><td>姓名或名称</td><td>申请人类型</td></tr>
<tr><td>居民身份证件号码或统一社会信用代码 / 组织机构代码
请求费减且已完成费减资格备案</td><td>电子邮箱</td></tr>
<tr><td colspan="2">国籍或注册国家（地区） 经常居所地或营业所所在地</td></tr>
<tr><td>邮政编码</td><td>电话</td></tr>
<tr><td colspan="2">省、自治区、直辖市</td></tr>
<tr><td colspan="2">市县</td></tr>
<tr><td colspan="2">城区（乡）、街道、门牌号</td></tr>
<tr><td>姓名或名称</td><td>电话</td></tr>
<tr><td rowspan="7">申请人(2)</td><td colspan="2">居民身份证件号码或统一社会信用代码 / 组织机构代码
□请求费减且已完成费减资格备案</td></tr>
<tr><td colspan="2">国籍或注册国家（地区） 经常居所地或营业所所在地</td></tr>
<tr><td>邮政编码</td><td>电话</td></tr>
<tr><td colspan="2">省、自治区、直辖市</td></tr>
<tr><td colspan="2">市县</td></tr>
<tr><td colspan="2">城区（乡）、街道、门牌号</td></tr>
</table>

续表

<table>
<tr><td rowspan="7">⑩
申
请
人</td><td rowspan="7">申
请
人
(3)</td><td colspan="3">姓名或名称</td><td colspan="2">电话</td></tr>
<tr><td colspan="5">居民身份证件号码或统一社会信用代码 / 组织机构代码
□请求费减且已完成费减资格备案</td></tr>
<tr><td colspan="5">国籍或注册国家（地区） 经常居所地或营业所所在地</td></tr>
<tr><td colspan="2">邮政编码</td><td colspan="3">电话</td></tr>
<tr><td colspan="5">省、自治区、直辖市</td></tr>
<tr><td colspan="5">市县</td></tr>
<tr><td colspan="5">城区（乡）、街道、门牌号</td></tr>
<tr><td rowspan="5">⑪
联
系
人</td><td colspan="2">姓　名</td><td colspan="2">电话</td><td colspan="2">电子邮箱</td></tr>
<tr><td colspan="6">邮政编码</td></tr>
<tr><td colspan="6">省、自治区、直辖市</td></tr>
<tr><td colspan="6">市县</td></tr>
<tr><td colspan="6">城区（乡）、街道、门牌号</td></tr>
<tr><td colspan="7">⑫代表人为非第一署名申请人时声明　　特声明第______署名申请人为代表人</td></tr>
<tr><td rowspan="5">⑬
专
利
代
理
机
构</td><td colspan="6">声明已经与申请人签订了专利代理委托书且本表中的信息与委托书中的相应信息一致</td></tr>
<tr><td colspan="3">名称</td><td colspan="3">机构代码</td></tr>
<tr><td rowspan="3">代
理
人
(1)</td><td colspan="2">姓　名</td><td rowspan="3">代
理
人
(2)</td><td colspan="2">姓 名</td></tr>
<tr><td colspan="2">执业证号</td><td colspan="2">执业证号</td></tr>
<tr><td colspan="2">电　话</td><td colspan="2">电　话</td></tr>
<tr><td>⑭
分
案
申
请</td><td colspan="2">原申请号</td><td colspan="2">针对的分
案申请号</td><td colspan="2">原申请日　年　月　日</td></tr>
</table>

续表

<table>
<tr><td rowspan="3">⑮
要求优先权声明</td><td>原受理机构名称</td><td>在先申请日</td><td>在先申请号</td><td rowspan="2">⑯
不丧失新颖性宽限期声明</td><td rowspan="2">□已在中国政府主办或承认的国际展览会上首次展出
□已在规定的学术会议或技术会议上首次发表
□他人未经申请人同意而泄露其内容</td></tr>
<tr><td rowspan="2"></td><td rowspan="2"></td><td rowspan="2"></td></tr>
<tr><td>⑰
保密请求</td><td>□本专利申请可能涉及国家重大利益，请求保密处理
□已提交保密证明材料</td></tr>
<tr><td>⑱</td><td colspan="5">声明本申请人对同样的发明创造在申请本实用新型专利的同日申请了发明专利</td></tr>
<tr><td colspan="3">⑲申请文件清单
1．请求书　份　页
2．说明书摘要　份　页
3．摘要附图　份　页
4．权利要求书　份　页
5．说明书　份　页
6．说明书附图　份　页

权利要求的项数　项</td><td colspan="3">⑳附加文件清单
□优先权转让证明　份　共　页
□保密证明材料　份　共　页
□专利代理委托书　份　共　页
总委托书（编号＿＿＿＿＿＿）
□在先申请文件副本　份
□在先申请文件副本首页译文　份
□向外国申请专利保密审查请求书
份　共　页
□其他证明文件（名称＿＿＿＿）
份　共　页</td></tr>
<tr><td colspan="3">㉑全体申请人或专利代理机构签字或盖章

年　月　日</td><td colspan="3">㉒国家知识产权局审核意见

年　月　日</td></tr>
</table>

实用新型专利请求书填写注意事项如下所述。

1. 申请实用新型专利，应当提交实用新型专利请求书、权利要求书、说明书、说明书附图、说明书摘要、摘要附图。申请文件应当一式一份（表格可在国家知识产权局网站 www.sipo.gov.cn 下载）。

2. 本表应当使用国家公布的中文简化汉字填写，表中文字应当打字或印刷，字迹为黑色。外国人姓名、名称、地名无统一译文时，应当同时在请求书英文信息表中注明。

3. 本表中方格供填表人选择使用，若有方格后所述内容的，应当在方格内作标记。

4. 本表中所有详细地址栏，本国的地址应当包括省（自治区）、市（自治州）、区、街道门牌号码，或者省（自治区）、县（自治县）、镇（乡）、街道门牌号码，或者直辖市、区、街道门牌号码。有邮政信箱的，可以按规定使用邮政信箱。外国的地址应当注明国别、市（县、州），并附具外文详细地址。其中申请人、专利代理机构、联系人的详细地址应当符合邮件能够迅速、准确投递的要求。

5. 填表说明

（1）本表第①、②、③、④、⑤、⑥、㉒栏由国家知识产权局填写。

（2）本表第⑦栏实用新型名称应当简短、准确，一般不得超过 25 个字。

（3）本表第⑧栏发明人应当是个人。发明人有两个以上的应当自左向右顺序填写。发明人姓名之间应当用分号隔开。发明人可以请求国家知识产权局不公布其姓名。若请求不公布姓名，应当在此栏所填写的相应发明人后面注明“（不公布姓名）”。

（4）本表第⑨栏应当填写第一发明人国籍，第一发明人为中国内地居民的，应当同时填写居民身份证件号码。

（5）本表第⑩栏申请人是中国单位或个人的，应当填写其名称或姓名、地址、邮政编码、统一社会信用代码 / 组织机构代码或居民身份证件号码；申请人是外国人、外国企业或外国其他组织的，应当填写其姓名或名称、国籍或者注册的国家或地区。申请人是个人的，应当填写本人真实姓名，不得使用笔名或其他非正式的姓名；申请人是单位的，应当填写单位正式全称，并与所使用的公章上的单位名称一致。申请人请求费用减缴且已完成费减资格备案的，应当在方格内作标记，并在本栏填写证件号码处填写费减备案时使用的证件号码。

（6）本表第⑪栏，申请人是单位且未委托专利代理机构的，应当填写联系人，并同时填写联系人的通信地址、邮政编码、电子邮箱和电话号码，联系人只能填写一人，且应当是本单位的工作人员。申请人为个人且需由他人代收国家知识产权局所发信函的，也可以填写联系人。

（7）本表第⑫栏，申请人指定非第一署名申请人为代表人时，应当在此栏指明被确定的代表人。

（8）本表第⑬栏，申请人委托专利代理机构的，应当填写此栏。

（9）本表第⑭栏，申请是分案申请的，应当填写此栏。申请是再次分案申请的，还应当填写所针对的分案申请的申请号。

（10）本表第⑮栏，申请人要求外国或本国优先权的，应当填写此栏。

（11）本表第⑯栏，申请人要求不丧失新颖性宽限期的，应当填写此栏，并自申请日起 2 个月内提交证明文件。

（12）本表第⑰栏，申请人要求保密处理的，应当填写此栏。

（13）本表第⑱栏，申请人同日对同样的发明创造既申请实用新型专利又申请发明专利的，应当填写此栏。未作声明的，依照《专利法》第九条第一款关于同样的发明创造只能授予一项专利权的规定处理（注：申请人应当在同日提交发明专利申请文件）。

（14）本表第⑲、⑳栏，申请人应当按实际提交的文件名称、份数、页数及权利要求项数正确填写。

（15）本表第㉑栏，委托专利代理机构的，应当由专利代理机构加盖公章。未委托专利代理机构的，申请人为个人的应当由本人签字或盖章，申请人为单位的应当加盖单位公章；有多个申请人的由全体申请人签字或盖章。

（16）本表第⑧、⑩、⑮栏，发明人、申请人、要求优先权声明的内容填写超出表格时，应当使用规定格式的附页续写。

三、外观设计专利请求书

外观设计专利请求书见表 9-3，请按照后文的外观设计请求书填写注意事项正确填写表 9-3 各栏。

表 9-3　外观设计专利请求书

<table>
<tr><td colspan="3"></td><td>此框内容由国家知识产权局填写</td></tr>
<tr><td rowspan="2">⑥
使用外观设计的产品名称</td><td colspan="2" rowspan="2"></td><td>①
申请号　　（外观设计）</td></tr>
<tr><td>②分案
提交日</td></tr>
<tr><td rowspan="2">⑦
设计人</td><td colspan="2" rowspan="2"></td><td>③申请日</td></tr>
<tr><td>④费减审批</td></tr>
<tr><td colspan="3">⑧第一设计人国籍　　居民身份证件号码</td><td>⑤挂号号码</td></tr>
<tr><td rowspan="12">⑨
申请人</td><td rowspan="4">申请人（1）</td><td>姓名或名称</td><td>电话</td></tr>
<tr><td>居民身份证件号码或统一社会信用代码 / 组织机构代码
☐请求费减且已完成费减资格备案</td><td>电子邮箱</td></tr>
<tr><td colspan="2">国籍或注册国家（地区）　　经常居所地或营业所所在地</td></tr>
<tr><td>邮政编码</td><td>详细地址</td></tr>
<tr><td rowspan="4">申请人（2）</td><td>姓名或名称</td><td>电话</td></tr>
<tr><td colspan="2">居民身份证件号码或统一社会信用代码 / 组织机构代码
☐请求费减且已完成费减资格备案</td></tr>
<tr><td colspan="2">国籍或注册国家（地区）　　经常居所地或营业所所在地</td></tr>
<tr><td>邮政编码</td><td>详细地址</td></tr>
<tr><td rowspan="4">申请人（3）</td><td>姓名或名称</td><td>电话</td></tr>
<tr><td colspan="2">居民身份证件号码或统一社会信用代码 / 组织机构代码
☐请求费减且已完成费减资格备案</td></tr>
<tr><td colspan="2">国籍或注册国家（地区）　　经常居所地或营业所所在地</td></tr>
<tr><td>邮政编码</td><td>详细地址</td></tr>
</table>

续表

<table>
<tr><td rowspan="2">⑩联系人</td><td colspan="2">姓　名</td><td colspan="2">电话</td><td>电子邮箱</td></tr>
<tr><td colspan="2">邮政编码</td><td colspan="3">详细地址</td></tr>
<tr><td colspan="6">⑪代表人为非第一署名申请人时声明　　特声明第________署名申请人为代表人</td></tr>
<tr><td rowspan="4">⑫专利代理机构</td><td colspan="2">名称</td><td colspan="3">机构代码</td></tr>
<tr><td rowspan="3">代理人(1)</td><td>姓　名</td><td rowspan="3">代理人(2)</td><td colspan="2">姓 名</td></tr>
<tr><td>执业证号</td><td colspan="2">执业证号</td></tr>
<tr><td>电　话</td><td colspan="2">电　话</td></tr>
<tr><td>⑬分案申请</td><td colspan="2">原申请号</td><td>针对的分案申请号</td><td colspan="2">原申请日　年　月　日</td></tr>
<tr><td rowspan="2">⑭要求外国优先权声明</td><td>原受理机构名称</td><td>在先申请日</td><td>在先申请号</td><td rowspan="2">⑮不丧失新颖性宽限期声明</td><td rowspan="2">□已在中国政府主办或承认的国际展览会上首次展出
□已在规定的学术会议或技术会议上首次发表
□他人未经申请人同意而泄露其内容</td></tr>
<tr><td></td><td></td><td></td></tr>
<tr><td>⑯相似设计</td><td colspan="5">□本案为同一产品的相似外观设计，其所包含的项数为_____项</td></tr>
<tr><td>⑰成套产品</td><td colspan="5">□本案为成套产品的多项外观设计，其所包含的项数为_____项</td></tr>
</table>

续表

<table>
<tr><td>⑱申请文件清单
1．请求书　　　份　　页
2．图片或照片　　份　　页
3．简要说明　　　份　　页

图片或照片　　幅</td><td>⑲附加文件清单
□优先权转让证明　　　份　共　页
□专利代理委托书　　　份　共　页
总委托书（编号____________）
□在先申请文件副本　　　份
□在先申请文件副本首页译文　　份
□其他证明文件（名称______）　份　共　页</td></tr>
<tr><td>⑳全体申请人或专利代理机构签字或者盖章

年　月　日</td><td>㉑国家知识产权局审核意见

年　月　日</td></tr>
</table>

外观设计请求书填写注意事项如下所述。

1. 申请外观设计专利，应当提交外观设计专利请求书、外观设计图片或照片，以及外观设计简要说明（表格可在国家知识产权局网站 www.sipo.gov.cn 下载）。

2. 本表应当使用国家公布的中文简化汉字填写，表中文字应当打字或印刷，字迹为黑色。外国人姓名、名称、地名无统一译文时，应当同时在请求书英文信息表中注明。

3. 本表中方格供填表人选择使用，若有方格后所述内容的，应当在方格内作标记。

4. 本表中所有详细地址栏，本国的地址应当包括省（自治区）、市（自治州）、区、街道门牌号码，或者省（自治区）、县（自治县）、镇（乡）、街道门牌号码，或者直辖市、区、街道门牌号码。有邮政信箱的，可以按规定使用邮政信箱。外国的地址应当注明国别、市（县、州），并附具外文详细地址。其中申请人、专利代理机构、联系人的详细地址应当符合邮件能够迅速、准确投递的要求。

5. 填表说明

（1）本表第①、②、③、④、⑤、㉑栏由国家知识产权局填写。

（2）本表第⑥栏使用外观设计的产品名称应当与外观设计图片或照片中表示的外观设计相符合，准确、简明地表明要求保护的产品的外观设计。产品名称一般应当符合国际外观设计分类表中小类列举的名称。产品名称一般不得超过 20 个字。

（3）本表第⑦栏设计人应当是个人。设计人有两个以上的应当自左向右顺序填写。设计人姓名之间应当用分号隔开。设计人可以请求国家知识产权局不公布其姓名。若请求不公布姓名，应当在此栏所填写的相应设计人后面注明“(不公布姓名)”。

（4）本表第⑧栏应当填写第一设计人国籍，第一设计人为中国内地居民的，应当同时填写居民身份证件号码。

（5）本表第⑨栏申请人是个人的，应当填写本人真实姓名，不得使用笔名或其他非正式的姓名；申请人是单位的，应当填写单位正式全称，并与所使用的公章上的单位名称一致。申请人是中国单位或个人的，应当填写其名称或姓名、地址、邮政编码、统一社会信用代码/组织机构代码或者居民身份证件号码；申请人是外国人、外国企业或外国其他组织的，应当填写其姓名或名称、国籍或者注册的国家或地区、经常居所地或营业所所在地。申请人请求费用减缴且已完成费减资格备案的，应当在方格内作标记，并在本栏填写证件号码处填写费减备案时使用的证件号码。

（6）本表第⑩栏，申请人是单位且未委托专利代理机构的，应当填写联系人，并同时填写联系人的通信地址、邮政编码、电子邮箱和电话号码，联系人只能填写一人，且应当是本单位的工作人员。申请人为个人且需由他人代收国家知识产权局所发信函的，也可以填写联系人。

（7）本表第⑪栏，申请人指定非第一署名申请人为代表人时，应当在此栏指明被确定的代表人。

（8）本表第⑫栏，申请人委托专利代理机构的，应当填写此栏。

(9) 本表第⑬栏，申请是分案申请的，应当填写此栏。申请是再次分案申请的，还应当填写所针对的分案申请的申请号。

(10) 本表第⑭栏，申请人要求外国优先权的，应当填写此栏。

(11) 本表第⑮栏，申请人要求不丧失新颖性宽限期的，应当填写此栏，自申请日起两个月内提交证明文件。

(12) 本表第⑯栏，同一产品两项以上的相似外观设计作为一件申请提出时，申请人应当填写相关信息。一件外观设计专利申请中的相似外观设计不得超过 10 项。

(13) 本表第⑰栏，用于同一类别并且成套出售或者使用产品的两项以上的外观设计作为一件申请提出时，申请人应当填写相关信息。成套产品外观设计专利申请中不应包含某一件或几件产品的相似外观设计。

(14) 本表第⑱、⑲栏，申请人应当按实际提交的文件名称、份数、页数及图片或照片幅数正确填写。

(15) 本表第⑳栏，委托专利代理机构的，应当由专利代理机构加盖公章。未委托专利代理机构的，申请人为个人的应当由本人签字或盖章，申请人为单位的应当加盖单位公章；有多个申请人的由全体申请人签字或盖章。

(16) 本表第⑦、⑨、⑭栏，设计人、申请人、要求外国优先权声明的内容填写超出表格时，应当使用规定格式的附页续写。

参考文献

国家知识产权局，2010. 专利审查指南 [M]. 北京：知识产权出版社 .

国务院，2010. 中华人民共和国专利法实施细则 [Z].

全国人大常委会，2008. 中华人民共和国专利法 [Z].

第 10 章

说明书撰写

说明书是正确描述发明或实用新型专利申请内容的文件。说明书囊括的信息是一项专利所属的全部核心创新内容，其全面介绍本专利的技术特征、技术方案等技术信息，是权利要求书的权利依据，也是专利申请文件中比较重要的撰写文件之一，其撰写质量直接关系到专利的审查、授权及后期维权等相关事宜。本章主要对发明或者实用新型专利申请的说明书内容及撰写注意事项进行阐述。

第一节　说明书概述

根据《专利法》第二十六条："申请发明或者实用新型专利的应当提交请求书、说明书及其摘要和权利要求书等文件。说明书应当对发明或者实用新型作出清楚、完整的说明，以所属技术领域的技术人员能够实现为准；必要的时候，应当有附图。摘要应当简要说明发明或者实用新型的技术要点。"说明书是《专利法》明文规定的书写文件，是主要的审查部分，也是一个专利授权的必要文本基础。

一、说明书的定义

《新专利法详解》一书对说明书的定义是："说明书是申请人向国家知识产权局提交的公开其发明或者实用新型的文件。"个人或团队在申请发明或实用新型专利时，为获得专利权，申请人必须向国家知识产权局提供其发明或实用新型全部的创新技术信息，用于描述或理解其核心创新技术内容及实施方法，以便于审查员进行审查、国家知识产权局授权和申请人后期维权等。

说明书是在理解发明或实用新型具体内容及现有技术状况的基础上进行的。一般情况下申请人先撰写说明书，根据说明书的详细内容再撰写权利要求书。如果发明或实用新型比较复杂，两者可以结合起来一起撰写。

二、说明书的作用

专利的说明书概括起来主要有三个作用：第一，将发明或实用新型全部的技术方案、创新思路、实施路线方案、所属技术领域公开，可以使同类别从业人员感知、理解，并根据其公布的技术细节进行实施、操作、应用或推广，以为社会提供创新的技术信息和社会贡献；第二，专利说明书所提供公布的发明或实用新型的技术领域、背景技术、发明内容、附图说明和具体实施方式的全部信息内容，是国家知识产权局依法进行审查的文本基础；第三，根据《专利法》第五十九条第一款的规定，发明或者实用新型专权的保护范围以其权利要求的内容为准，说明书及附图可以用于解释权利要求的内容。专利说明书是其权利书书写和权利要求的主要依据，也是其后期维权的依据，特别是在发生侵权纠纷时，专利说明书可用来解释权利要求书，确定专利的专利权范围，依法进行充分必要的法律维权。

三、说明书的内容构成

《专利法实施细则》第十七条规定："发明或者实用新型专利申请的说明书应当写明发明或者实用新型的名称，该名称应当与请求书中的名称一致。"说明书应当包括下列内容。

（1）技术领域：写明要求保护的技术方案所属的技术领域。

（2）背景技术：写明对发明或者实用新型的理解、检索、审查有用的背景技术；有可能的，一并引证反映这些背景技术的文件。

（3）发明内容：写明发明或者实用新型所要解决的技术问题及解决技术问题采用的技术方案，并对照现有技术写明发明或者实用新型的有益效果。

（4）附图说明：说明书有附图的，对各幅附图作简略说明。

（5）具体实施方式：详细写明申请人认为实现发明或者实用新型的优选方式；必要时，举例说明；有附图的，对照附图。

第二节　说明书书写原则

《专利法》第二十六条明确规定："说明书应当对发明或者实用新型作出清楚、完整的说明，以所属技术领域的技术人员能够实现为准；必要的时候，应当有附图。"简而言之，说明书必须要满足"清楚""完整""所属技术领域的技术人员能够实现"这三个条件，这些条件是发明或者实用新型专利说明书最基本的条件，也是国家知识产权局进行实质审查和最终授权的先决条件。

1."清楚"是指说明书撰写要简洁明了，内容清楚，使所属技术人员在阅读后能够理解和明白，具体要满足以下条件。

第一，内容明确，主次分明。发明和实用新型专利说明书就是要讲明白在所属的技术领域内要解决什么样的问题，解决这些问题所采用的技术方案、核心创新技术内容及实施方法，以及采用这种技术方法可获得的效果，并且可以使所属领域内的技术人员理解和明白。在撰写时要分清主次，把要表达的核心主题和应用目的表达清楚，再围绕核心问题层层递进地阐述。同时，注意在表达时要有逻辑性，必要时应用承上启下的连接词，并保持表达的内容前后一致，特别要注意的是叙述的技术问题、解决方案和实施办法要前后对应，思路清晰。

第二，用词得当、准确。发明和实用新型专利说明书是专利的技术核心，在撰写时一定要用词得当、准确和规范。一定要采用本技术领域内的专业技术用语。例如，医学名词一律以全国自然科学名词审定委员会公布的名词为准；药物名称以《中华人民共和国药典》的现行版和《中国药品通用名称》为准；医学专业名词术语要用全称；对于已通用的名词简称，如在书中要反复使用，可在首次出现时附上简称，如甲状腺功能亢进（简称甲亢）等。在一些技术方法方面，如给药途径中的静脉注射、静脉滴注、肌内注射、皮下注射等，应采用全称，全书应统一。计量单位一律采用国家法定计量单位，人体检验生化指标以中华医学会杂志编写的《法定计量单位在医学上的应用》为准，如肌酐 53μmol/L。切记一定要杜绝含糊不清、模棱两可的用词，如大约、差不多、大概、可能等词语。

2.“完整”就是根据《专利法》和《专利法实施细则》第十七条要求，说明书所包含的五个部分必须叙述清楚。但是，在撰写说明书时，即使五个部分齐全，内容缺失或不具体也不是完整的说明书。怎样才算是一个完整的说明书呢？首先，根据法律条文，要素须齐全；其次，所属的技术领域、技术背景及附图说明要素齐全等，有助于理解发明和实用新型的必要内容要齐全；再次，对本专利的发明目的、所解决的问题和解决问题技术路线要明确；最后，凡是所属领域的技术人员不能从现有技术中直接得到的内容，要在说明书中作出清楚、明确的描述。

3.“所属技术领域的技术人员能够实现”是指在阅读说明书的内容后，不需要再付出创造性的劳动，就能够再现该发明或实用新型的技术方案、实现发明或实用新型目的，到达其预期的效果。

(1)“所属技术领域的技术人员”这个概念非常重要，我们根据《专利审查指南 2010》的规定：发明是否具备创造性，应当基于“所属技术领域的技术人员”的知识和能力进行评价。“所属技术领域的技术人员”也可称为本领域的技术人员，是指一种假设的“人”，假定他知晓申请日或者优先权日之前发明所属技术领域所有的普通技术知识，能够获知该领域中所有的现有技术，并且具有应用该日期之前常规实验手段的能力，但他不具有创造能力。如果所要解决的技术问题能够促使本领域的技术人员在其他技术领域寻找技术手段，他也应具有从该其他技术领域中获知该申请日或优先权日之前的相关现有技术、普通技术知识和常规实验手段的能力。设定这一概念的目的在于统一审查标准，尽量避免审查员主观因素的影响。

(2)“能够实现”是根据说明书中所表达的技术领域和技术方案，

能够让所属领域技术人员加以应用，解决问题。可应用性在专利实施过程中尤为重要。对于那些违背自然客观规律的申请内容,不符合《专利法》第二十六条第三款和第二十二条第四款，是要予以驳回的。在实际操作中，对于那些缺乏解决问题的技术手段的专利申请被认为是无法实现的。例如，在说明书中只是给了一个设想或仅仅是表达一种愿望，没有给出具体解决问题的技术手段；或者给出了解决问题的技术手段，但说明书中的表达叙述模糊不清，所属技术人员无法具体实施；或者说明书给出了解决问题的技术手段，但所属人员在实施过程中不能解决所述的有待于解决的技术问题；等等。诸如此类的问题都被视为“无法实现”，要予以驳回。

第三节　说明书附图

说明书附图也是发明或实用新型专利审查的重要实质部分，往往说明书附图所含的信息量比较大，能更直观、更清楚地说明问题。有时在实际撰写过程中，不管采用怎样的文字描述也不如用附图来表达意思和说明效果更直接。

在实践中总结而来的实用新型专利申请，是指对产品的形状、构造或其结合所提出的适于实用的新的技术方案。实用新型专利的附图对其产品的形状和构造表达得更加直接，所以实用新型专利必须有附图。发明专利在申请中可根据申请内容的需要增删附图。

附图的类型有许多种，对于护理学中一些工具类的机械发明，可以是产品形状或结构；对于护理学中关系到电学领域的发明，附图可以是电路图；对于方法的发明，附图可以是反映方法过程的流程图。说明书附图必须有附图标记说明（图 10-1），说明附图的主题和各部分指示的内容。

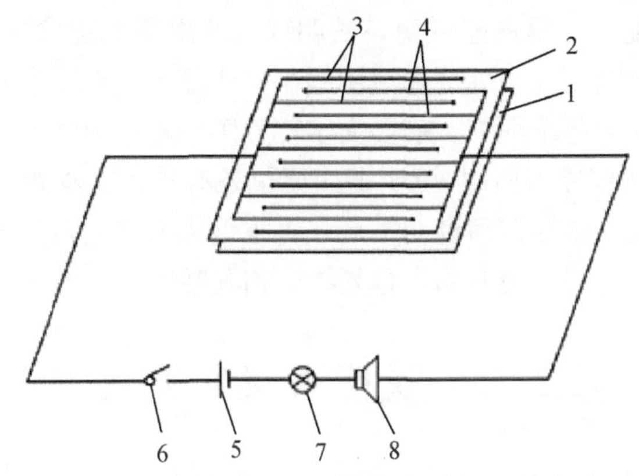

图 10-1　附图标记说明

本图是本实用新型手术缝针寻针器的结构原理图

附图标记说明：1. 磁铁；2. 电极板；3、4. 导线；5. 电源；6. 开关；7. 指示灯；8. 喇叭

第四节　说明书摘要

说明书摘要是高度概括发明或实用新型说明书的提纲性文件。申请人如果没有提交说明书摘要，国家知识产权局会通知申请人在规定的时间内进行补交，逾期不补交者视同撤回。说明书摘要是发明或实用新型专利实质审查的重要组成部分。

说明书摘要和论文摘要具有功能的相似性。当检索到一个专利时，一般而言，多数人都会首先阅读说明书摘要的内容。通过阅读摘要内容，可以大致清楚此专利的所属技术领域、解决问题所提出的创新技术方案等。当看完说明书摘要后，就知道此专利是否是自己要寻找的专利或是否有必要阅读全文。

根据《专利法实施细则》第二十三条："说明书摘要应当写明发明或者实用新型专利申请所公开内容的概要，即写明名称和所属技术领域，并清楚地反映所要解决的技术问题、解决该问题的技术方案的要点以及主要用途。说明书摘要可以包含最能说明发明的化学式；有附图的专利申请，还应当提供一幅最能说明该发明或者实用新型技术特征的附图。附图的大小及清晰度应当保证在该图缩小到4厘米 ×6厘米时，仍能清晰地分辨出图中的各个细节。摘要文字部分不得超过300个字。摘要中不得使用商业性宣传用语。”说明书摘要也是有具体文本要求和字数要求的，一般情况下是在撰写说明书后，再根据说明书的内容进行高度概括，在撰写时务必要与说明书内容紧扣，相互呼应。

第五节 说明书撰写实例

发明和实用新型专利在说明书撰写方面有共性之处，也有部分区别。由国家知识产权局制定、知识产权出版社出版的《专利审查指南》中有详细描述，在此不一一赘述。

一、说明书的撰写顺序

根据《专利法实施细则》第十七条规定，发明或者实用新型专利要写明名称，该名称应当与请求书中的名称一致。说明书应当包括下列内容：技术领域、背景技术、发明内容、附图说明和具体实施方式。说明书要按照细则规定顺序进行书写，不可颠倒。

二、说明书的撰写实例

下面主要从医学类专利的角度出发，举例说明一项实用新型专利说明书的撰写方式。

（一）说明书名称

发明和实用新型的说明书名称要简洁明了，在说明书首页正文上方居中的位置（图10-2）。

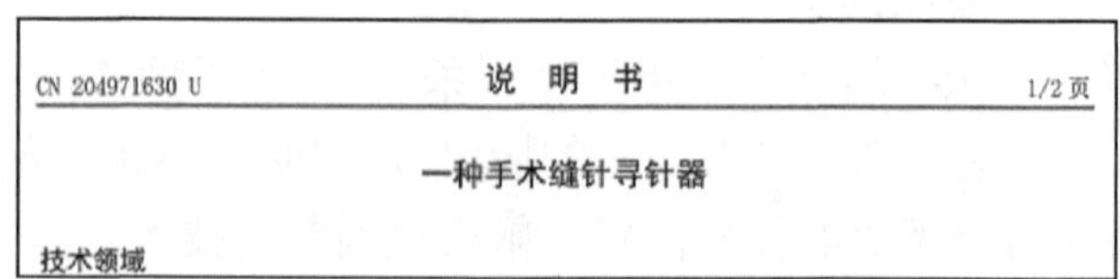
CN 204971630 U 说 明 书 1/2页

一种手术缝针寻针器

技术领域

图10-2 专利名称位置

一般情况下发明和实用新型的说明书名称不得超过25个字，在特殊情况下，化学类的专利名称可以最多允许40个字。名称要清楚、简要、全面地反映要求保护的发明或实用新型的主题和类型（产品或方法），让人一看就能知道本专利要表达的主题和专利类型，以利于专利申请的分类。同时，采用所属技术领域通用的技术术语，最好采用国际专利分类表中的技术术语，不得采用非技术术语；尽量避免使用闭塞、隐晦、含糊不清的字眼表达，或采用一些另类字眼故弄玄虚，更不得使用人名、地名、商标、型号或商品名称等，也不得使用商业性宣传用语。

（二）技术领域

发明或实用新型的技术领域应当是要求保护的发明或实用新型技术方案所属或者直接应用的具体技术领域，而不是上位的或相邻的技术领域，也不是发明或实用新型本身。该具体的技术领域往往与发明或实用新型在国际专利分类表中可能分入的最低位置有关。例如，设计了一种利用电磁系统并且可以声控报警的手术室缝针寻针器，技术领域：本实用新型涉及医疗器械技术领域，尤其涉及一种手术缝针寻针器。再如，设计了一种折断安瓿的钳子，技术领域：本实用新型涉及医疗器械技术领域，尤其涉及一种安瓿折断钳。

（三）背景技术

背景技术是指写明对发明或实用新型的理解、检索、审查有用的背景技术；有可能的，一并引证反映这些背景技术的文件。说明书中引证的文件是关于本项专利的最新的文件，所引证的文件可以是专利文件，也可以是非专利文件，如书籍、期刊等。引证专利文件要写清楚国别、授权公开号等，非专利文件要写明出处。此外，在说明书背景技术部分，还要客观地指出现有技术存在的问题和缺点，并仅限于涉及由发明或实用新型的技术方案所解决的特定问题和缺点。在可能的情况下，说明存在这种问题和缺点的原因及解决这些问题时曾经遇到的困难。例如，“一种手术缝针寻针器”实用新型专利的说明书的背景技术：“手术缝针是手术室一般用物中的最小物品，如血管缝合针长度仅为3.8mm。同时也是使用频率较高的物品之一。在使用过程中如果夹持不当，较容易引起蹦针或飞针。根据手术室物品清点制度的要求，手术人员必须找到所飞出的针。此时参与手术的所有人员全部要停止工作，一起寻找丢针。寻找的盲目性、缝针的大小、寻找人员的人数都会影响找针的速度和时间。如果发生飞针事件，就会增加手术时间、患者手术风险和患者的经济损失等，同时也大大降低手术医生对手术的满意度。”再如，“安瓿折断钳”实用新型专利的说明书的技术背景：“玻璃安瓿类药物是我国医院内最常见的药物。护士在加药治疗中需折断安瓿。折安瓿是最常见的护理操作之一。按照李小寒主编的第 5 版《基础护理学》中关于‘自安瓿内吸取药液’的操作步骤，消毒及折断安瓿，将安瓿尖端药液弹至体部，在安瓿颈部划一锯痕，用 75% 乙醇棉签消毒后折断安瓿。安瓿的锐器伤也是职业暴露中最高发的事件之一。在掰安瓿时，如果用力不当，会直接把安瓿掰碎，划伤手指。某三甲医院妇产科护士在掰安瓿时，由于用力不当，安瓿玻璃残端刺入其手指，划断了手指肌腱。关于安瓿锐器伤的此类报道还很多。因此，设计一种能够安全、快速、省力的玻璃安瓿折断钳，是非常有必要的。”

（四）发明内容

发明内容是指写明发明或实用新型所要解决的技术问题及解决其技术问题采用的技术方案，并对照现有技术写明发明或实用新型的有益效果。首先，发明或实用新型所要解决的技术问题是指发明或实用新型要解决的现有技术中存在的问题。发明或实用新型专利申请记载的技术方案应当能够解决这些技术问题。其次，还要写明技术方案，这是核心。《专利法实施细则》第十七条第一款第三项所说的写明发明或者实用新型解决其技术问题所采用的技术方案是指清楚、完整地描述发明或实用新型解决其技术问题所采取的技术方案的说明书和权利要求书。最后，要产生有益效果。有益效果是指由构成发明或实用新型的技术特征直接带来的，或者是由所述的技术特征必然产生的技术效果。有益效果是确定发明是否具有“显著的进步”，实用新型是否具有“进步”的重要依据。通常，有益效果可以由产率和效率的提高、工序的节省、使用的简便及有用性能的出现等方面反映出来。无论用哪种方式说明有益效果，都应当与现有技术进行比较，指出发明或实用新型与现有技术的区别。例如，一种手术缝针寻针器实用新型专利的说明书的发明内容如下所述。

[0003] 本实用新型的目的就是克服上述现有技术存在的问题，提供一种手术缝针寻针器，结构简单，操作方便，提高寻针效率。

[0004] 为了实现本实用新型的上述目的，提供以下技术方案。

[0005] 一种手术缝针寻针器，包括用于磁吸手术缝针的磁铁；叠合在所述磁铁上的至少一个电极板；电连接所述电极板的告警电路；其中，所述电极板上分布有用于探测所述手术缝针是否被磁吸的检测线圈。

[0006] 优选的，所述检测线圈包括：分布在所述电极板上的具有多条平行导线的第一导线组；分布在所述电极板上的具有多条平行导线的第二导线组；其中，所述第一导线组的所有平行导线的一端与告警电路的一端连接、另一端断开；所述第二导线组的所有平行导线的一端与告警电路的另一端连接、另一端断开。

[0007] 优选的，第一导线组的所有平行导线与第二导线组的所有平行导线交叉分布。

[0008] 优选的，在交叉分布的所有导线中，相邻导线的距离大于等于 2.5mm。

[0009] 优选的，所述导线为裸导线。

[0010] 优选的，所述告警电路包括电源、开关、指示灯和喇叭。

[0013] 优选的，所述电源为蓄电池或交流电。

[0012] 本实用新型的有益效果体现在以下方面。

[0013] 1. 本实用新型配合磁铁设置告警电路，在找到手术缝针的同时便可以得到告警，提高寻针效率，缩短手术时间，提高医生和患者的满意度。

[0014] 2. 本实用新型分别与告警电路正负极连接的两组导线交叉布置，提高手术缝针被磁吸后接通告警电路的概率，进一步提高寻针效率，节省人力和财力。

（五）附图说明

说明书有附图的，对各幅附图做简略说明；附图不止一幅的，应当对所有附图做出图面说明。附图总数在两幅以上的，应当使用阿拉伯数字顺序编号，并在编号前冠以“图”字，如图1、图2（图10-3，图10-4）。该编号应当标注在相应附图的正下方。附图应当尽量竖向绘制在图纸上，彼此明显分开。当零件横向尺寸明显大于竖向尺寸，必须水平布置时，应当将附图的顶部置于图纸的左边。一页图纸上有两幅以上的附图，且有一幅已经水平布置时，该页上其他附图也应当水平布置。附图标记应当使用阿拉伯数字编号。

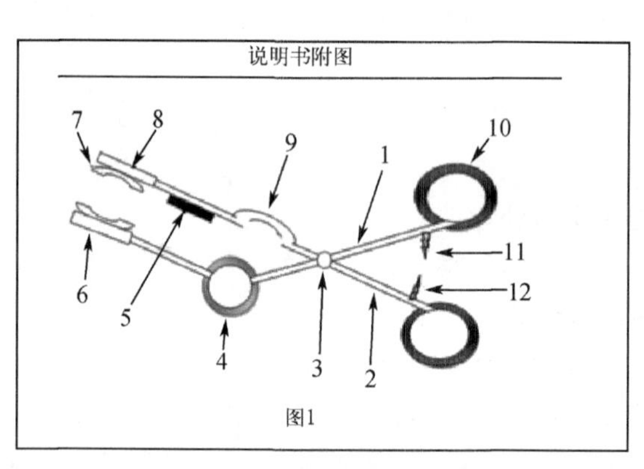

图10-3 说明书附图（1）

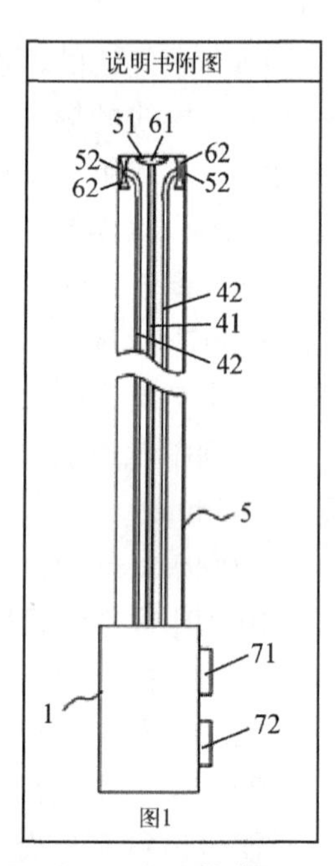

图10-4 说明书附图（2）

（六）具体实施方式

发明或实用新型的优选的具体实施方式是说明书的重要组成部分，它对于充分公开、理解和实现发明或实用新型，支持和解释权利要求都是极为重要的。因此，说明书应当详细描述申请人认为实现发明或实用新型的优选的具体实施方式。在适当情况下，应当举例说明；有附图的应当对照附图进行说明。

优选的具体实施方式应当体现申请中解决技术问题所采用的技术方案，并应当对权利要求的技术特征给予详细说明，以支持权利要求。对优选的具体实施方式的描述应当详细，使发明或实用新型所属技术领域的人员能够实现或应用该发明或实用新型。

实施例是对发明或实用新型的优选具体实施方式的举例说明。实施例的数量应当根据发明或实用新型的性质、所属技术领域、现有技术状况及要求保护的范围来确定。

当一个实施例足以支持权利要求所概括的技术方案时，说明书中可以只给出一个实施例。当权利要求（尤其是独立权利要求）覆盖的保护范围较宽，其概括不能从一个实施例中找到依据时，应当给出至少两个不同实施例，以支持要求保护的范围。当权利要求相对于背景技术的改进涉及数值范围时，通常应给出两端值附近（最好是两端值）的实施例，当数值范围较宽时，还应当给出至少一个中间值的实施例。

在具体实施方式部分，对最接近的现有技术或者发明或实用新型与最接近的现有技术共有的技术特征，一般来说可以不作详细的描述，但对发明或实用新型区别于现有技术的技术特征及从属权利要求中的附加技术特征应当足够详细地描述，以所属技术领域的技术人员能够实现该技术方案为准。应当注意的是，为了方便专利审查，也为了帮助公众更直接地理解发明或实用新型，对于那些满足《专利法》第二十六条第三款的要求而言必不可少的内容，不能采用引证其他文件的方式撰写，而应当将其具体内容写入说明书。

例 1："一种器官捐献档案管理系统"发明专利的说明书具体实施方式，如下所示。

[0040]　下面通过具体实施例对本发明器官捐献档案管理系统进行更为详细的介绍和说明，但是下述实施例仅为举例，并不限制本发明范围。

[0041]　实施例 1。

[0042] 本发明器官捐献档案管理系统包括文档信息采集，还连接有高清晰度拍照仪，能够快速采集图像资料。图像采集信息包括捐献者身份证、捐献者户口本、家属身份证、家属户口本、证明关系相关材料、死亡判定书、人体捐献器官获取手术知情同意书、人体器官捐献伦理审批表、人体器官捐献伦理审查同意书、ECMO（体外膜氧合器）知情同意书、中国人体器官捐献登记表、中国人体器官捐献完成登记表、中国红十字会困难家庭救助申请表、死亡证明等。

[0043] 本发明器官捐献档案管理系统还连接有高清摄像头与音频采集设施，可以对捐献者家属进行拍照、录音，留取影音资料，便于开展实名认证工作。

[0044] 所有数据信息采集后，协调员通过客户端录入数据信息，根据录入信息性质设置结构化和非结构化信息录入框，包括捐献者的姓名、性别、出生年月、籍贯、死亡原因、捐献器官、捐献日期等基本信息。本发明器官捐献档案管理系统预设必须录入的信息类别（必填项，图中带 * 选项）和可选信息类别（可选项），必填项中是要求器官捐献必须具备的相关资料，若缺项则整个建档过程无法完成。通过此项设置可以强行要求 OPO（器官获取）组织严格按照标准填报数据，从而规范流程。该系统将登记信息分为结构化和非结构化数据，操作简便，大大提高了协调员的工作效率。本发明制订了器官捐献电子档案数据结构模型，通过采集结构化数据和非结构化数据统一生成标准的数据文件。

[0045] 客户端输入的信息通过通信网络发送至中央管理系统。中央管理系统包括校对模块，将家属本人与其身份证一同拍照并上传至上级监管部门。上级监管部门可通过网上身份核实系统对家属身份进行核实确认，确保核实工作准确无误，避免以虚假身份进行器官买卖行为。可通过远程网络共享实现上级部门的实时监管。

[0046] 校对后，监督员将客户端输入的信息编号储存至器官捐献数据库。可以实现文件数据备份和数据库数据备份，对数据库的数据备份将采用逻辑备份和物理备份相结合的方式，解决数据库在实际运行过程中可能出现的各种问题。

[0047]　管理员对储存的数据可通过预设关键词、预设数据类别发出查询等操作请求，器官捐献数据库根据操作请求，将数据导出生成捐献者电子档案，为协调员、监督者提供实时查询、导出、打印捐献者电子档案的服务。

[0048]　管理员通过预设关键词、预设数据类别发出查询请求，器官捐献数据库根据请求对所需数据信息进行提取，管理员通过统计模块对提取的数据进行统计，系统可为管理人员提供数据不同维度的实时的统计分析服务，如列举了器官捐献者性别、血型、原发病、捐献类别等数据，但是本发明并不仅限于此，也可以包括籍贯、年龄、受教育程度、接受捐献者、捐献器官类型等其他类别。

[0049]　本发明还可以记录接受器官者的信息，如接受器官移植的患者，便于后续将捐献者器官者情况与受者术后恢复情况进行关联分析，为器官捐献工作积累经验，进一步规范技术流程，提高器官捐献工作质量和医疗安全。同时为器官移植质量控制管理提供随访数据。本发明对捐献者和受者大量的信息数据进行积累，对后期大数据分析、指导 DCD（心脏死亡器官捐献）工作具有重要意义。

[0050]　统计模块能够快速将所需数据进行统计分析，并能够以数据形式导出。

例 2：“一种手术缝针寻针器”实用新型专利的说明书的具体实施方式，如下所示。

[0017] 如图 10-5 所示，本实用新型的手术缝针寻针器包括用于磁吸手术缝针的磁铁 1；叠合在磁铁 1 上的至少一个电极板 2；电连接电极板的告警电路；其中，电极板上分布有用于探测手术缝针是否被磁吸的检测线圈。当掉落的手术缝针被磁铁 1 吸附以后接通检测线圈，从而使告警电路导通，发出告警，方便寻找到手术缝针。

[0018] 具体的检测线圈包括分布在电极板 2 上的具有多条平行导线 3 的第一导线组；分布在电极板 2 上的具有多条平行导线 4 的第二导线组；如图 10-5 所示，第一导线组的所有平行导线 3 的一端与告警电路的一端连接、另一端断开；第二导线组的所有平行导线 4 的一端与告警电路的另一端连接、另一端断开。其中，第一导线组的所有平

(54) 实用新型名称

一种手术缝针寻针器

(57) 摘要

本实用新型公开了一种手术缝针寻针器，包括：用于磁吸手术缝针的磁铁；叠合在所述磁铁上的至少一个电极板；电连接所述电极板的告警电路；其中，所述电极板上分布有用于探测所述手术缝针是否被磁吸的检测线圈。本实用新型结构简单，操作方便，提高寻针效率。

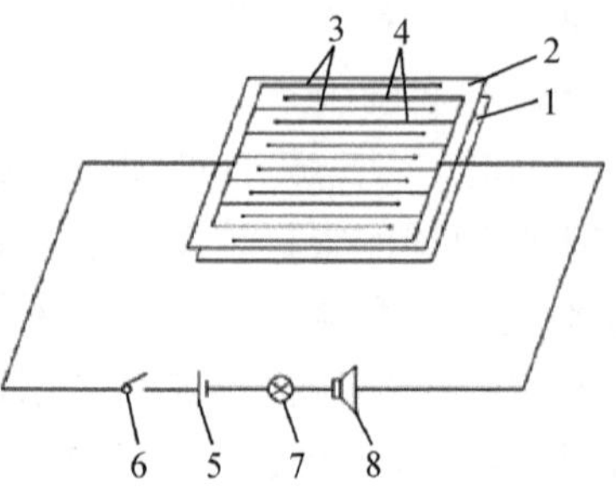

图 10-5 “一种手术缝针寻针器”实用新型专利的说明书

行导线 3 与第二导线组的所有平行导线 4 交叉分布，且将交叉分布的所有导线 3、4 设为裸导线；当手术缝针的一端接触到任意一条平行导线 3，另一端接触到任意一条平行导线 4 时，便可以将告警电路导通。

[0019] 本实用新型的相邻导线 3 与导线 4 之间的距离大于等于 2.5mm，以便于寻找到长度大于等于 2.5mm 的手术缝针。

[0020] 告警电路包括电源 5、开关 6、指示灯 7 和喇叭 8。电源 5 为蓄电池或交流电。

[0021] 本实用新型的工作原理如下所示。

[0022] 寻找手术缝针时，打开开关 6，手持本实用新型，使电极板 2 平行地面且与地面保持 1cm 的距离，当遇到手术缝针时，磁铁 1 吸附手术缝针并将手术缝针的两端分别接触导线 3 和导线 4，从而使告警电路导通，此时指示灯 7 和喇叭 8 同时亮起和响起，提示找到手术缝针。

[0023] 尽管上述对本实用新型做了详细说明，但本实用新型不限于此，本技术领域的技术人员可以根据本实用新型的原理进行修改，因此，凡按照本实用新型的原理进行的各种修改都应当理解为落入本实用新型的保护范围。

（七）说明书摘要

摘要是说明书记载内容的概述，它仅是一种技术信息，不具有法律效力。摘要的内容不属于发明或实用新型原始记载的内容，不能作为以后修改说明书或权利要求书的根据，也不能用来解释专利权的保护范围。

参考文献

陈瑜，黄贤伟，2018.03.02. 安瓿折断钳：201720393637.0[P].
国家知识产权局，2010. 专利审查指南 [M]. 北京：知识产权出版社.
国务院，2010. 中华人民共和国专利法实施细则 [Z].
黄贤伟，刘征，2016.01.20. 一种手术缝针寻针器：201520714338.3[P].
黄贤伟，张腾飞，2016.08.31. 一种手术探查指示灯：201620197524.9[P].
全国人大常委会，2008. 中华人民共和国专利法 [Z].
吴观乐，2013. 发明和实用新型专利申请文件撰写案例剖析 [M]. 北京：知识产权出版社.
药晨，丹子军，2016.01.27. 一种器官捐献档案管理系统：201510835696.4[P].
赵敏，史晓凌，2016.TRIZ 入门及实践 [M]. 北京：科学出版社.

第 11 章

权利要求书撰写

专利权与有形财产权相比具有其特殊性，有形财产权的客体是实实在在的财产，而专利权的客体则是发明创造，是人类的智力劳动成果，是一种无形资产，要想弄清楚其中的权利要求和保护范围就必须根据法律进行明确界定。权利要求书是申请专利时必须向国家知识产权局提交的书面文件。申请人在申请获得专利权时，必须有完备的、缜密的并且符合法律规定的权利要求书。权利要求书是国家知识产权局的实质审查内容，申请人要认真撰写，其撰写质量直接影响发明或实用新型专利是否获得专利权及法律保护的范围。本章主要对发明或实用新型专利申请的权利要求书相关内容及撰写要求进行阐述。

第一节　权利要求书内容

权利要求书是专利审查的实质文件，是用简洁的文字来定义专利保护技术方案特征的法律文书，是一件发明或实用新型专利申请专利权及后期维权的法律文本基础，在所有提交的审查文件中举足轻重，申请人在撰写时要全面了解权利要求书的各项规定。

一、概　　述

在西方国家建立专利制度初期，授予专利权的专利文件只有说明书。经历一段时间后，发现其存在诸多问题，因为所有的专利都是在已知的技术基础上做出的，难以区分背景技术和专利创新技术；同时，申请人在撰写说明书时总是要把所属的技术领域、技术背景、技术方案、实施步骤等详细地进行介绍，篇幅较大，审查员或大众很难从中归纳申请人所作的创新性贡献。所以，西方国家为专利设计了一种特殊的法律文件——权利要求书。

权利要求书是表达申请人申请专利需要、申请保护独占权的文本资料，其用技术特征来限定发明或实用新型专利申请客体和请求保护的范围，具有直接的法律效力，是申请专利的核心，也是确定专利保护范围的重要法律文件。《专利法》第五十九条规定："发明或者实用新型专利权的保护范围以其权利要求的内容为准，说明书及附图可以用于解释权利要求的内容。"因此，权利要求书在说明书基础上撰写产生，是根据说明书中构造的技术特征来申请要求的保护范围。例如，"一种手术缝针寻针器"实用新型专利的权利要求书所要求的权利：其特征在于，包括用于磁吸手术缝针的磁铁；叠合在所述磁铁上的至少一个电极板；电连接所述电极板的告警电路；其中，所述电极板上分布有用于探测所述手术缝针是否被磁吸的检测线圈。这就是用技术特征来表达申请主张的权利保护。

二、权利要求书的作用

权利要求书最主要的作用是确定专利权的保护范围。申请人在申请专利权时，通过权利要求书来主张自己要申请的保护范围，在所属领域内，没有相似性的技术特征正在受保护，那么对于申请人正在申请的专利就符合新颖性和创造性，可以授予专利权。反之，则是侵权行为，应予以驳回。在授权专利权后也就表明国家给予专利权人相应范围的保护，如果有人使用类似技术，那就是侵权，对于这种侵权行为国家根据《专利法》要予以打击。根据以上所述，申请人在实施发明或实用新型专利申请时，一定要认真检索和仔细阅读，一定要弄清楚自己正在申请的专利或正在实施的技术特征是否在所属的技术领域内或在其他专利权的保护范围之内，如果没有则可以申请。

权利要求书也是决定国家知识产权局是否能授予申请发明或实用新型专利权的主要依据。它应当记载发明或实用新型的技术特征，技术特征可以是构成发明或实用新型技术方案的组成要素，也可以是要素之间的相互关系。在专利制度下，权利要求书确定专利受法律保护的范围，是维权时判别对方是否侵权的法律依据。从另一个角度讲，也保证大众使用已知或现有技术的自由。在实施一项技术操作或生产一种产品时，没有具体主张表明技术特征的专利文件就不算侵权。权利要求书告诉我们在实施何种技术方案时是否侵权。

综上所述，权利要求书对专利申请过程和已授权正在行使专利权这两个方面来说，都是至关重要的。

第二节　权利要求书类型

权利要求按照发明或实用新型的技术特征的实质，可以分为产品权利要求和方法权利要求两种类型；按照撰写方式的不同又可以分为独立权利要求和从属权利要求两种类型。

一、按专利实质技术特征分类

按照专利实质技术特征的不同，可将权利要求分为产品权利要求和方法权利要求两种类型。产品权利要求保护的对象是物的权利要求，是一种任何物质的具体实体，主要的保护对象包括产品、物品、机器设备和装置等。方法权利要求保护的对象是活动的权利要求，主要是有时间过程要素的活动，主要包括制造方法、使用方法、产品的新用途、处理方法、通信方法、工艺步骤等。在撰写过程中，应该清楚地表明该权利的要求是一种产品还是一种方法，不允许采用含糊的表达方式，如“一种治疗技术”或“一种提纯方案”等，这种写法是错误的。正确的写法：产品权利要求，如“一种便于卧床患者床上洗脚的支撑装置”“一种引流袋悬挂装置”；方法权利要求，如“一种器官捐献档案管理系统”“一种可注射利福霉素类抗生素凝胶微球及其设备方法”。

之所以这样细致分类，是根据《专利法》第十一条的规定：“发明和实用新型专利权被授予后，除本法另有规定的以外，任何单位或者个人未经专利权人许可，都不得实施其专利，即不得为生产经营目的制造、使用、许诺销售、销售、进口其专利产品，或者使用其专利方法以及使用、许诺销售、销售、进口依照该专利方法直接获得的产品。”法律对产品权利和方法权利的保护是不同的。在类型上区别专利权利要求，主要是区分法律保护的范围。

二、按专利撰写方式分类

根据撰写方式的不同，权利要求可分为独立权利要求和从属权利要求。《专利法实施细则》第二十条规定：权利要求书应当有独立权利要求，也可以有从属权利要求。

（一）独立权利要求

独立权利要求应当从整体上反映发明或实用新型的技术方案，记载解决技术问题的必要技术特征。必要技术特征是指发明或实用新型为解决其技术问题所不可缺少的技术特征，其总和足以构成发明或实用新型的技术方案，使之区别于背景技术中所述的其他技术方案。《专利法实施细则》第二十一条规定：“一项发明或者实用新型应当只有一个独立权利要求，并写在同一发明或者实用新型的从属权利要求之前。”

发明或实用新型的独立权利要求应当包括前序部分和特征部分，并且按照下列规定撰写。

1. *前序部分*　写明要求保护的发明或实用新型技术方案的主题名称，以及发明或实用新型主题与最接近的现有技术共有的必要技术特征。

2. *特征部分*　使用“其特征是……”或类似的用语，写明发明或实用新型区别于最接近的现有技术的技术特征。这些特征和前序部分写明的特征合在一起，限定发明或实用新型要求保护的范围。

一般情况下，独立权利要求是第一个权利要求，作者通过举例介绍独立权利要求的撰写方式。

例 1：“一种器官捐献档案管理系统”发明专利的独立权利要求。“一种器官捐献档案管理系统，其特征在于，包括：数据采集和数据录入装置，所述数据包括文字、图像、视频和（或）语音资料；器官捐献数据库，对各器官捐献者的数据进行储存，并且对所有储存数据设定预定分类，每一器官捐献者的数据均按照所述预定分类进行分类储存；数据校对模块，将至少部分录入的数据输出显示，用于校对；数据输出模块，器官捐献数据库接收到操作请求时，将储存的部分或全部数据输出。”

例 2：“一种手术缝针寻针器”实用新型专利的独立权利要求。“一种手术缝针寻针器，其特征在于，包括：用于磁吸手术缝针的磁铁；叠合在所述磁铁上的至少一个电极板；电连接所述电极板的告警电路；其中，所述电极板上分布有用于探测所述手术缝针是否被磁吸的检测线圈。”

（二）从属权利要求

从属权利要求应当用附加的技术特征对引用的权利要求作进一步限定。《专利法实施细则》第二十二条规定，发明或者实用新型的从属权利要求应当包括引用部分和限定部分，按照下列规定撰写：①引用部分，写明引用的权利要求的编号及其主题名称；②限定部分，写明发明或实用新型附加的技术特征。从属权利要求只能引用在前的权利要求。引用两项以上权利要求的多项从属权利要求，只能以选择一种方式引用在前的权利要求，并不得作为另一项多项从属权利要求的基础。

根据独立权利要求的例子，从属权利要求举例如下。

例 3：“一种器官捐献档案管理系统”发明专利的从属权利要求。“2. 根据权利要求 1 所述的器官捐献档案管理系统，其特征在于，还包括：信息生成模块，针对储存的每一器官捐献者数据，单独设定一个或多个预定时间，当达到所述预定的时间时，所述器官捐献档案管理系统生成预设内容的信息；信息发出模块，将生成的预设内容的信息发送给接受者”。

例 3 是一种发明专利的从属权利要求，从中可以看出是根据例 1 的独立权利要求引申出的从属权利要求。

例 4：“一种手术缝针寻针器”实用新型专利从属权利要求。“2. 如权利要求 1 所述的手术缝针寻针器，其特征在于，所述检测线圈包括：分布在所述电极板上的具有多条平行导线的第一导线组；分布在所述电极板上的具有多条平行导线的第二导线组；其中，所述第一导线组的所有平行导线的一端与告警电路的一端连接、另一端断开；所述第二导线组的所有平行导线的一端与告警电路的一端断开、另一端连接。”“3. 如权利要求 2 所述的手术缝针寻针器，其特征在于，第一导线组的所有平行导线与第二导线组的所有平行导线交叉分布。”

例 4 是一种实用新型专利的从属权利要求，从中可以看出是根据例 2 的独立权利要求引申出的从属权利要求。

权利要求书有多项权利要求的，应当用阿拉伯数字顺序编号。权利要求书中使用的科技术语应当与说明书中使用的科技术语一致，可以有化学式或数学式，但是不得有插图。除绝对必要的情况外，不得使用“如说明书……部分所述”或“如图……所示”的用语。

权利要求中的技术特征可以引用说明书附图中相应的标记，该标记应当放在相应的技术特征后并置于括号内，便于理解权利要求。附图标记不得解释为对权利要求的限制。

在一件专利申请的权利要求书中，独立权利要求所限定的一项发明或实用新型的保护范围最宽。如果一项权利要求包含了另一项同类型权利要求中的所有技术特征，且对该另一项权利要求的技术方案作了进一步的限定，则该权利要求为从属权利要求。一件专利申请的权利要求书中，应当至少有一项独立权利要求。当有两项或两项以上独立权利要求时，写在最前面的独立权利要求被称为第一独立权利要求，其他独立权利要求称为并列独立权利要求。

第三节　权利要求书的撰写要求

《专利法》第二十六条第四款规定：“权利要求书应当以说明书为依据，清楚、简要地限定要求专利保护的范围。”《专利法实施细则》第十九条第一款规定：“权利要求书应当记载发明或者实用新型的技术特征。”权利要求书应当满足“以说明书为依据”“清楚”“简要地限定”这三个要求。同时，《专利审查指南》对此做出了更详细的规定。

一、以说明书为依据

说明书应对发明或实用新型技术特征进行详细的说明，权利要求书是在说明书记载的内容基础上撰写出来的。权利要求通常由说明书记载的一个或多个实施方式或实施例概括而成。权利要求的概括应当不超出说明书公开的范围。

首先，每一项权利要求都应当有说明书的内容支持。在撰写权利要求书时，要保证撰写的每一项权利要求的技术特征都能在说明书中体现，这是一个最基本的常识。附图也是说明书的一部分，带有较多的技术信息，附图中可以清晰表达的技术特征是可以作为权利要求的支持依据的。在撰写权利要求书的时候，对一技术特征进行权利要求时所采用的措辞与说明书描述的技术特征所使用的措辞可以不一样，但意思要等同。当审查员或大众阅读完说明书后，如不能理解所撰写的权利要求，就说明权利要求书没有以说明书为依据。

其次，申请人在申请发明或实用新型专利时，往往所撰写的权利要求书想要获得更宽的保护范围。权利要求对说明书中一个或多个技术方案进行概括，但要恰当且适可而止，往往有些权利要求主张申请人保护的权利较宽，与所描述的技术特征不符或是夸大的。例如，对于“用高频电能影响物质的方法”这样一个概括较宽的权利要求，如果说明书中只给出一个“用高频电能从气体中除尘”的实施方式，对高频电能影响其他物质的方法未作说明，而且所属技术领域的人员也难以预先确定或评价高频电能影响其他物质的效果，则该权利要求被认为未得到说明书的支持。

对产品权利要求来说，应当尽量避免使用功能或效果特征来限定发明。对于权利要求中所包含的功能性限定的技术特征，应当理解为覆盖了所有能够实现所述功能的实施方式。对于含有功能性限定特征的权利要求，应当审查该功能性限定是否得到说明书的支持。如果申请人在说明书中比较含糊地描述了一种其他替代的方式也可能适用时，对所属技术领域的技术人员来说，并不清楚这些替代方式是什么或怎样应用这些替代方式，则权利要求中的功能性限定也是不允许的。

因此，纯功能性的权利要求得不到说明书的支持，因而也是不允许的。

最后，在判断权利要求是否得到说明书的支持时，应当考虑说明书的全部内容，而不是仅限于具体实施方式部分的内容。如果说明书的其他部分也记载了有关具体实施方式或实施例的内容，从说明书的全部内容来看，能说明权利要求的则应当认为权利要求得到了说明书的支持。

二、清　楚

权利要求书用于申请主张专利权的保护范围，权利要求书撰写得是否清楚与发明或实用新型要求获得怎样的保护范围有着密切的关系。所以,权利要求书应当清楚,指的是每一项的权利要求都要写清楚。

首先，权利要求书的主题要清楚，权利要求书应该清楚地表明该项权利要求的类型是属于产品权利要求还是方法权利要求。例如，“一种……技术”“一种……装置”。或者在一项权利要求的主题名称中既包含产品又包含方法。例如，“一种……产品及其制造方法”或“一种……试剂及其提纯方法”。

产品权利要求适用于产品发明或实用新型，通常应当用产品的结构特征来描述。方法权利要求适用于方法发明，通常应当用工艺过程、操作条件、步骤或流程等技术特征来描述。用途权利要求属于方法权利要求，但应当注意要从权利要求的撰写措辞上区分用途权利要求和产品权利要求。例如，“用化合物X作为杀虫剂”或“化合物X作为杀虫剂的应用”是用途权利要求，属于方法权利要求，而“用化合物X制成的杀虫剂”或“含化合物X的杀虫剂”，则不是用途权利要求，而是产品权利要求。

其次，权利要求书中记载的技术特征要清楚，且这些特征之间的关系要清楚。一般来说，不能采用一些含糊不清的或模棱两可的词语，如“大约是”“左右”“高温”等词语。但在特定的专利内有些词是可以适用的。例如,“高温”一词,在熔炼金属物质时,给予高温进行融化,此时的“高温”一词是不合适的;但手术室物品采用“高温”或“低温”进行灭菌消毒是可以的，这些词属于专属领域的固有名词，如需要在说明书中进行说明，说明这种用语在特定技术领域中具有公认的确切含义。权利要求中不得出现“例如”“最好是”“尤其是”“必要时”或者不得使用“约”“接近”“等”“或类似物”等类似的用语，因为这类用语通常会使权利要求的范围不清楚。

最后，权利要求书所要求的范围要清楚，有些申请人要求的权利要求范围是自己认为的尽可能的宽泛，导致与说明书描述的技术特征不符合或不明确。同时，权利要求的引用关系要清楚，一般情况下，一个或多个的独立权利要求会有较多的从属要求，一连串的从属要求要明确，不得出现引证错误或逻辑上的错误。

三、简要地限定

权利要求书应当简要，一是指每一项权利要求应当简要，二是指构成权利要求书的所有权利要求作为一个整体也应当简要。例如，一件专利申请中不得出现两项或两项以上保护范围实质上相同的同类权利要求。

权利要求的数目应当合理。在权利要求书中，允许有合理数量的限定发明或实用新型优选技术方案的从属权利要求。权利要求的表述应当简要，除记载技术特征外，不得对原因或理由作不必要的描述，也不得使用商业性宣传用语。为避免权利要求之间相同内容的不必要重复，在可能的情况下，权利要求应尽量采取引用在前的权利要求的方式撰写。

四、其他注意事项

1. 权利要求的保护范围是由权利要求中记载的全部内容作为一个整体限定的，因此每一项权利要求只允许在其结尾处使用句号。

2. 权利要求书有几项权利要求的，应当用阿拉伯数字顺序编号。

3. 权利要求中使用的科技术语应当与说明书中使用的科技术语一致。

4. 权利要求中可以有化学式或数学式，但是不得有插图。除绝对必要外，权利要求中不得使用“如说明书……部分所述”或“如图……

所示”等类似用语。绝对必要的情况是指当发明或实用新型涉及的某特定形状仅能用图形限定而无法用语言表达时，权利要求可以使用“如图……所示”等类似用语。

5. 权利要求中通常不允许使用表格，除非使用表格能够更清楚地说明发明或实用新型要求保护的主题。

6. 权利要求中的技术特征可以引用说明书附图中相应的标记，以帮助理解权利要求所记载的技术方案。但是，这些标记应当用括号括起来，放在相应的技术特征后面。附图标记不得解释为对权利要求保护范围的限制。

7. 通常，一项权利要求用一个自然段表述。但是当技术特征较多，内容和相互关系较复杂，借助于标点符号难以将其关系表达清楚时，一项权利要求也可以用分行或分小段的方式描述。

8. 通常，开放式的权利要求宜采用“包含”“包括”“主要由……组成”的表达方式，其解释为还可以含有该权利要求中没有述及的结构组成部分或方法步骤。封闭式的权利要求宜采用“由……组成”的表达方式，其一般解释为不含有该权利要求所述以外的结构组成部分或方法步骤。

9. 一般情况下，权利要求中包含数值范围的，其数值范围尽量以数学方式表达，如“≥ 30℃”“> 5”等。通常，“大于”“小于”“超过”等理解为不包括本数，“以上”“以下”“以内”等理解为包括本数。

10. 在得到说明书支持的情况下，允许权利要求对发明或实用新型作概括性的限定。用并列选择法概括，即用“或者”或“和”并列几个必择其一的具体特征。例如，“特征 A、B、C 或 D”。又如，“由 A、B、C 和 D 组成的物质组中选择的一种物质”。采用并列选择法概括时，被并列选择概括的具体内容应当是等效的，不得将上位概念概括的内容用“或者”与其下位概念并列。另外，被并列选择概括的概念应含义清楚。例如，在“A、B、C、D 或者类似物（设备、方法、物质）”这一描述中，“类似物”这一概念含义是不清楚的，因而不能与具体的物或方法（A、B、C、D）并列。

第四节 权利要求书的撰写实例

例 1："一种器官捐献档案管理系统"发明专利的权利要求书。

1. 一种器官捐献档案管理系统，其特征在于，包括：数据采集和数据录入装置，所述数据包括文字、图像、视频和（或）语音资料；器官捐献数据库，对各器官捐献者的数据进行储存，并且对所有储存数据设定预定分类，每一器官捐献者的数据均按照所述预定分类进行分类储存；数据校对模块，将至少部分录入的数据输出显示，用于校对；数据输出模块，器官捐献数据库接收到操作请求时，将储存的部分或全部数据输出。

2. 根据权利要求 1 所述的器官捐献档案管理系统，其特征在于，还包括：信息生成模块，针对储存的每一器官捐献者数据，单独设定一个或多个预定时间，当达到所述预定的时间时，所述器官捐献档案管理系统生成预设内容的信息；信息发出模块，将生成的预设内容的信息发送给接受者。

3. 根据权利要求 1 所述的器官捐献档案管理系统，其特征在于，还包括：统计模块，所采集的每一器官捐献者的数据按照预定规则进行分类储存，器官捐献数据库根据接收到的操作请求，提取所存储数据中的所有或部分器官捐献者数据中特定类别的数据，统计模块对提取出的该类别的数据进行统计计算，并输出统计计算结果。

4. 根据权利要求 1 所述的器官捐献档案管理系统，其特征在于，包括中央管理系统和一个或以上客户端，其中：所述中央管理系统包括所述器官捐献数据库、数据校对模块、信息生成模块和信息发出模块；所述客户端与中央管理系统之间通过通信网络连接，所述客户端包括所述数据采集装置和所述数据录入装置，所录入的数据通过通信网络输送至中央管理系统；所述中央管理系统接收到的数据通过数据校对模块对录入的至少部分信息进行校对，并将数据储存入器官捐献数据库。

5. 根据权利要求 4 所述的器官捐献档案管理系统，其特征在于，所述中央管理系统接收到数据后，通过通信网络向数据校对模块发出所需校对信息，数据校对模块收到信息后，对信息进行校对并启动提醒功能。

6. 根据权利要求 4 所述的器官捐献档案管理系统，其特征在于，所述中央管理系统还包括日志生成模块，中央管理系统内储存预设指令类型，中央管理系统接收到与该预设指令类型相同类型的操作指令时，生成操作日志。

7. 根据权利要求 1 所述的器官捐献档案管理系统，其特征在于，还设有权限控制模块，其中，所述权限控制模块设置如下：权限授予用户，用于建立新的用户，并赋予新的用户管理和（或）使用器官捐献管理系统的权限；权限监督用户，由权限授予用户设定，用于监督所生成的操作日志与用户权限是否匹配；数据校对用户，对部分或全部录入的数据进行校对，并向中央管理系统发出数据正确和（或）不正确的指令。

8. 根据权利要求 1 所述的器官捐献档案管理系统，其特征在于，所述器官捐献档案管理系统包括处理器。处理器判断输入的数据是否包含预设的必需数据类型，当所述必需数据类型全部录入，则允许进行储存。

9. 根据权利要求 1 所述的器官捐献档案管理系统，其特征在于，所述数据在器官捐献数据库内，数据备份采用逻辑备份和物理备份中的一种或几种。

例 2：“一种手术缝针寻针器”实用新型专利的权利要求书。

1. 一种手术缝针寻针器，其特征在于，包括：用于磁吸手术缝针的磁铁；叠合在所述磁铁上的至少一个电极板；电连接所述电极板的告警电路。其中，所述电极板上分布有用于探测所述手术缝针是否被磁吸的检测线圈。

2. 如权利要求 1 所述的手术缝针寻针器，其特征在于，所述检测线圈包括：分布在所述电极板上的具有多条平行导线的第一导线组；分布在所述电极板上的具有多条平行导线的第二导线组。其中，所述第一导线组的所有平行导线的一端与告警电路的一端连接、另一端断开；所述第二导线组的所有平行导线的一端与告警电路的一端断开、另一端连接。

3. 如权利要求 2 所述的手术缝针寻针器，其特征在于，第一导线组的所有平行导线与第二导线组的所有平行导线交叉分布。

4. 如权利要求 3 所述的手术缝针寻针器，其特征在于，在交叉分布的所有导线中，相邻导线的距离大于等于 2.5mm。

5. 如权利要求 4 所述的手术缝针寻针器，其特征在于，所述导线为裸导线。

6. 如权利要求 5 所述的手术缝针寻针器，其特征在于，所述告警电路包括：电源、开关、指示灯和喇叭。

7. 如权利要求 6 所述的手术缝针寻针器，其特征在于，所述电源为蓄电池或交流电。

从此权利要求书上可以看出其属于产品权利要求；“权利 1”是独立权利要求，“权利 2”至“权利 7”属于从属权利要求。

参考文献

曹敏，黄贤伟，2016.08.31. 电动清创车：201620134793.4[P].

谷沫丽，黄贤伟，2017.03.15. 引流袋悬挂装置：201620535430.8[P].

国家知识产权局，2010. 专利审查指南 [M]. 北京：知识产权出版社 .

国务院，2010. 中华人民共和国专利法实施细则 [Z].

黄贤伟，刘征，2016.01.20. 一种手术缝针寻针器：201520714338.3[P].

黄贤伟，张腾飞，2016.08.31. 一种手术探查指示灯：201620197524.9[P].

黎立，张广宇，2013.13.02. 一种可注射利福霉素类抗生素凝胶微球及其设备方法：201310167759.7[P].

全国人大常委会，2008. 中华人民共和国专利法 [Z].

王丽芹，黄贤伟，2016.08.17. 便于卧床患者床上洗脚的支撑装置：201620164731.4[P].

吴观乐，2013. 发明和实用新型专利申请文件撰写案例剖析 [M]. 北京：知识产权出版社

药晨，丹子军，2016.01.27. 一种器官捐献档案管理系统：201510835696.4[P].

赵敏，史晓凌，2016.TRIZ 入门及实践 [M]. 北京：科学出版社 .

第 12 章

专利邮寄申请

申请人将申请文件递交到国家知识产权局专利局受理处有两种途径：第一种途径，申请人到北京将申请文件直接面交到国家知识产权局专利局受理窗口，国家知识产权局以收到申请文件当天作为专利的申请日；第二种途径，申请人在当地通过邮寄的方式将申请文件递交给国家知识产权局专利局受理处，国家知识产权局以邮寄的邮戳日作为专利的申请日。第一种途径不再赘述，本章主要对第二种途径——专利邮寄申请进行介绍。

第一节　专利邮寄资料准备

通过邮寄方式申请专利时，必须清楚地知道需要邮寄哪些资料，邮寄之前要准备好所需文件，包括调整格式等要求，以免影响专利申请的效率。邮寄申请专利时应当提交以下申请文件。

1. 申请发明专利的，申请文件应当包括发明专利请求书、说明书摘要（必要时应当提交摘要附图）、权利要求书、说明书（必要时应当提交说明书附图）。

涉及氨基酸或核苷酸序列的发明专利申请，说明书中应当包括该序列表，把该序列表作为说明书的一个单独部分提交，并单独编写页码，同时还应当提交符合国家知识产权局专利局规定的记载该序列表的光盘或软盘。

依赖遗传资源完成的发明创造申请专利的，申请人应当在请求书中对遗传资源的来源予以说明，并填写遗传资源来源披露登记表，写明该遗传资源的直接来源和原始来源。申请人无法说明原始来源的，应当陈述理由。

2. 申请实用新型专利的，申请文件应当包括实用新型专利请求书、说明书摘要及其摘要附图、权利要求书、说明书、说明书附图。以上文件的书写要求在第 6 章、第 7 章及第 8 章中有详细介绍。

3. 申请外观设计专利的，申请文件应当包括外观设计专利请求书、图片或照片（要求保护色彩的，应当提交彩色图片或照片）及对该外观设计的简要说明。

第二节　专利邮寄申请的流程

申请人以书面形式申请专利的，可以将以上申请文件及其他文件当面交到专利局的受理窗口或寄交至国家知识产权局专利局代办处，也可以当面交到设在地方的专利局代办处的受理窗口或寄交至国家知识产权局专利局 ××× 代办处。

目前专利局在北京、沈阳、济南、长沙、成都、南京、上海、广州、西安、武汉、郑州、天津、石家庄、哈尔滨、长春、昆明、贵阳、杭州、重庆、深圳、福州、南宁、乌鲁木齐、南昌、银川、合肥、苏州、海口、兰州、太原、青岛、西宁、呼和浩特等城市设立了代办处。查询专利局代办处信息可登录 http：//www.sipo.gov.cn/zldbc/ 。

第三节　专利邮寄申请的注意事项

一、排列申请文件

发明或实用新型专利申请文件应当按照以下顺序排列：请求书、说明书摘要、摘要附图、权利要求书、说明书（含氨基酸或核苷酸序列表）、说明书附图。外观设计专利申请文件应当按照以下顺序排列：请求书、图片或照片、简要说明。申请文件各部分都应当分别用阿拉伯数字顺序编写页码。

二、申请文件使用统一制定的表格

申请文件应当使用专利局统一制定的表格，可以从国家知识产权局网站下载，下载地址为 http：//www.sipo.gov.cn/bgxz/，或者在专利局受理大厅的咨询处索取或以信函方式索取（信函寄至国家知识产权局专利局初审及流程管理部发文处），也可以向各地的国家知识产权局专利局代办处索取。需要特别注意的是，一张表格只能用于办理一件专利的申请。

三、申请文件的纸张要求

申请文件的纸张质量应当相当于复印机用纸的质量。纸面不得有无用的文字、记号、框、线等。各种申请文件的纸张一律采用 A4 尺寸（210mm×297mm）。申请文件的纸张应当单面、纵向使用。文字应当自左向右排列，纸张左边和上边应当各留 25mm 空白，右边和下边应当各留 15mm 空白，以便出版和审查时使用。

四、申请文件的文字和书写要求

申请文件应当使用宋体、仿宋体或楷体打字或印刷，黑色字迹，字高应当在 3.5 ～ 4.5mm，行距应当在 2.5 ～ 3.5mm。申请文件一律使用中文。外国人名、地名和科技术语如果没有统一中文译文，应当在中文译文后的括号内注明原文。申请文件中有附图的，线条应当均匀清晰，不得涂改，且不得使用工程蓝图作为附图。

五、专利申请内容的单一性要求

一件发明或实用新型专利申请应当限于一项发明或实用新型。属于一个总的发明构思的两项以上的发明或实用新型可以作为一件申请提出。一件外观设计专利申请应当限于一项外观设计。同一产品两项以上的相似外观设计，或者用于同一类别并且成套出售或使用的产品两项以上的外观设计，可以作为一件申请提出。

六、申请日的确定

向专利局受理处或代办处窗口直接递交的专利申请，以收到日为申请日；通过邮局邮寄递交到专利局受理处或代办处的专利申请，以信封上的寄出邮戳日为申请日；寄出的邮戳不清晰无法辨认的，以专利局受理处或代办处收到日为申请日。通过速递公司递交到专利局受理处或代办处的专利申请，以收到日为申请日；邮寄或递交到专利局非受理部门或个人的专利申请，其邮寄日或递交日不具有确定申请日的效力，以受理处或代办处实际收到日为申请日。

七、提交申请文件注意事项

应当用挂号信函邮寄申请文件。无法用挂号信邮寄的，可以用特快专递邮寄，不得用包裹邮寄申请文件。挂号信函上除写明专利局或专利局代办处的详细地址（包括邮政编码）外，还应当标有“申请文件”及“国家知识产权局专利局受理处收”或“国家知识产权局专利局 ×× 代办处收”的字样。申请文件通过快递公司递交的，以专利局受理处及各专利局代办处实际收到日为申请日。一封挂号信内只能装同一件专利申请的文件。

向专利局提交的各种文件申请人都应当留存底稿，以保证申请审批过程中文件填写的一致性，并可以此作为答复审查意见时的参照。

参考文献

国务院，2010. 中华人民共和国专利法实施细则 [Z].
全国人大常委会，2008. 中华人民共和国专利法 [Z].

第 13 章

专利电子申请

2004 年 3 月 12 日，国家知识产权局正式开通了专利电子申请系统。伴随着我国专利事业的迅速发展，专利电子申请已经成为国家知识产权局在信息化建设中的一个缩影。作为一种新的专利申请形式，电子申请的应用依托于信息化系统，已经逐渐被申请人和专利代理机构接受并使用，替代纸件申请成为专利申请的主要申请方式。本章主要对专利电子申请流程进行阐述。

第一节　概　　述

一、专利电子申请的定义

专利电子申请是指以互联网为传输媒介将专利申请文件以符合规定的电子文件形式向国家知识产权局提出的专利申请。申请人可通过电子申请系统向国家知识产权局提交发明、实用新型、外观设计专利申请和中间文件，以及进入中国国家阶段的国际申请和中间文件。

关于专利电子申请，需要特别注意的两个条件是“互联网”和“符合规定的”电子文件形式。我国的电子申请是使用互联网进行传输的，区别于有些国家使用专线网络或电子邮件；同时，电子文件必须是“符合规定的”，应当是使用国家知识产权局电子申请系统编辑和传输的，且符合相应技术规范的电子形式文件。专利电子申请包括离线电子申请和在线电子申请两种方式。

二、专利电子申请受理范围

（1）发明、实用新型和外观设计专利申请。

（2）进入国家阶段的国际申请。

（3）复审和无效宣告请求。

任何认为其专利申请需要按照保密专利申请处理的单位和个人，不得通过专利电子申请系统提交。

三、专利电子申请的相关术语

（一）电子申请用户

电子申请用户是指已经与国家知识产权局签订专利电子申请系统用户注册协议，办理了有关注册手续，获得用户代码和密码的个人、单位和代理机构。

（二）电子申请用户注册

电子申请的传统方式为注册请求人在国家知识产权局办理用户注册手续并获得电子申请用户代码和密码的过程。电子申请的互联网方式的申请用户注册手续应该在电子申请网站办理，注册请求人通过电子申请网站自助注册成为电子申请用户。请求人是个人的，应当使用身份证号注册；请求人是法人的，应当使用统一社会信用代码或组织机构代码证号注册；请求人是代理机构的，应当使用代理机构注册号注册。系统将以回执的形式返回注册结果、用户名和密码，不再发出纸件形式注册审批通知书。

（三）数字证书

数字证书是国家知识产权局为电子申请注册用户提供的，在电子形式文件和电子形式通知书或决定传输过程中用于保证传输的机密性、有效性、完整性和验证、识别用户身份的电子文档。

（四）电子发文

电子发文是指国家知识产权局通过专利电子申请系统将通知书或决定以电子文件形式发送给电子申请用户的发文形式。电子申请用户未及时接收的，不作公告送达。

自发文日起十五日内申请人未接收电子文件形式的通知书和决定的，专利局可以发出纸件形式的该通知书和决定的副本。

（五）电子签名

电子签名是指通过国家知识产权局电子专利申请系统提交或发出的电子文件中所附的用于识别签名人身份并表明签名人认可其中内容的数据。

《专利法实施细则》第一百一十九条第一款所述的签字或者盖章，在电子申请文件中是指电子签名，电子签名在专利电子申请系统中是以数字证书验证实现的，电子申请文件采用的电子签名与纸件文件的签字或者盖章具有相同的法律效力。

四、专利电子申请的优势

作为一种新的专利申请形式，电子申请摆脱了浩繁的纸件文档，实现了专利的无纸化和代码化审查。专利电子申请具有全天候服务、收发文件便捷、缩短审查周期、提高申请质量、全程信息化服务、低碳环保等许多优势。

专利电子申请系统365天、24小时服务，用户可以随时提交电子申请，不受时间和地点的限制。电子申请还能为用户提供全程信息化服务，在用户身份认证的基础上，可以实现专利审查系统和申请人在数据信息上的互动和共享，并实现公众服务范围和方式的扩展，为申请人提供个性化的服务。例如，用户可以开通短信提醒服务，通知书发文日当天，系统会向用户发送短信提醒。另外，用户还能够通过互联网查阅提交的案卷情况，查询递交文件信息、通知书发文情况及需要缴纳的费用明细等审查信息。

电子申请可以缩短审查周期，专利电子系统全流程实现XML、WORD、PDF三种格式文件的审查，不必进行纸质版文件的加工处理就可以直接进入审查阶段，从而大大节省了时间，缩短了审查周期，提高了效率。

电子申请还具有节能低碳、绿色环保的优点，通过互联网进行一系列申请，可以有效减少纸张使用、减少纸件存放空间，节省办公用品的购买和邮寄资料的支出，也能有效减少纸件文档管理人力成本的支出，从而被广大申请人认可。

第二节 专利电子申请的流程

一、在线电子申请流程

使用在线业务办理平台申请专利，对电脑环境要求很高，申请专利前应首先对电脑进行以下设置。操作系统：Windows XP、Windows 7、Windows 8；浏览器：IE8、IE9、IE10；文档编辑软件：Office2003、Office2007；推荐使用中文版 Windows 7、IE9 和 Office2007。

用户第一次使用在线业务办理平台需要将中国专利电子申请网站（http：//cponline.sipo.gov.cn）设置为信任站点，然后下载并安装编辑器控件和证书控件。申请人通过访问电子申请网站，自助注册成为电子申请用户，获得用户代码；然后使用用户代码和密码登录电子申请网站，下载并安装用户数字证书；使用数字证书进行在线平台登录，提交电子申请文件；提交申请后，可随时登录电子申请网站查询电子申请相关信息；最后通过接收通知书，针对所提交的电子申请提交中间文件。下面结合图示对具体流程作详细介绍。

（一）设置信任站点

1. 输入网址 http：//cponline.sipo.gov.cn，或通过登录国家知识产权局官网（www.sipo.gov.cn.），进入服务专栏，随后单击 IE 浏览器“工具”栏，选择“Internet 选项”，如图 13-1 所示。

2. 打开“Internet 选项”，单击“安全”标签页，选择“受信任的站点”，并且单击“站点”按钮，如图 13-2 所示。

3. 单击“添加”按钮，将网址 http：//cponline.sipo.gov.cn 加入信任站点，如图 13-3 所示。

4. 设置信任站点自定义级别，单击“自定义级别”按钮，将框中内容改为启用，如图 13-4 所示。

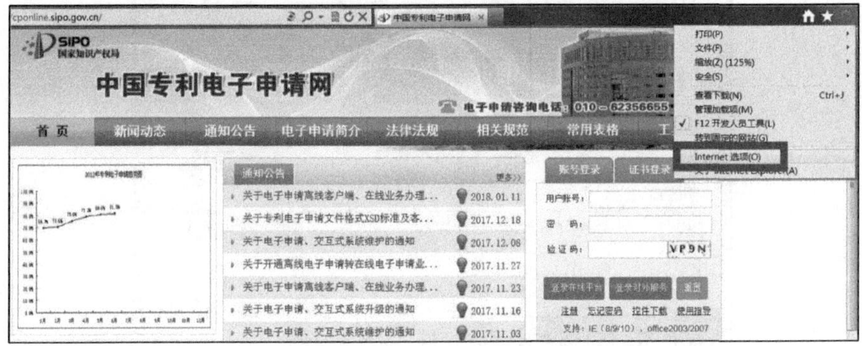

图 13-1　打开 Internet 选项

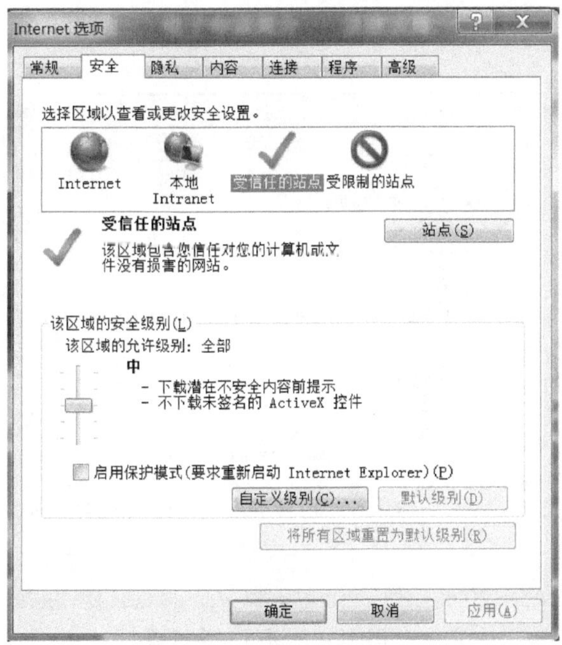

图 13-2　选择受信任站点

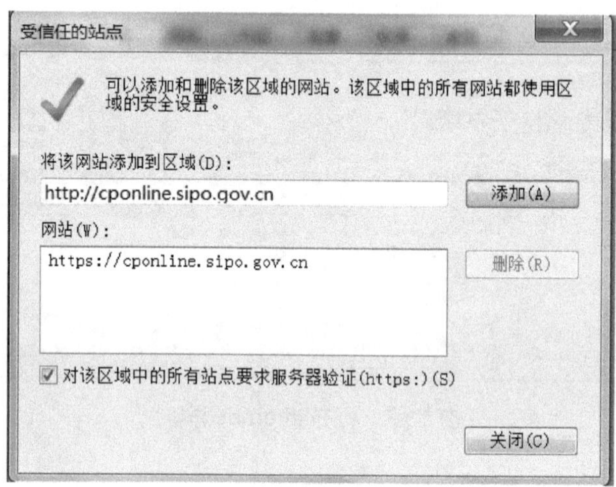

图 13-3 添加受信任站点

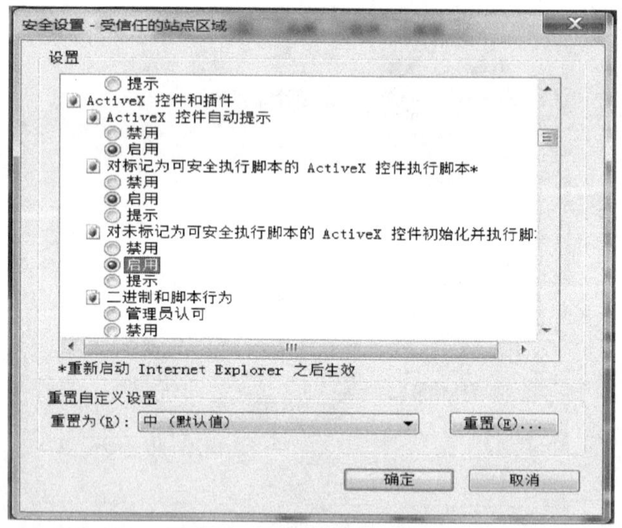

图 13-4 进行安全设置

（二）安装 CA 证书控件

使用数字证书对申请的文件进行签名是通过在线业务办理平台提交专利申请和办理相关业务的必要条件。因此，在下载和安装数字证书之前，需要先安装 CA 证书。

1. 打开中国专利电子申请网，在页面的右侧，点击【控件下载】选项，下载 CA 证书控件和 OCX 控件并保存，如图 13-5 所示。

图 13-5　控件下载

2. 解压压缩包，文件夹中有 CA 证书控件和 OCX 控件两个文件夹，打开 CA 文件夹，如图 13-6 所示。

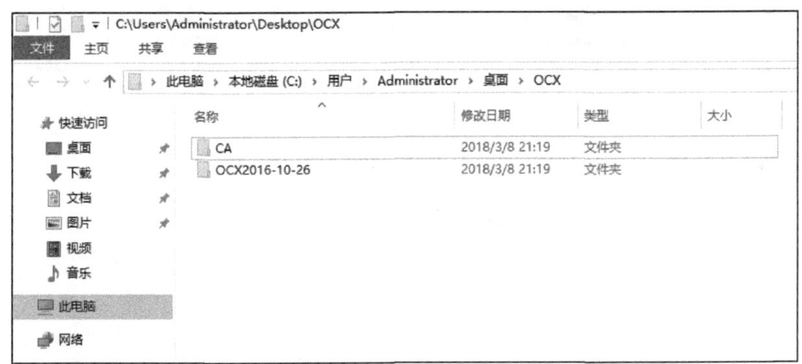

图 13-6　打开 CA 文件夹

3. 按照“readme.txt”文档的提示，选择安装对应的证书控件，如图 13-7 所示。

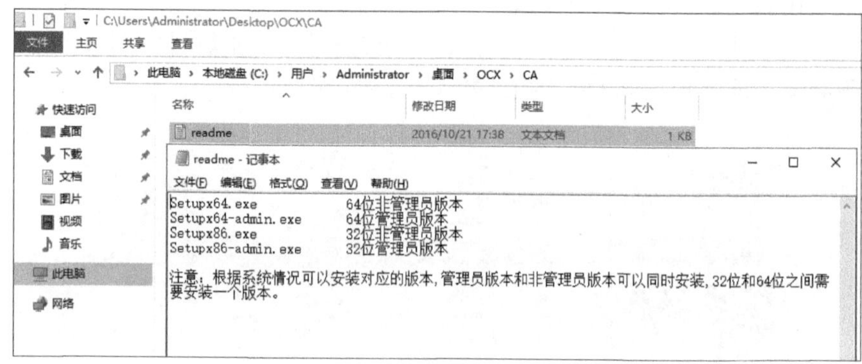

图 13-7　readme 文档

4. 双击证书控件，以“Setupx64”为例，如图 13-8 所示。

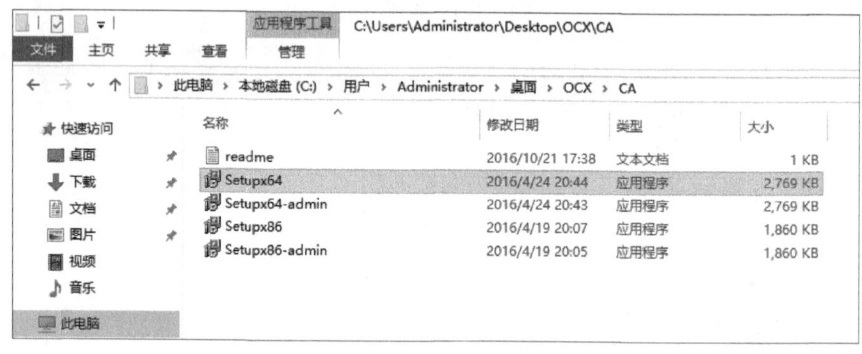

图 13-8　安装控件

5. 单击“下一步”按钮，如图 13-9 所示。

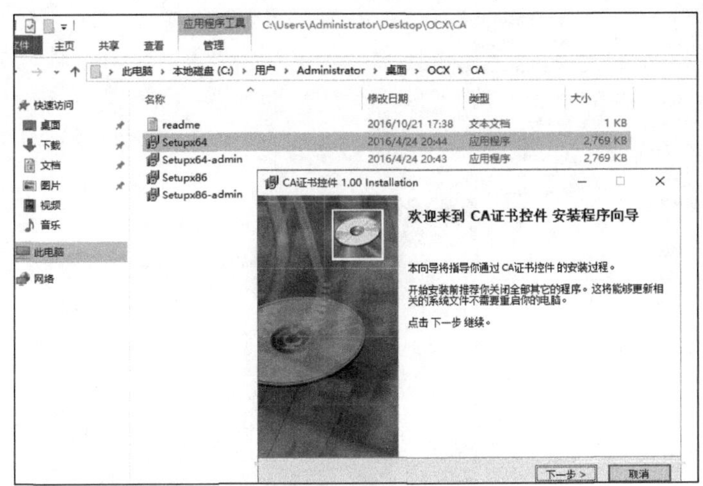

图 13-9　安装 CA 证书

6. 选择安装目录，一般为默认路径，单击“下一步”按钮，如图 13-10 所示。

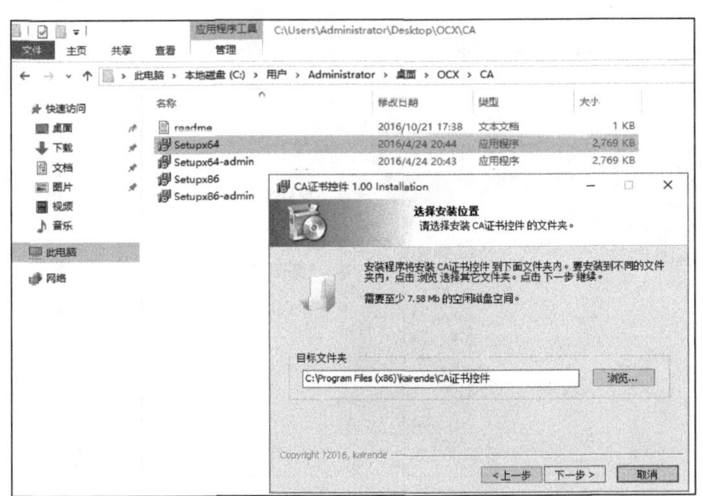

图 13-10　选择安装目录

7. 点击“安装”按钮，如图 13-11 所示。

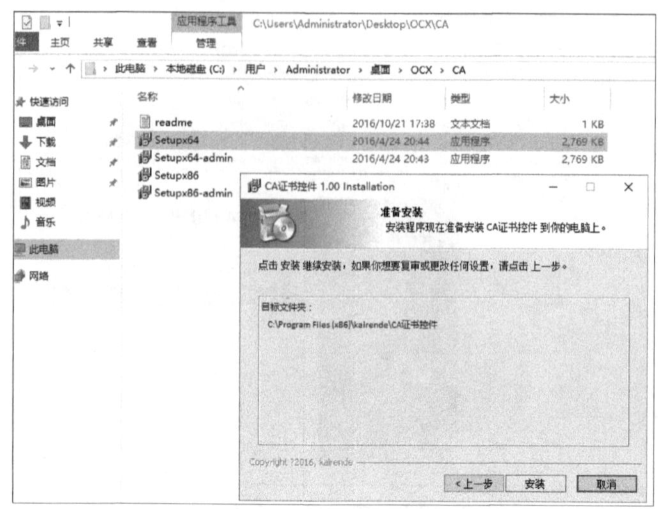

图 13-11 安装控件

8. 点击“完成”按钮，如图 13-12 所示。

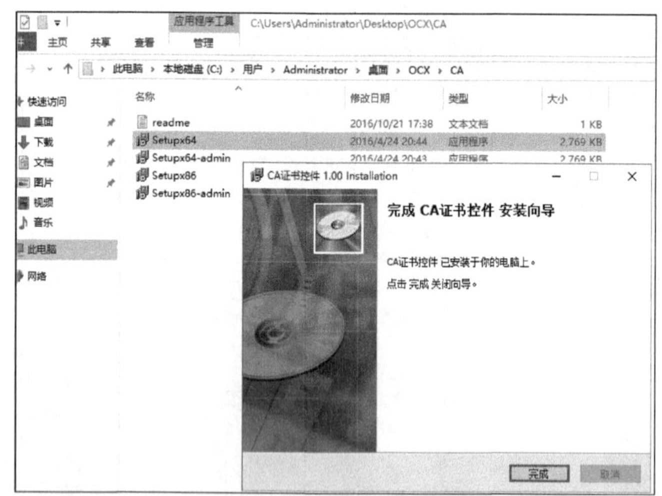

图 13-12 完成控件安装

（三）安装 OCX 控件

OCX 控件是使用在线业务办理平台编辑专利申请文件的必要工具，因此用户在使用在线业务办理平台申请专利之前，应该安装好 OCX 控件。

1. 在下载的控件文件夹中，打开“OCX2016-10-26”文件夹，如图 13-13 所示。

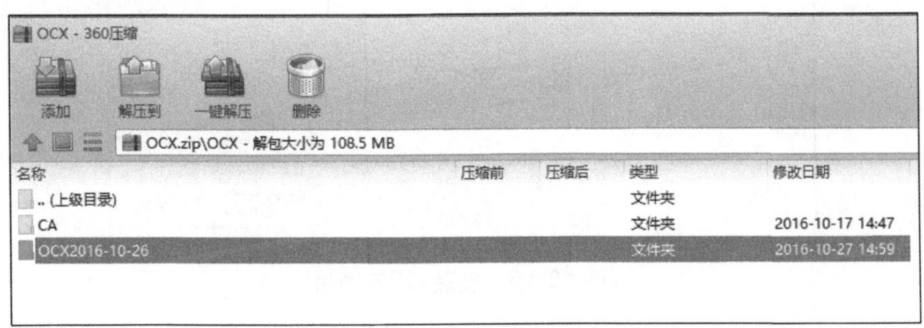

图 13-13　打开“OCX2016-10-26”文件夹

2. 双击“setup.exe”进行安装，如图 13-14 所示。

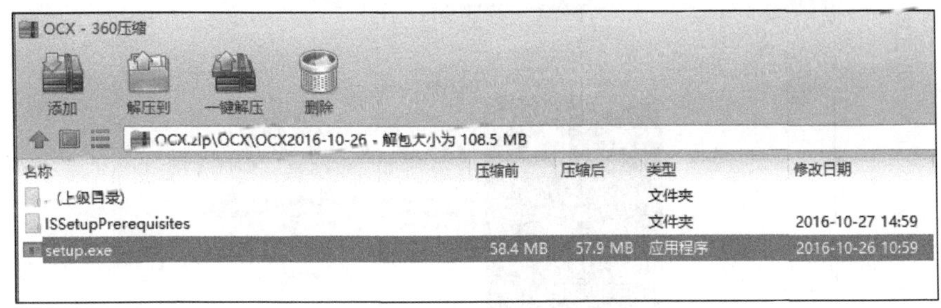

图 13-14　运行“setup”程序

3. 总共需要安装 4 个必需项目，单击“安装”按钮，如图 13-15 所示。

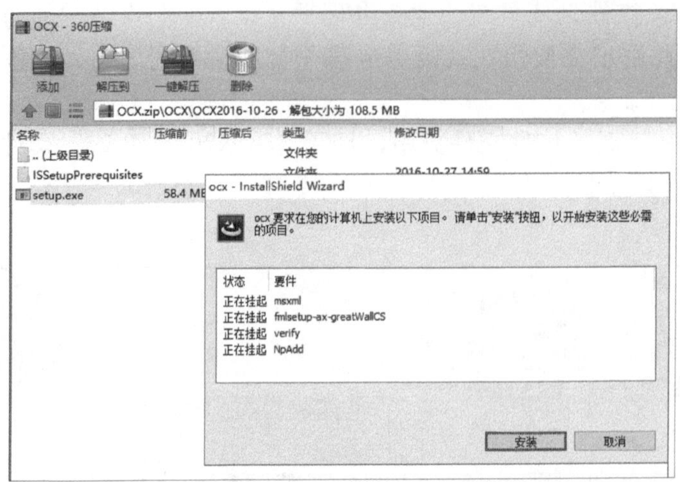

图 13-15　安装 OCX 项目

4. 第一步，提示安装“MSXML4.0”，此程序为数学公式编辑器，单击“Next”按钮进行安装，如图 13-16 所示。

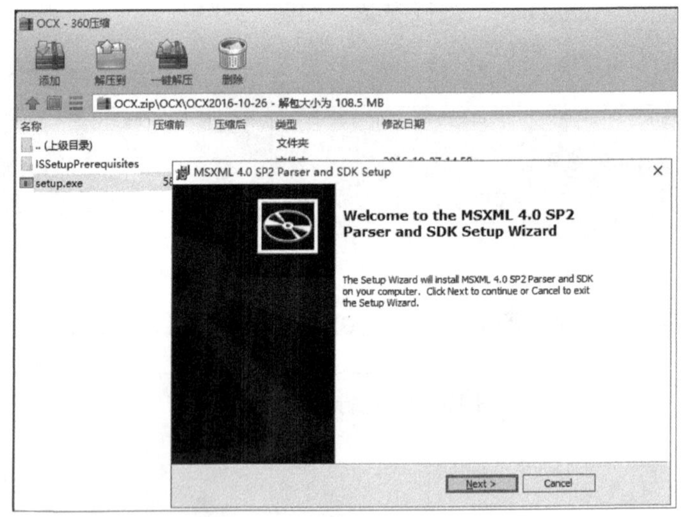

图 13-16　安装 MSXML4.0

5. 第二步，安装“ActiveX”控件，同样按照顺序进行设置，单击“Install”按钮进行安装，如图 13-17 所示。

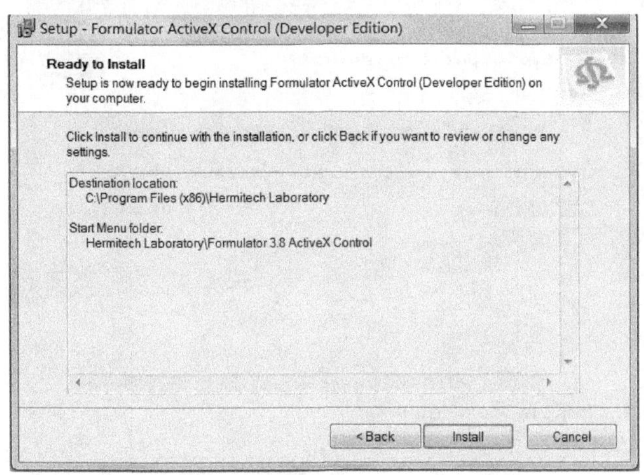

图 13-17　安装“ActiveX”控件

6. 安装程序会自动安装一个校验组件，安装完成后点击“关闭”，如图 13-18 所示。

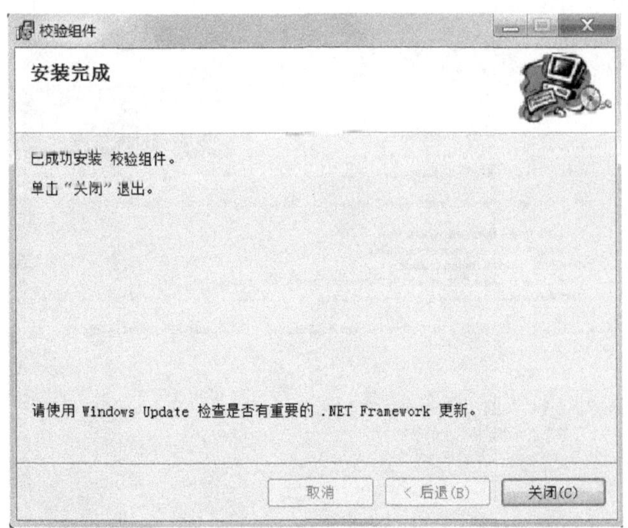

图 13-18　成功安装校验组件

7. 第三步，安装“File Checker Plugin”程序，如图 13-19 所示。

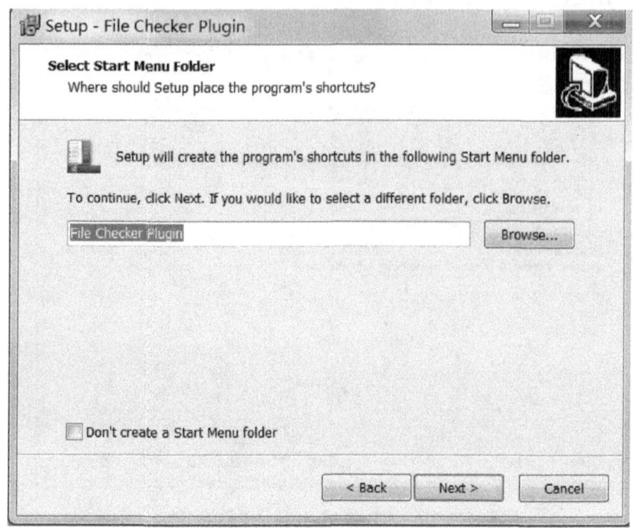

图 13-19　安装“File Checker Plugin”程序

8. 第四步，安装“OCX”插件，阅读许可证协议并单击“下一步”，如图 13-20 所示。

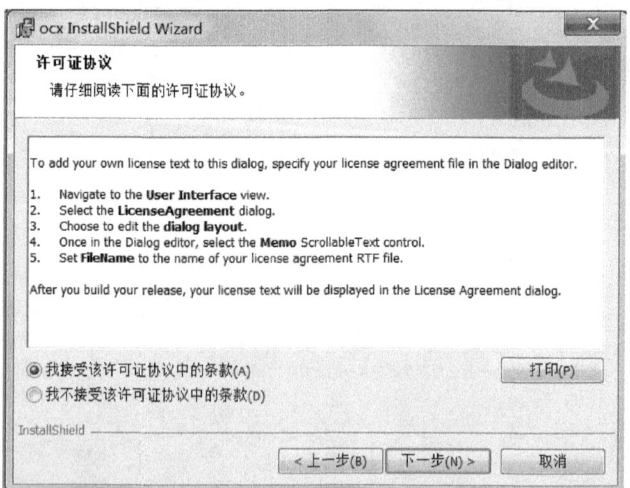

图 13-20　阅读许可证协议

9. 单击“安装”按钮，如图 13-21 所示。

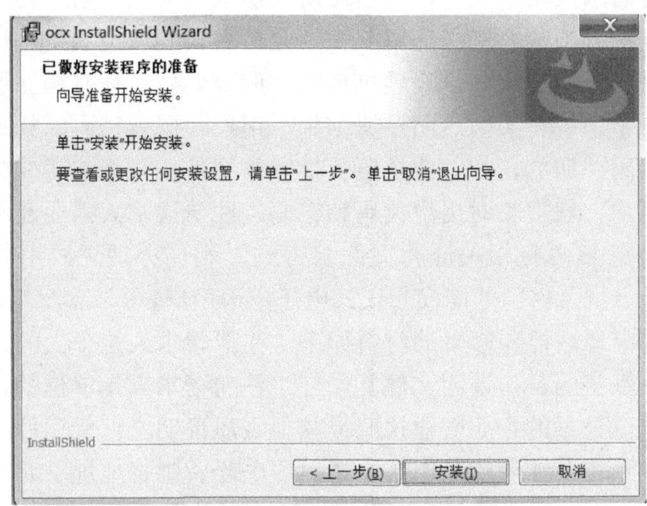

图 13-21　安装“OCX”插件

10. “OCX”插件安装完成，如图 13-22 所示。

图 13-22　“OCX”插件安装完成

（四）电子用户注册

注册请求人是个人的，应当使用身份证号进行注册；注册请求人是单位（法人）的，应当使用统一社会信用代码或组织机构代码证号进行注册；注册请求人是代理机构的，应当使用代理机构注册号进行注册。电子系统将实时返回注册结果、用户代码及密码。如果使用其他证件号码注册的，如营业执照、护照等证件，只能注册成为临时电子申请用户，获得临时用户代码和密码，注册请求人需要在网上注册之日起十五日内将相关证明文件邮寄到专利局办理正式用户注册手续，经过审批合格的才能成为正式电子申请用户。

注册申请后需要邮寄的材料如下：注册请求人是个人的，应当提交由本人签字的身份证明文件复印件；注册请求人是单位的，应当提交加盖单位公章的企业营业执照或其他资质证明文件复印件，邮寄的证明文件上需要注明临时电子申请用户账号。邮寄地址：北京市海淀区蓟门桥西土城路6号国家知识产权局专利局受理处。邮编：100088。

电子用户注册具体步骤如下所示。

1. 打开中国专利电子申请网（http://cponline.sipo.gov.cn/），在页面的右上方，点击【注册】选项，如图13-23所示。

图13-23 “中国专利电子申请网”网站电子注册页面

2. 在新弹出的页面上，仔细阅读“专利电子申请系统用户注册协议”（图 13-24），阅读后勾选“同意以上声明”，点击“提交”按钮。

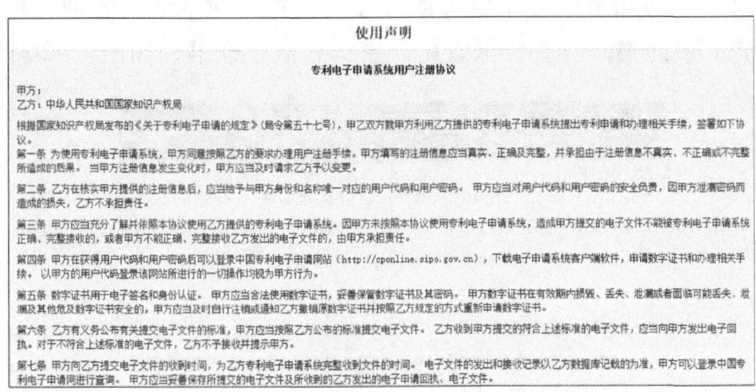

使用声明

专利电子申请系统用户注册协议

甲方：
乙方：中华人民共和国国家知识产权局

根据国家知识产权局发布的《关于专利电子申请的规定》(局令第五十七号)，甲乙双方就甲方利用乙方提供的专利电子申请系统提出专利申请和办理相关手续，签署如下协议。

第一条 为使用专利电子申请系统，甲方同意按照乙方的要求办理用户注册手续。甲方填写的注册信息应当真实、正确及完整，并承担由于注册信息不真实、不正确或不完整所造成的后果。 当甲方注册信息发生变化时，甲方应当及时请求乙方予以变更。

第二条 乙方在核实甲方提供的注册信息后，应当给予与甲方身份和名称唯一对应的用户代码和用户密码。 甲方应当对用户代码和用户密码的安全负责，因甲方泄漏密码而造成的损失，乙方不承担责任。

第三条 甲方应当充分了解并依照本协议使用乙方提供的专利电子申请系统。因甲方未按照本协议使用专利电子申请系统，造成甲方提交的电子文件不能被专利电子申请系统正确、完整接收的，或者甲方不能正确、完整接收乙方发出的电子文件的，由甲方承担责任。

第四条 甲方在获得用户代码和用户密码后可以登录中国专利电子申请网站（http://cponline.sipo.gov.cn），下载电子申请系统客户端软件，申请数字证书和办理相关手续。 以甲方的用户代码登录该网站所进行的一切操作均视为甲方行为。

第五条 数字证书用于电子签名和身份认证。 甲方应当合法使用数字证书，妥善保管数字证书及其密码。 甲方数字证书在有效期内损毁、丢失、泄漏或者面临可能丢失、泄漏及其他危及数字证书安全的，甲方应当及时自行注销或通知乙方撤销原数字证书并按照乙方规定的方式重新申请数字证书。

第六条 乙方有义务公布有关提交电子文件的标准，甲方应当按照乙方公布的标准提交电子文件。 乙方收到甲方提交的符合上述标准的电子文件，应当向甲方发出电子回执。对于不符合上述标准的电子文件，乙方不予接收并提示甲方。

第七条 甲方向乙方提交电子文件的收到时间，为乙方专利电子申请系统完整收到文件的时间。 电子文件的发出和接收记录以乙方数据库记载的为准，甲方可以登录中国专利电子申请网进行查询。 甲方应当妥善保存所提交的电子文件及所收到的乙方发出的电子申请回执、电子文件。

图 13-24　专利电子申请系统用户注册协议

3. 根据实际情况，填写注册类型。以个人注册为例，注册类型应勾选“个人注册”选项，认真准确填写注册信息，所标红色字体为必填选项。个人注册中要求姓名与身份证号码必须准确无误，两者一致方可注册成功。再次确认信息准确无误，点击“提交”按钮，如图 13-25 所示。

个人注册　法人注册　代理机构注册

*请按照提示填写用户注册信息，红色为必填项目

*姓名：赵 * *
*国籍或注册国家(地区)：中国
提示：提供身份证信息，可即时得到审批结果；提供其他证件信息，0个工作日后得到审批结果。
*证件类型：身份证
*证件号码：13062719
*经常居所或营业所所在地：国内
*邮政编码：100091
*省/直辖市：北京市
*市/区/县：海淀区
*详细地址：黑山扈路甲17号解放军第309医院
*密码：●●●●●●●●●●●●●
*确认密码：●●●●●●●●●●●●●
*电子邮箱：106672 .com
手机号码：1760
固话号码：
提示方式：手机短信提示　电子邮箱提示
*数字证书方式：网上下载

《返回　提交》

图 13-25　个人注册

4. 注册成为正式电子用户的，系统将返回“专利电子用户注册审批通知单”，并反馈用户账号及用户密码，将提示注册人注册完成后使用用户账号和密码登录对外服务模块，在“数字证书管理”栏下载和安装数字证书，并妥善保管用户密码和数字证书，如图 13-26 所示。

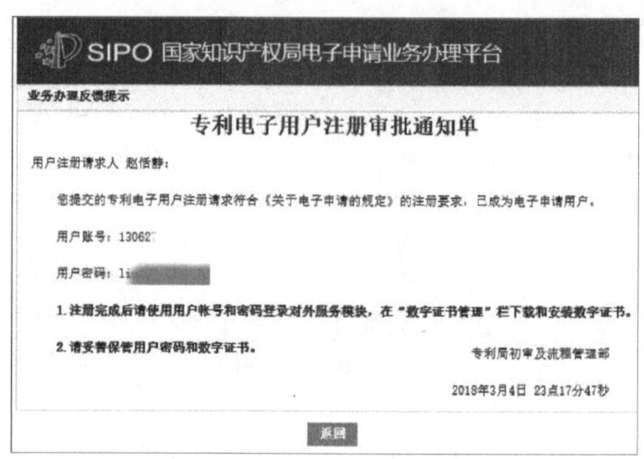

图 13-26　专利电子用户注册审批通知单

（五）安装数字证书

专利电子申请用户数字证书是注册用户注册成功以后，提供给电子申请用户的，用于用户身份验证的一种权威性电子文档，专利局可以通过电子申请文件中的数字证书验证识别用户的身份。

办理完用户注册手续以后，用户可以使用用户账号和密码登录电子申请网站，下载数字证书。数字证书只能通过电子申请网站下载一次，不能重复下载，用户应该妥善保存好数字证书。为了防止数字证书损坏或丢失等无法使用的问题，建议用户下载完数字证书后加以备份。数字证书有效期为 3 年，期满前 1 个月，电子申请网站将提示用户进行更新，逾期未更新的，数字证书将无法正常使用。

下载和安装数字证书的步骤如下所示。

1. 使用用户代码和密码登录中国专利电子申请网，点击“登录在线平台”按钮，如图 13-27 所示。

2. 登录在线平台以后，在导航菜单栏中选择“其他”菜单，如图 13-28 所示。

图 13-27 登录在线平台

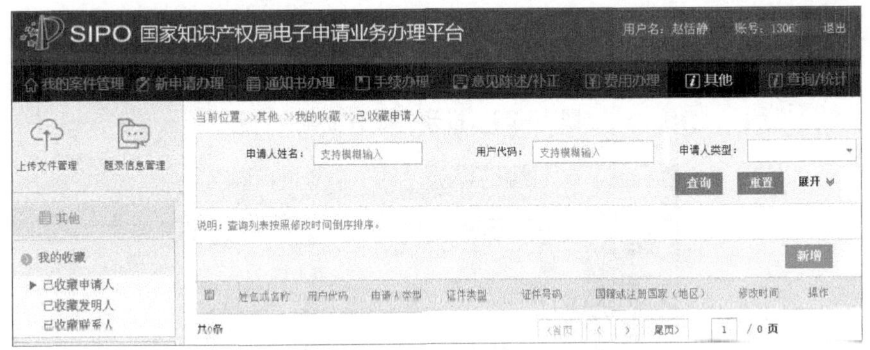

图 13-28 选择“其他”菜单

3. 然后打开页面左下角“用户证书”子菜单，选择“证书管理”，如图 13-29 所示。

4. 在证书信息列表上方，单击“下载证书”按钮，系统提示“正在创建新的 RSA 交换密钥”，单击“确定”，系统会自动生成和安装证书，如图 13-30 所示。如果需要设置密码，则单击“设置安全级别”，在弹出的对话框中选择“高”安全级别，单击“下一步”，在弹出的对话

图 13-29 打开“证书管理”

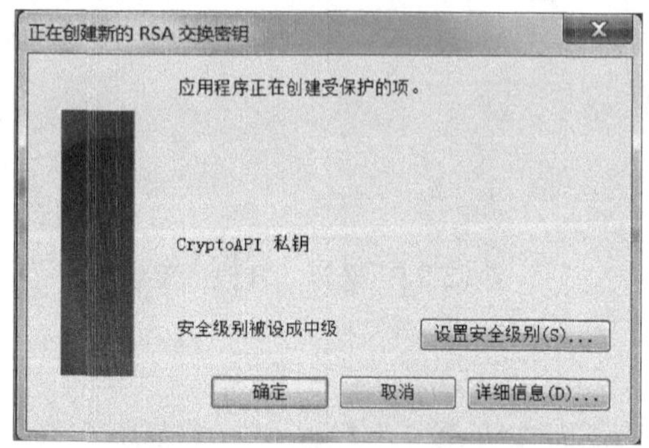

图 13-30 安装“数字证书”

框中设置密码，设置以后单击“完成”，如图 13-31 所示。然后单击“确定”，系统提示“数字证书”安装成功。

5.“数字证书”下载完成后，系统会自动提示安装成功，并且在证书列表中显示数字证书状态，如图 13-32 所示。

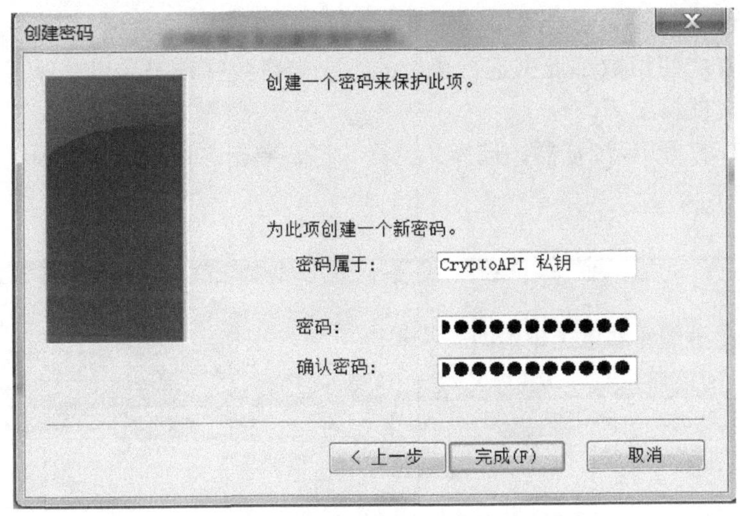

图 13-31　设置密码

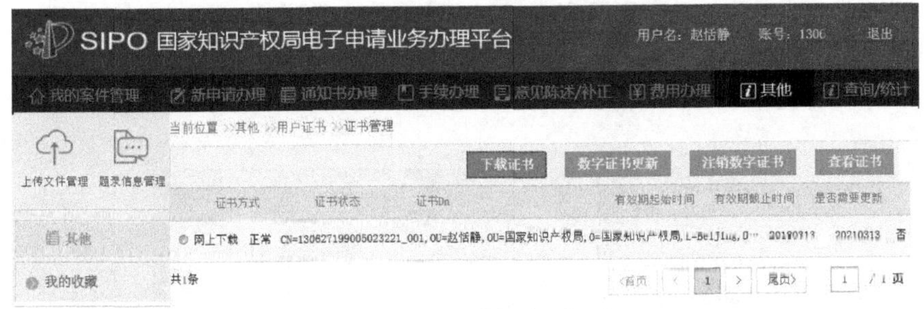

图 13-32　“数字证书”安装成功

（六）用户登录

用户登录分为账号登录和数字证书登录。两者登录后的页面是相同的，区别在于提交专利申请或办理法律手续业务，需要使用数字证书进行签名的，必须使用数字证书进行登录才可以办理。例如，提交发明专利申请、实用新型专利申请、外观设计专利申请等都需要使用数字证书登录才可实现。使用账号登录已在“安装数字证书”步骤中演示过，下面简要介绍如何使用数字证书进行登录。

首次使用数字证书进行登录的，应先将数字证书导出，保存到指定的文件目录下。

1. 打开 IE 浏览器，选择“工具”栏，单击“Internet”选项，如图 13-33 所示。

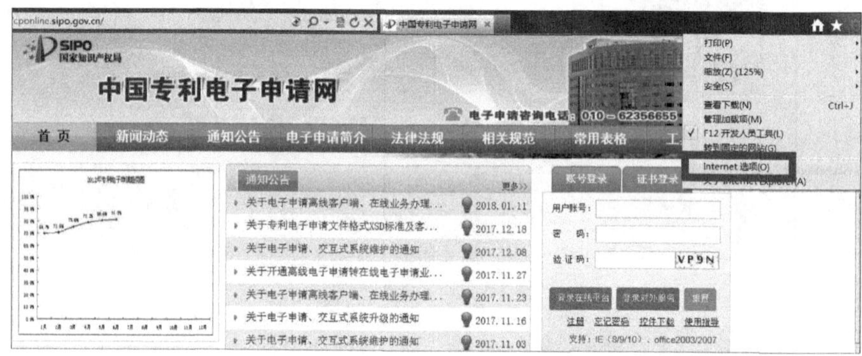

图 13-33 打开“Internet”选项

2. 打开“内容”标签，单击“证书”按钮，如图 13-34 所示。

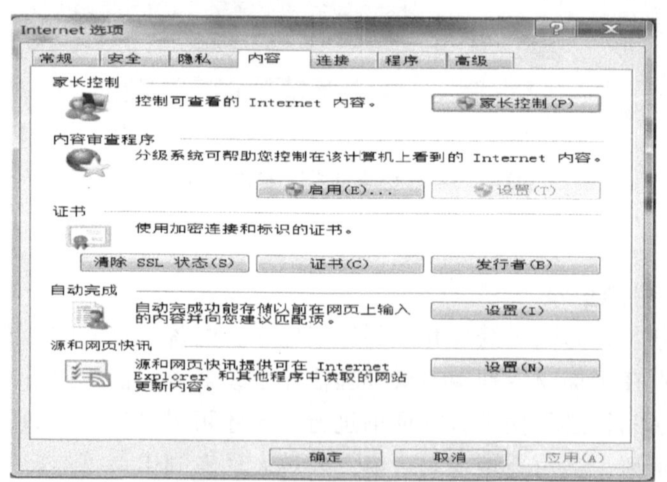

图 13-34 打开“内容”标签

3. 进入“证书”界面，选择对应编号的证书，单击“导出”按钮，如图 13-35 所示。

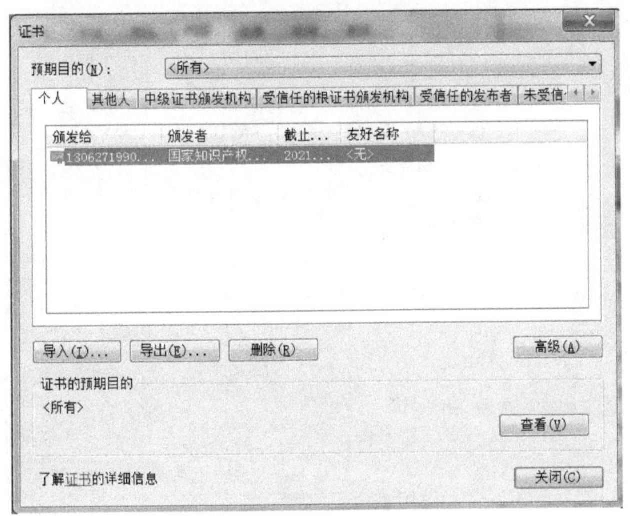

图 13-35　打开“证书”界面

4. 在弹出的“证书导出向导”界面，单击“下一步”，如图 13-36 所示。

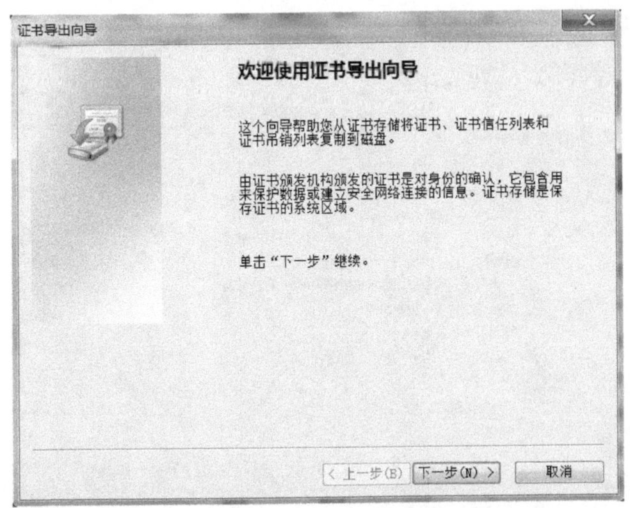

图 13-36　打开“证书导出向导”界面

5. 在导出私钥界面上选择“是，导出私钥”，单击“下一步”，如图 13-37 所示。

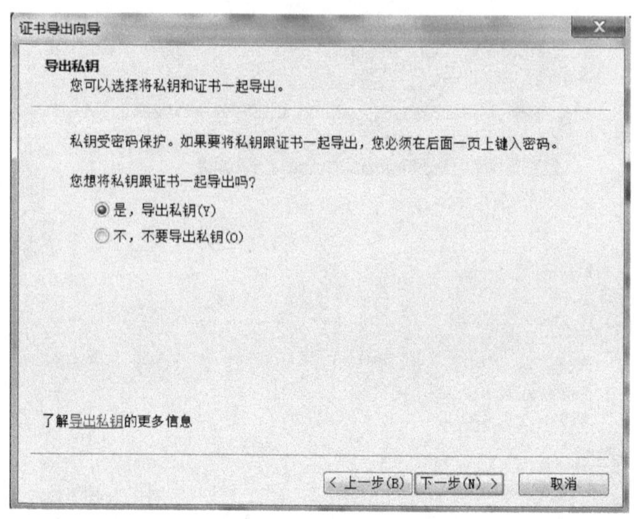

图 13-37　导出私钥

6. 单击“下一步”，如图 13-38 所示。

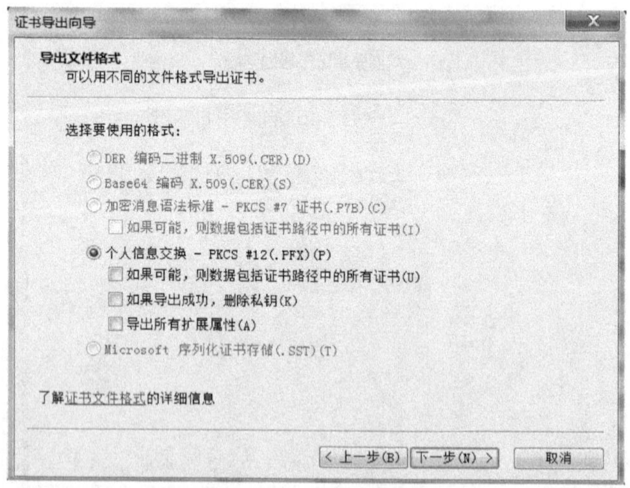

图 13-38　导出证书

7. 输入并确认密码，单击“下一步”，如图 13-39 所示。

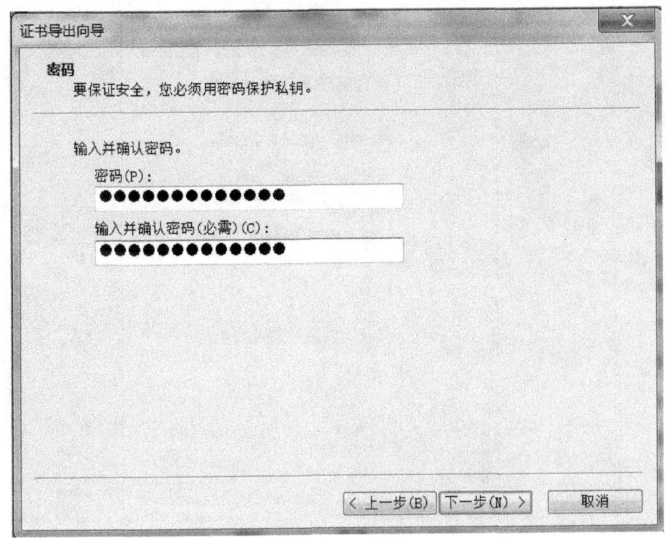

图 13-39　设置密码

8. 填写文件名，单击“下一步”，如图 13-40 所示。

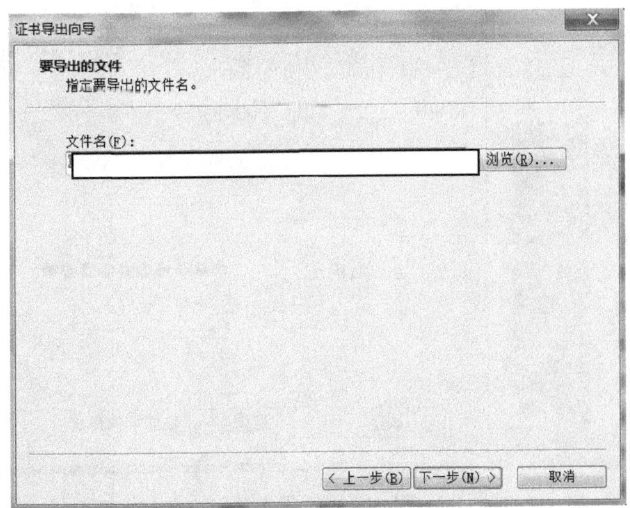

图 13-40　填写文件名

9. 单击“完成”，如图 13-41 所示。

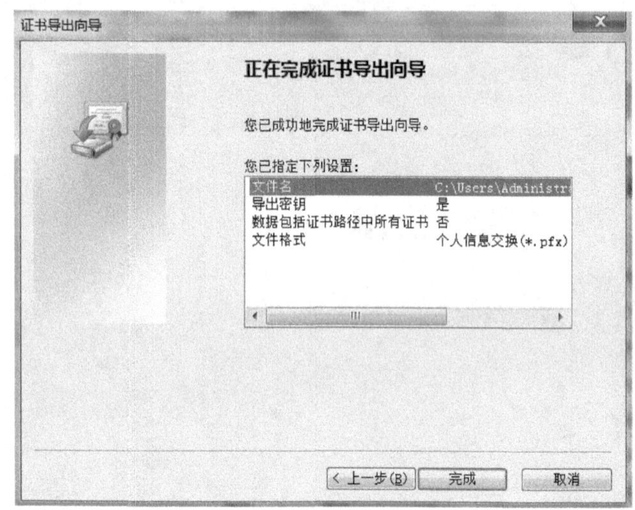

图 13-41 导出完成

10. 单击“确定”，如图 13-42 所示。

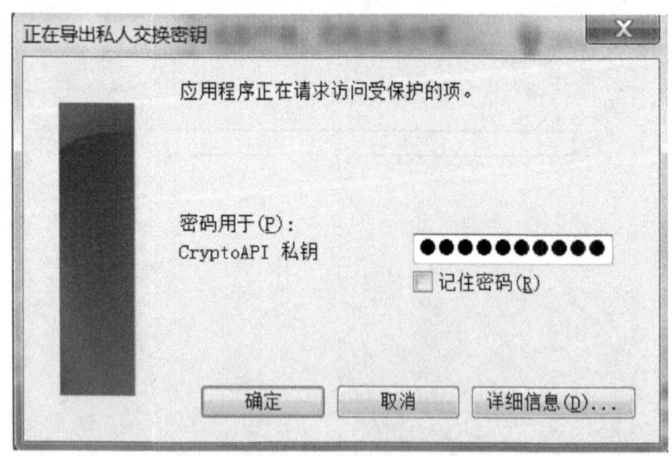

图 13-42 导出确认

11. 在桌面上找到已经保存好的“PFX”格式的数字证书，如图 13-43 所示。

图 13-43　数字证书

12. 将数字证书复制到“C：\Program Files（x86）\kairende\CA 证书控件”目录下，数字证书即可安装完成，如图 13-44 所示。

计算机 ▸ 本地磁盘 (C:) ▸ Program Files (x86) ▸ kairende ▸ CA证书控件

组织 ▾　包含到库中 ▾　共享 ▾　新建文件夹

收藏夹　下载　桌面　最近访问的位置　库　暴风影视库　视频　图片　文档　音乐　家庭组　计算机　本地磁盘 (C:)

名称	修改日期	类型	大小
Ds20Sign.dll	2014/9/21 11:16	应用程序扩展	948 KB
Ds20Sign64.dll	2014/11/1 9:27	应用程序扩展	1,491 KB
install	2016/4/15 15:49	Windows 批处理...	1 KB
npcausn.dll	2014/11/19 17:01	应用程序扩展	1,062 KB
npcax64.dll	2014/11/19 10:26	应用程序扩展	1,629 KB
ShuttleCsp11_3003.dll	2009/9/11 15:30	应用程序扩展	892 KB
Uninstall	2018/3/12 21:47	应用程序	102 KB
Uninstall	2018/3/12 21:47	配置设置	3 KB
WebPlusPrint.dll	2014/8/5 1:09	应用程序扩展	1,646 KB
数字证书	2018/3/13 15:04	Personal Inform...	3 KB

图 13-44　复制数字证书到指定目录

13. 登录中国专利电子申请网，选择“证书登录”模式，输入用户账号和证书密码，输入验证码，单击“登录在线平台”完成登录，如图 13-45 所示。

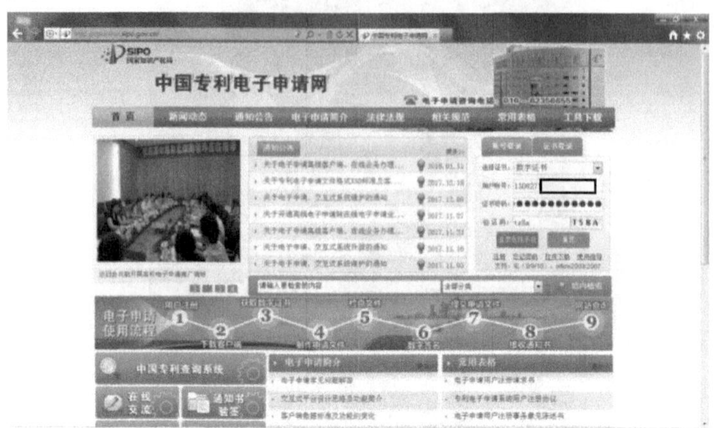

图 13-45　证书登录

（七）提交申请文件

1. 实用新型专利请求书的编辑

(1) 使用“证书登录”模式登录中国专利电子申请网之后，选择上方的“新申请办理”，再选择左侧第二项“实用新型专利申请”，然后点击右侧的“新申请办理”，如图 13-46 所示。

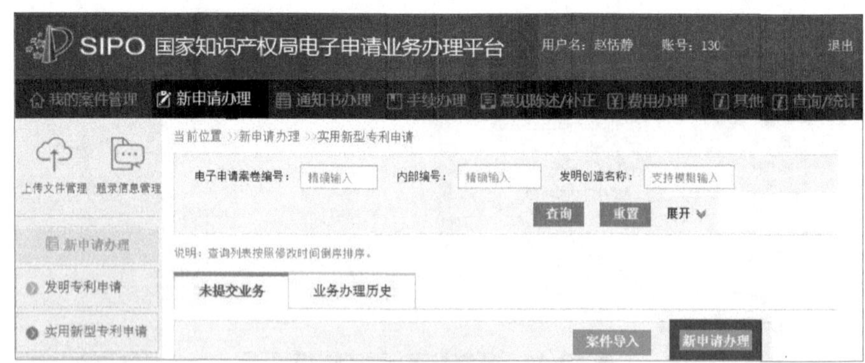

图 13-46　选择“新申请办理”

（2）按照要求填写实用新型名称，填写要求：实用新型名称应当简短，一般不得超过 25 个字，特殊情况下最多为 40 个字；请求书中的实用新型名称与说明书中的实用新型名称应当一致，如图 13-47 所示。

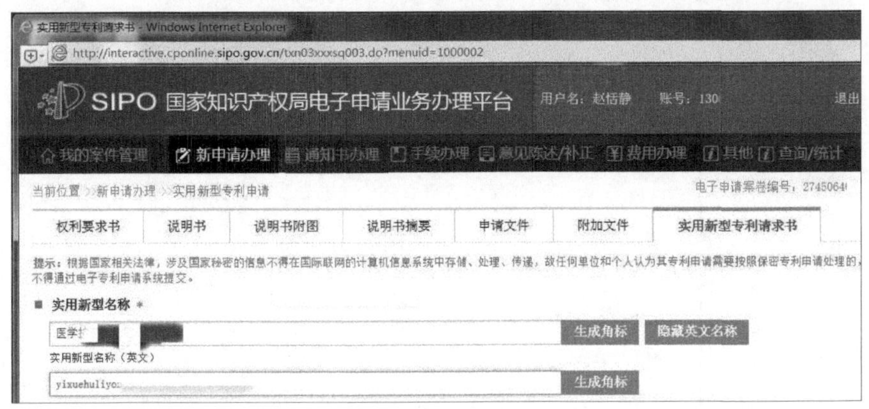

图 13-47　填写实用新型名称

（3）填写发明人等信息。发明人应当是自然人，不能填写单位或集体，如图 13-48 所示。

图 13-48　填写发明人

（4）填写申请人信息。申请人是自然人的，应当使用真实姓名；申请人是单位的，应当填写单位正式全称。非代理机构账号登录并提交新申请的，该账户对应的自然人或单位应为申请人或申请人之一。填写申请人时，姓名或名称、申请人类型、国籍或注册国家（地区）、经常居所地或营业所所在地、详细地址、邮政编码等信息为必填项。

表中所说的用户代码即电子申请用户账号，如图 13-49 所示。

新增申请人

*序号 1 序号为1即为第一申请人

*姓名或名称 代表人

姓名（英文）

用户代码

*申请人类型

证件类型

证件号码

费减请求 请求费减且已完成费减资格备案

*国籍或注册国家(地区) 中国

*经常居所地或营业所所在地

*省、自治区、直辖市

*市县

*城区（乡）、街道、门牌号

*邮政编码

电子邮箱

图 13-49 填写申请人

(5) 填写联系人信息。申请人是单位且未委托专利代理机构的应该填写联系人，并输入联系人相关信息。申请人为自然人且需要由他人代收国家知识产权局专利局所发信函的，也需要填写联系人。联系人只能是一个自然人，如图 13-50 所示。

2. *权利要求书的编辑* 选择“权利要求书”页签，打开权利要求书编辑页面进行权利要求书的内容编辑，每一项权利要求仅允许在权利要求的结尾处使用句号，并用阿拉伯数字顺序添加权利要求编号。

用户如果在 WORD 或记事本等软件上编辑权利要求书内容，直接复制粘贴到权利要求书编辑器上，并且认真检查内容格式有无错误，确认无误后点击“保存到服务器”按钮，如图 13-51 所示。

图 13-50　填写联系人

图 13-51　编辑权利要求书

3. 说明书的编辑　说明书第一页第一行应当写明发明创造的名称，该名称应当与请求书中的名称一致，并左右居中。说明书在格式上一般包括下列五个部分：技术领域、背景技术、发明内容、附图说明、具体实施方式，编辑说明书时每一部分的前面需要写明标题。

用户选择“说明书”页签，打开说明书编辑页面编辑说明书内容。在线业务办理平台的编辑器将自动规范说明书的格式，包括识别发明名称、小标题和正文内容，自动分段并编排段号。

用户如果在 WORD 或记事本等软件上编辑说明书内容，可直接复制粘贴到说明书编辑器上，并且认真检查内容格式有无错误，确认无误后点击“保存到服务器”按钮，如图 13-52 所示。

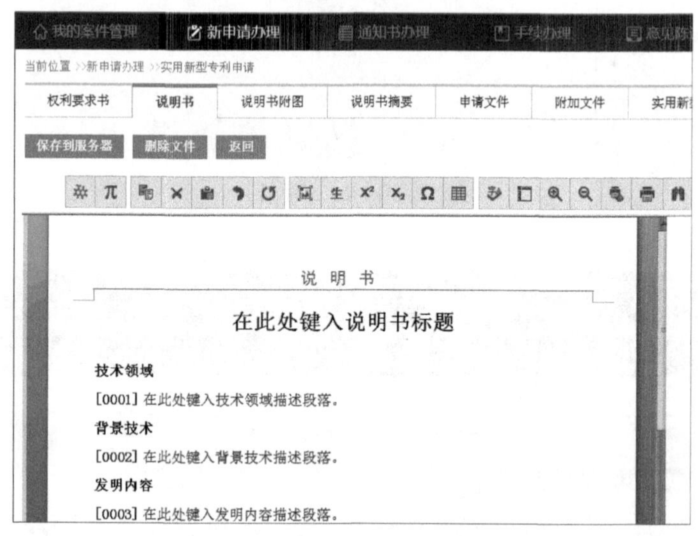

图 13-52　编辑说明书

4. 说明书附图的编辑　说明书附图应尽量竖向放置在说明书附图模板上。多幅说明书附图应当使用阿拉伯数字顺序编号。说明书附图不应为彩图，插图尺寸不能超过 165mm × 265mm。

用户选择“说明书附图”页签，打开说明书附图编辑页面，如图 13-53 所示。在编辑工具中选择“插入图片”，单击“编辑图片或照片”，如图 13-54 所示。在弹出的编辑图片或照片对话框中，单击“浏览”，找到图片存储路径，选中图片。单击“打开”“添加”，选择所需说明书附图，确认无误后点击“保存到服务器”按钮即可。

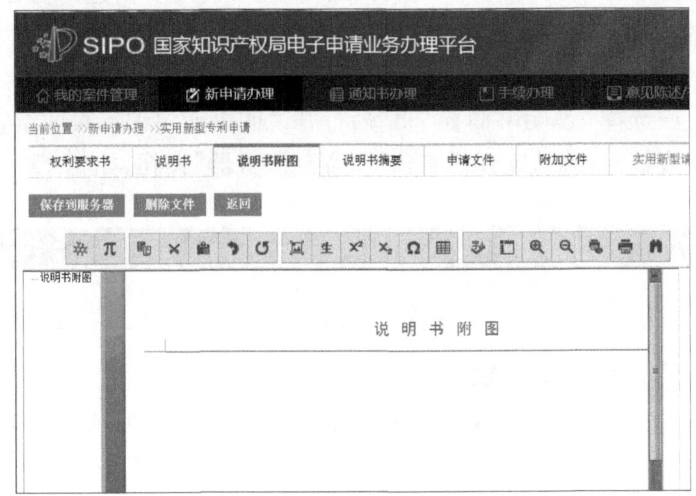

图 13-53　编辑说明书附图

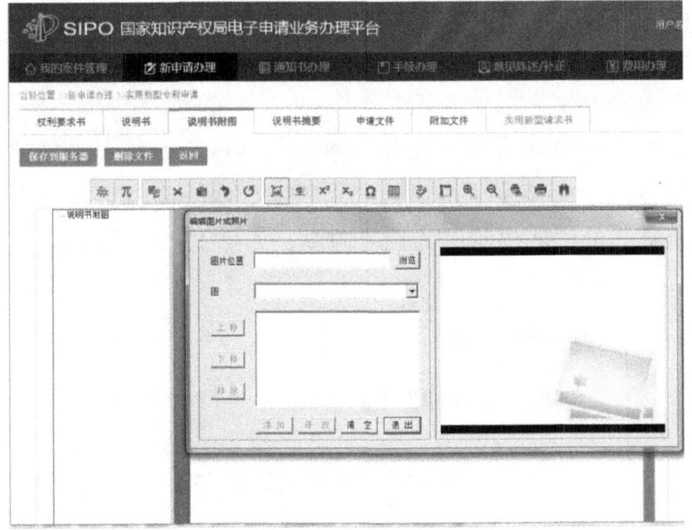

图 13-54　编辑图片或照片

5. 说明书摘要的编辑　说明书摘要应写明发明创造的名称和所属的技术领域，清楚反映所要解决的问题，以及解决问题的技术方案和主要用途。说明书摘要一般不添加标题，不超过300字。

用户选择“说明书摘要”页签，打开说明书摘要编辑页面编辑内容，认真检查核对，确认无误后点击“保存到服务器”按钮，如图13-55所示。

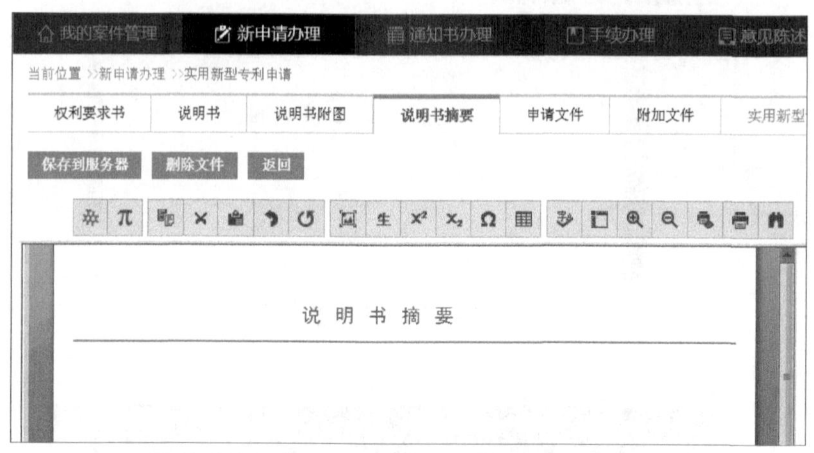

图 13-55　编辑说明书摘要

6. 摘要附图的编辑　摘要附图选择是最能说明实用新型技术方案主要特征的一幅图，应当是说明书附图中的一副。可以在专利请求书中指定具体的说明书附图为摘要附图，如图13-56所示。

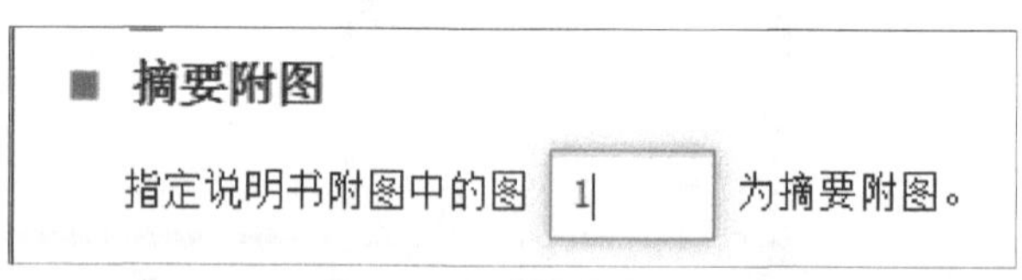

图 13-56　摘要附图的编辑

7. 申请文件的编辑　电子申请用户可以将准备好的WORD格式或PDF格式的申请文件直接导入在线业务办理平台。

用户选择“申请文件”页签，在页面右侧的下拉菜单中选择文件类型：权利要求书、说明书、说明书附图、说明书摘要；单击“上传”按钮，在弹出的对话框中找到要加载的文件，单击“打开”按钮，如图 13-57 所示。系统将自动判断导入的文件是否与该文件类型匹配，如果不匹配将提示用户；上传成功后，用户需要根据页面提示，结合实际提交的文件内容，修改权利要求书的权项数、说明书附图的附图个数等内容，其他数据项内容默认为“0”，不需要修改。上传完成后，单击“保存”按钮。

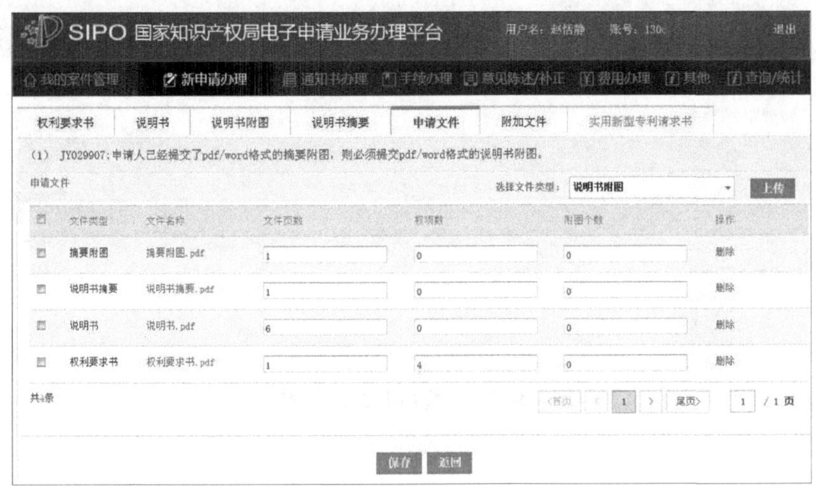

图 13-57　上传申请文件

需要注意的是，此项操作对 WORD 格式和 PDF 格式的文件是有要求的。WORD 文件不应设置密码保护、文档保护功能；PDF 文件具有打印权限，不应设置加密功能；WORD 或 PDF 文件中不应含有水印、宏命令、嵌入对象、超链接、控件、批注、修订模式等。图片大小应限定在单页内，不应包含灰度图和彩图。字符集应使用 GB18030 字符集范围以内的字符，不应使用自造字。文档页面设置应为纵向 A4 纸大小。

（八）接收通知书

使用在线办理业务申请实用新型专利的，需要注意接收相关通知书。单击“通知书办理”菜单，然后单击“通知书接收确认”子菜单，进入相应的业务办理界面，如图 13-58 所示。页面的右上方给出了查询选项,包括“申请号或其他编号”“通知书发文日”“发明创造名称”。选择任一项目查询，输入信息后单击“查询”按钮，则该申请号下所有需要确认接收的通知书都显示在下方查询结果的列表中。

图 13-58 “通知书办理”界面

二、离线电子申请流程

离线电子申请和在线业务办理大同小异，大部分步骤具有相同之处，下面对离线电子申请的操作步骤做简要介绍。

（一）电子用户注册

办理电子申请用户注册手续，获得用户代码和密码。注册方法同在线电子申请的“电子用户注册”。

（二）下载并安装客户端软件数字证书和数字证书

使用用户名和密码访问电子申请网站，登录对外服务模块，下载并安装客户端系统。下载地址为网站首页（http ：//www.cponline.sipo.

gov.cn）的“工具下载”栏。下载并安装完成后，还需根据具体环境进行网络设置。然后下载用户数字证书。下载地址为网站首页的“证书管理”栏。具体方法同在线电子申请的“安装数字证书”。

客户端可支持的软件运行环境如下：Windows XP/7 + Office 2003/2007；Windows XP 32bit + Microsoft Office 2010；Windows 7 32bit+Microsoft Office 2010；Windows 7 64bit+ Microsoft Office 2010；Windows 8 32bit（不含 RT 版）+ Microsoft Office 2003；Windows 8 32bit（不含 RT 版）+ Microsoft Office 2007；Windows 8 32bit（不含 RT 版）+ Microsoft Office 2010；Windows 8 64bit（不含 RT 版）+ Microsoft Office 2003；Windows 8 64bit（不含 RT 版）+ Microsoft Office 2007；Windows 8 64bit（不含 RT 版）+ Microsoft Office 2010。

硬件环境为保证客户端的运行速度，建议计算机内存 1G 以上。

（三）进行网络配置

打开电子申请客户端，在“系统设置”栏中打开“选项”，在弹出的对话框中点击“网络代理设置”,点击“测试”按钮。如果连接成功，则说明网络连接正常，如果连接失败，则根据本地网络环境和网络代理情况进行重新设置。

（四）客户端升级

点击系统桌面的开始菜单栏（Windows），选择“程序→E 系统（EES）升级程序→E 系统（EES）升级程序→E 系统（EES）升级程序”。在弹出的升级程序对话框中，先点击“获取更新”按钮，然后点击“软件升级”按钮，升级程序可自动完成，系统将重新启动升级程序。

也可使用离线升级方法进行升级：访问电子申请网站，打开“工具下载”栏，在工具下载列表中，选中最新日期的离线升级程序，进行下载。下载成功以后，双击该文件，在文件夹里选择 OffLineUpdate.exe。系统会显示“电子申请客户端开始更新，请稍候……”，更新成功后显示“电子申请客户端更新成功！”

（五）编辑电子申请文件

第一，用户应该先了解并学会使用电子申请客户端系统的功能，即电子申请文件制作（客户端编辑器）、案卷管理、通知书管理、数字证书管理、系统设置等功能。第二，使用客户端编辑器，“选择表格模板”进行编辑，然后“填写或修改文件内容”，最后“保存”。第三，对于普通的发明专利申请和实用新型专利申请，可以使用客户端编辑器导入部分WORD、PDF格式的文件。先在编辑器“文档”框内删除原有的模板，再点击“添加”按钮，将提前准备好的申请文件上传即可。

（六）使用数字证书签名

用户在客户端首界面的“签名”项中，选择签名证书并点击“签名”，则成功完成签名操作，文件进入待发送目录。

（七）提交文件并接收回执

用户在待发送目录下选择要提交的文件，在客户端首界面上选择“发送”，并点击“开始上传”，则文件提交成功并进入已发送目录。文件提交成功以后，用户可以接收并且查看回执，回执的内容主要包括接收案件编号、发明创造名称、提交人姓名或名称、国家知识产权局收到时间、国家知识产权局收到文件情况等。

（八）接收通知书

用户在客户端首界面上点击“接收”，选择签名证书并点击“获取列表”，选择要下载的通知书后，点击“开始下载”，即可查看该通知书。

（九）登录网站查询相关信息

首先，可进行提交案件情况查询，包括基本信息、案件提交信息、通知书信息等。其次，可进行电子发文查询，包括申请号、发明创造名称、通知书名称等。

第三节　专利电子申请的注意事项

一、电子申请的接收

申请人应该按照规定的文件格式、数据标准、操作规范和传输方式提交电子申请文件。符合规定的，发出文件接收情况的电子申请回执；不符合规定的，不予接收。新申请文件可以是 XML、WORD、PDF 三种格式的文件。

（一）XML 文件格式要求

使用客户端直接保存成功的 XML 文件是符合文件格式规范的。如果有些用户选择自己生成 XML 格式的文件，则应注意以下要求。

1. 字符集 编辑 XML 文件时，应使用 GB18030 字符集范围以内的字符，不应使用自造字。

2. 图片 XML 文件引用的图片格式应该为 JPG、TIF 两种格式；说明书附图的图号应该以文字的形式来表示，不应包含在图片中；外观图片或照片大小不应超过 150mm × 220mm，其他图片大小不应超过 165mm × 245mm；图片或照片分辨率应为 72 ～ 300DPI。

3. 表格 XML 文件中的 N × M 表格及表头有合并单元格的表格，可以用编辑器编辑提交，其他表格应以图片方式提交。

4. 数学公式和化学公式 XML 文件中的数学公式和化学公式应以图片方式提交。

5. 段号和权项号 新申请 XML 文件中的说明书段号和权项号由系统自动生成。申请后提交的 XML 格式文件说明书应以 4 位数字编号；权利要求书权项号应以阿拉伯数字编号。

（二）WORD、PDF 文件格式要求

1. 字符集 应使用 GB18030 字符集范围以内的字符，不应使用自造字。

2. 图片 图片大小应限定在单页内，不应包含灰度图和彩图。

3. 文件范围 发明专利申请和实用新型专利申请的权利要求书、说明书、说明书摘要、摘要附图、说明书附图等，可以提交 WORD、PDF 格式文件。

4. 版本 WORD 文件应为 2003、2007 版本的 doc 和 docx 文件；PDF 文件应为符合 PDF Reference Version 1.3（含）以上版本的文件。

5. 权限 WORD 文件不应设置密码保护、文档保护功能。PDF 文件应具有打印权限，不应设置加密功能。

6. 版式要求 说明书不应添加任何形式的段落编号，文档页面设

置应为纵向 A4 纸张大小。

7. *其他要求* WORD、PDF 文件中，不应含有水印、宏命令、超链接、批注、控件、嵌入对象、修订模式等。

二、电子申请递交日和申请日的确定

1. *递交日的确定* 以国家知识产权局专利电子申请系统收到电子文件之日为递交日。

2. *申请日的确定* 以国家知识产权局完整收到符合专利法及其实施细则规定的专利申请文件之日为申请日。

三、需要提交纸件原件的文件

申请人提出的电子申请被受理后，不代表申请人向专利局提交的所有文件都可以电子文件形式提交。对《专利法》《专利法实施细则》和《专利审查指南》中规定的必须以原件形式提交的文件，如费用减缓证明、专利代理委托书、著录项目变更证明和复审及无效程序中的证据，应当在《专利法》《专利法实施细则》和《专利审查指南》中规定的期限内提交纸质原件。其中，申请专利时提交费用减缓证明的，申请人还应当同时提交费用减缓证明纸质原件的扫描文件。

四、纸件申请转电子申请

在线电子申请不能转为纸件申请，但是纸件申请可以转为电子申请。纸件申请转为电子申请时必须符合以下两个条件：①申请是纸件申请；②申请不应当是保密申请。这里所说的保密申请既包括经审查确定的保密申请，也包括提出保密申请尚未完成保密审查的及发明或实用新型处于保密挑选阶段的专利申请。

对于提交纸件申请转为电子申请的请求人也是有要求的。对于未委托代理机构的纸件申请，纸件申请转为电子申请请求的提交人应当是专利申请的申请人或代表人；对于已经委托代理机构的纸件申请，纸件申请转为电子申请请求的提交人应当是代理机构。

纸件申请转为电子申请请求书单独构成一个独立请求，不能与其他类型的文件在一个案卷包内进行提交。未委托专利代理机构的纸件申请，电子申请注册用户应当使用电子申请客户端提交纸件申请转电子申请请求书；已委托专利代理机构的纸件申请，代理机构应当使用电子申请客户端提交纸件申请转电子申请请求书，或使用电子申请网站提交纸件申请转电子申请表格。具体操作步骤详见中国专利电子申请网站首页“帮助文档”中的《纸件申请转电子申请介绍》。

五、在线业务办理的其他注意事项

1. 申请人为两人或两人以上的，且未委托专利代理机构的，以在线提交电子申请的申请人为其代表人。

2. 在线电子申请不能转为离线电子申请，也不能转为纸件申请。

3. 在线业务办理平台暂不支持办理专利审查高速路（PPH）业务，以及办理复审和无效宣告请求的业务。

4. 在线业务办理平台暂不支持 USB-KEY 硬证书登录及使用。

5. 国家知识产权局经审查认定在线电子申请涉及国家安全或重大利益需要保密的，则将该专利申请转为纸件形式继续审查并且通知申请人。申请人在后续过程中应以纸件形式提交各种文件。

6.《专利法》《专利法实施细则》和《专利审查指南》中关于专利申请和相关文件的所有规定，除专门针对以纸件形式和离线电子申请形式提交的专利申请和相关文件的规定之外，均适用于在线电子申请。

六、电子申请相关帮助指导

1. *电子申请用户手册*　描述了电子申请的详细操作步骤，可在电子申请网站下载。

2. *电子申请网站*　电子申请网站上提供了许多帮助性文件，社会公众可在该网站上下载相关资料。此外，社会公众可以在“在线咨询”栏提出具体问题，国家知识产权局工作人员会及时予以解答。

3. *电子申请客户端帮助*　在客户端的“帮助主题”中可以查看《用户手册》。同时，客户端软件提供了辅助校验的功能，对于不符合校验规则的申请文件，保存和签名时会提示校验信息。

4. 电子申请咨询服务　电话咨询：010-62356655；邮件咨询：cponline@sipo.gov.cn；在线咨询：http：//www.cponline.gov.cn/。

第四节　网上缴费流程和注意事项

《中华人民共和国专利法实施细则》第九十四条规定："专利法和本细则规定的各种费用，可以直接向国务院专利行政部门缴纳，也可以通过邮局或者银行汇付，或者以国务院专利行政部门规定的其他方式缴纳。"国家知识产权局第172号公告《关于专利申请人和专利权人缴纳专利费用的公告》、第180号公告《关于国家知识产权局专利局开通对公账户网上缴费业务的公告》明确了网上缴费这种新的缴纳专利费用的方式与直接缴纳、邮局汇付或银行汇付具有同等的法律效力。网上缴费方式为电子申请用户提供了便利，实施起来方便可靠。

一、网上缴费系统

网上缴费系统是国家知识产权局通过中国专利电子申请网站(http://cponline.sipo.sov.cn)，提供给电子申请用户查询应缴费用、填写缴费清单、生成订单并利用第三方支付平台（银联在线支付）完成实际支付的系统。

二、适用范围

1. 适用对象　专利费用网上缴费系统适用于所有电子申请的注册用户。

2. 适用支付方式

（1）个人用户：可以选择使用银行卡支付的方式，只要拥有一张带"银联"标识并且在相应银行开通了网上支付功能的银行卡，就可以在网上缴费系统中进行专利相关费用的网上支付。

（2）机构用户：可以使用对公账户支付的方式，目前支持对公账户支付的银行共18家，分别为中国银行、中国建设银行、中国农业银行、中国工商银行、交通银行、中信银行、中国光大银行、招商银行、兴业银行、华夏银行、中国民生银行、徽商银行、平安银行（原深圳发展银行）、浦发银行、河北银行、天津银行、东亚银行、广东发展银行（实际支持银行以银联在线支付平台显示为准）。

3. 适用的费用种类　目前，使用网上缴费系统可以缴纳两大类费用：普通国家申请的费用和 PCT 首次进入国家阶段以 PCT 国际申请号缴纳的费用。

普通国家申请的费用包括申请费、申请附加费、公布印刷费、优先权要求费、发明专利申请实质审查费、复审费、专利登记费、公告印刷费、年费、恢复权利请求费、延长期限请求费、著录事项变更费、专利权评价报告请求费、无效宣告请求费。

PCT 首次进入国家阶段以 PCT 国际申请号缴纳的费用包括申请费、申请附加费、公布印刷费、优先权要求费、发明专利申请实质审查费、宽限费、改正译文错误手续费、单一性恢复费。

4. 适用的缴纳时间

（1）银行卡支付：对所有的银行卡均支持 7 个工作日 24 小时的支付服务。

（2）对公账户支付：目前支持的银行中，除了中国银行仅支持 5 个工作日 8 小时的支付服务外，其余银行均支持 7 个工作日 24 小时的支付服务（对公账户支付银行服务时间以银行公布的时间为准）。

三、网上缴费的流程

使用网上缴费系统进行缴费之前，必须做好充分的准备。推荐使用的浏览器版本为 IE7.0 简体中文版本，使用其他非 IE 内核浏览器或非简体中文版可能会导致缴费信息出现乱码，从而影响网上缴费的进度。使用之前，应当关闭浏览器的弹出窗口阻止程序，否则生成订单后无法链接银联支付页面。Excel 版本推荐使用 Excel 2003 版本。另外，使用支付功能的银行卡必须开通网上支付功能，可以登录银联在线支付帮助中心提前查询银行卡的支付限额。

（一）下载模板

1. 打开中国专利电子申请网站，点击“工具下载”，如图 13-59 所示。

图 13-59　点击“工具下载”

2. 在下载列表页面选择“网上缴费模板文件”进行下载，如图 13-60 所示。

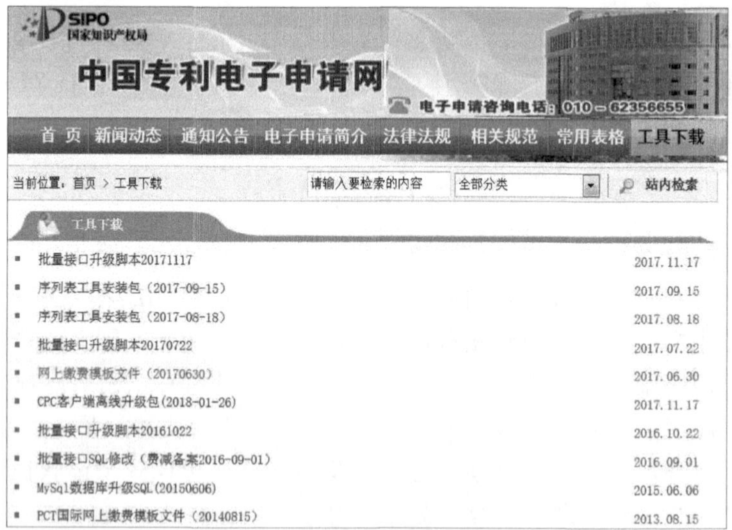

图 13-60　下载网上缴费模板文件

3. 下载完成后，将压缩文件解压，可以看到“PCT 首次进入支付模板”和“国内申请号支付模板”两个文件，如图 13-61 所示。

图 13-61　解压压缩文件

4. 打开“国内申请号支付模板”，如图 13-62 所示。缴费模板的第二行是不需要填写的，本行主要用于金额的汇总。不用输入序列号，在第三行输入国内申请号，不用输入申请号中的小数点。

序列号	申请号	缴费人姓名	费用名称	金额
0				¥0.00
				#N/A
				#N/A
				#N/A
				#N/A
				#N/A
				#N/A
				#N/A
				#N/A
				#N/A

图 13-62　填写支付模板

缴费人姓名应当输入需国家知识产权局专利局出具的专利收费收据的抬头，与实际的支付人、填表人、电子申请注册用户等均没有必然联系。在选择具体的费用名称后，若选择的费用名称有唯一的缴纳标准，如外观设计申请费，在金额栏会自动弹出该费用名称的标准金额；如果有费用减缓或只缴纳其中一部分费用，需要手动修改金额。单击“金额”单元格，直接输入数字后敲回车键即可。

模板中每一行只能填写一个申请号下的一笔费用，如果同一个申请号下需要缴纳多笔费用，则需要填写多行，但同一个申请号只能对应同样的缴费人姓名。填写完后点击“保存”,系统会自动弹出对话框，选择格式为“xls”，然后点击保存即可。

（二）导入模板

1. 登录中国专利申请网站，选择“网上缴费”，如图 13-63 所示。

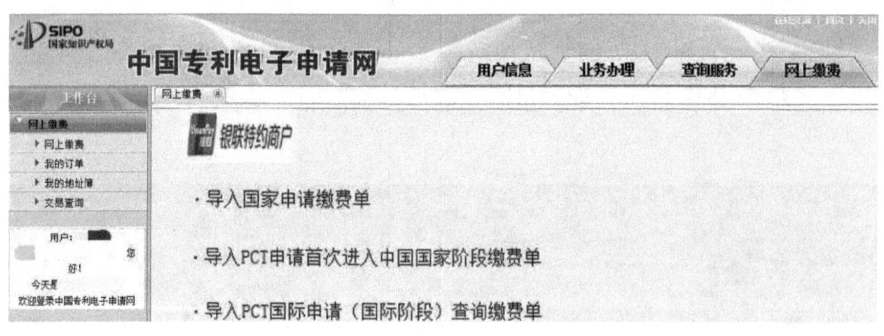

图 13-63 网上缴费

2. 第一次点击网上缴费时，需签署《关于通过中国专利电子申请系统缴纳专利费用的公告》，如图 13-64 所示。

3. 在网上缴费主页面选择“导入国家申请缴费单”，如图 13-65 所示。

4. 点击下拉框选择模板文件，点击“导入”将模板导入系统中，如图 13-66 所示。

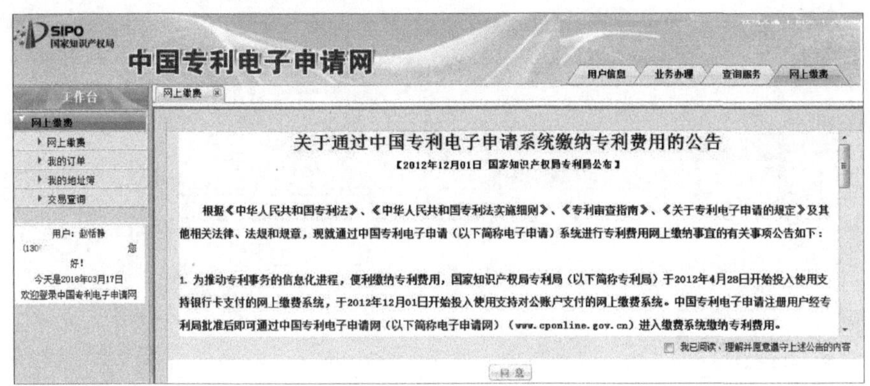

图 13-64 签署公告

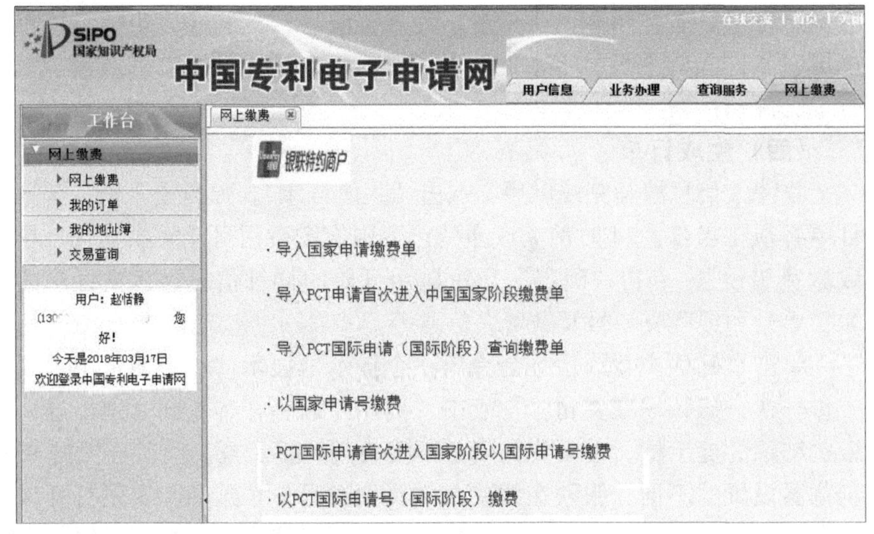

图 13-65 导入国家申请缴费单

（三）填写缴费人信息

按要求填写缴费人信息，地址信息可通过常用地址直接选择，也可选择“其它信息”填写新的地址，“收件人省 / 直辖市”“收件人市 / 区 / 县”可以通过下拉框进行选择。“收据接收人地址”直接填写具体

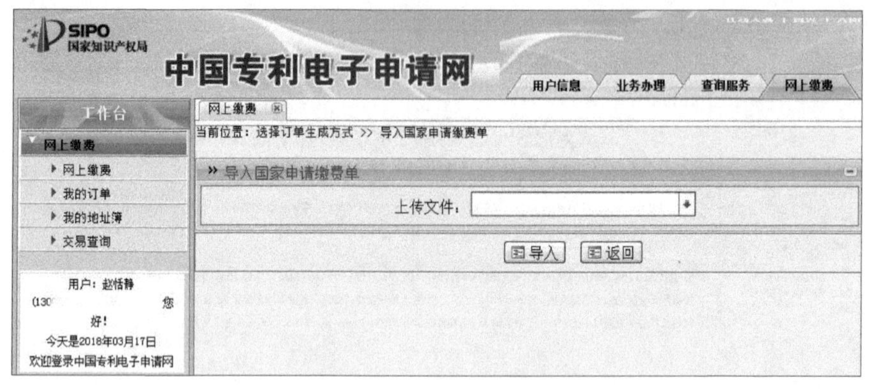

图 13-66 导入缴费模板

的街道地址，省、市和区县信息，无须重复填写。收件人电话号码可以填写收件人的手机号码，也可以填写固定电话。缴费方式选择“银行卡支付”。

（四）生成订单

收件人信息填写完成以后，点击“生成订单”。弹出提示框“该笔订单必须在当日、24 时前完成缴费，否则应缴费用可能发生变化，导致缴费错误”。点击“确定”后，显示订单的详细信息。包括订单的缴费单号和银联交易号及缴费人信息等。

单击“确认交款”后，会弹出一个提示框显示“一个缴费单只限支付一次，确认现在支付？”点击“确定”后，在本页面会弹出确认缴费结果的提示框，在缴费完成前不要关闭此提示框。同时，根据 IE 浏览器设置的不同，银联在线支付的页面在另一个选项卡页签打开或者在另一个弹出窗口打开。点击切换到银联在线支付的页面（银行卡支付）或对公支付平台的主页面（对公账户支付）。选择自己需要支付的银行，点击“到网上银行支付”，跳转到相应的银行页面。在银行的支付页面填写卡号、密码、校验码等信息后，完成实际支付。

支付完成以后，回到网上缴费页面确认支付结果。根据实际的支付状态，点击相应的选项。如果支付成功，则点击“支付已完成”，页面就会显示订单状态及缴费日。

在网上缴费的主页面选择“我的订单”进入订单查询页面，通过缴费单号、订单状态和订单创建时间等条件进行筛选，点击“查询”将显示订单列表。选择某条具体的订单，点击“查看”按钮可以查看相关订单信息。

四、网上缴费的注意事项

（一）缴费日的确定

网上缴费的缴费日是以网上缴费系统收到的银联在线支付平台反馈的实际支付时间所对应的日期来确定的。尽量在每日 23：30 之前使用网上缴费系统完成专利费用的缴纳，不要在 00：00 前后操作，避免因网络原因导致的缴费日落在订单生成日的第二天，进而影响专利费用的正常缴纳。

（二）网上缴费的效力

网上缴费与直接缴纳、邮局汇付或银行汇付具有同等的法律效力。缴纳专利费用的标准、要求等均与现行缴费方式相同。

（三）填写缴费订单时对文字和符号的要求

缴费人姓名、收件人姓名和收件人地址不应是繁体字、全英文、其他外文及非法符号，可以允许的符号为 •、()、&、－、空格。

填写缴费订单时应该输入完整准确的申请号。国内申请号不用输入申请号中的小数点，PCT 国际申请还应该选择专利类型。

（四）查询应缴费用时的注意事项

以国家申请号缴费，应缴费用里包含的滞纳金中显示的是滞纳金的最大金额，请根据缴费通知书或根据申请日自行计算，从“可选费用”中按实际缴纳时间对应的滞纳金金额缴纳费用。应缴费用包含所有年度的年费信息，只选择需要缴纳的年费信息即可。一次最多可缴纳两年的年费。

（五）关于费用更正

缴纳同一专利申请费用时，费用种类填写错误的，缴纳该款项的当事人可以在缴纳期限内提出转换费用种类请求，并且附上相应证明，包括网上缴费系统中支付成功的订单信息或国家知识产权局专利收费收据复印件，经专利局确认后可以对费用种类进行转换。但不同申请号（或专利号）之间的费用不能转换。

（六）网上缴费成功后的注意事项

使用网上缴费系统成功支付后，不能撤销支付，一旦支付成功，网上缴纳专利费用的手续就已经全部完成。

对于多缴、重缴、错缴的专利费用，可以自缴费日起三年内，向国家知识产权局提出退款请求，自缴费日起三年后请求退款的则不予退款。退款请求人应当为缴费人本人。申请人（或专利权人）、专利代理机构作为非缴费人请求退款的，应当声明是受缴费人委托办理退款手续。

（七）其他注意事项

1. 新申请受理后，缴纳申请阶段费用时应以缴纳申请费通知书或费用减缓审批通知书为准。

2. 以国家申请号缴费，应缴费用里包含的滞纳金中显示的是滞纳金的最大金额，请根据缴费通知书，从自选费用中按实际缴纳时间对应的滞纳金金额缴纳费用。

3. 应缴费用包含所有年度的年费信息，这时可以先点击表示全选的复选框，将所有选中的应缴数据改为不选中，然后点击需要缴纳的年费信息即可。

4. 应缴费用中若包含过期费用，需根据实际情况判断是否在恢复期内，若在恢复期内，应自行选择缴纳恢复费；若应缴恢复费已过期，则案件已有法律后果且无法恢复。

5. 国内申请号支付模板中若申请号填写不正确，PCT 首次进入支付模板中，若申请号不符合格式要求或未选择专利类型，则导入时会提示错误信息。

6. 模板中同一申请号只能对应同一缴费人，若对应不同缴费人，则导入时会提示错误信息。

7. 复制订单功能仅用于对当天支付失败的订单进行支付。每日 24 时将对当天所有未支付或支付失败的订单进行失效处理。

参 考 文 献

国家知识产权局专利局初审及流程管理部，2017. 专利电子申请使用指南 [M]. 北京：知识产权出版社.

国家知识产权局专利局自动化部、国家知识产权局专利局初审及流程管理部，2017. 专利申请在线业务办理平台实用指南 [M]. 北京：知识产权出版社.

国务院，2010. 中华人民共和国专利法实施细则 [Z].

全国人大常委会，2008. 中华人民共和国专利法 [Z].

尉伟敏，孟建土，2010. 企业专利申请实务 [M]. 北京：知识产权出版社.

第 14 章

专利申请审批程序

国家知识产权局根据申请人提交的专利申请文件，按照既定的法定程序和原则予以统一受理和审查，对符合条件的依法授予专利权。为了更快更顺利地获得专利权，申请人应该了解专利审批程序，从而按照程序流程和有关要求提交各项文件。本章主要介绍专利申请审批程序。

第一节　专利审批流程

依据《专利法》，发明专利申请的审批程序包括受理、初审、公布、实审及授权五个阶段。实用新型或者外观设计专利申请在审批中不进行早期公布和实质审查，只有受理、初审和授权三个阶段。

1. 发明专利审批流程图　见 14-1。

2. 实用新型专利和外观设计专利审批流程图　见 14-2。

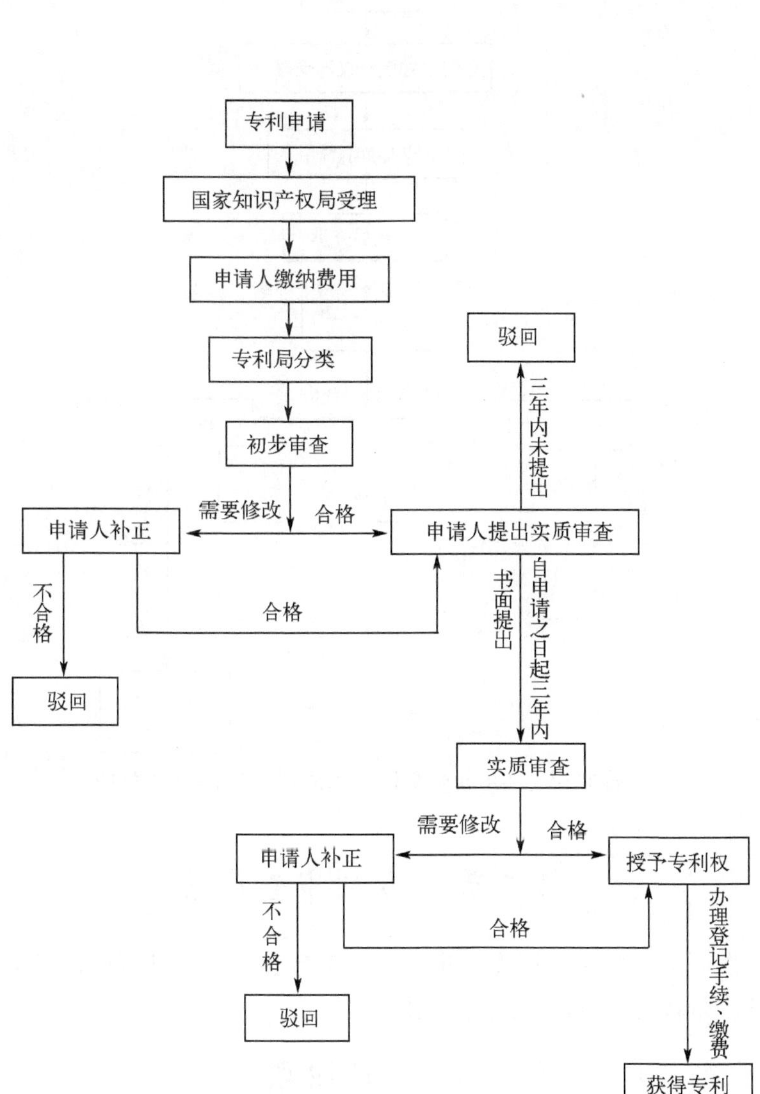

图 14-1　发明专利审批流程图

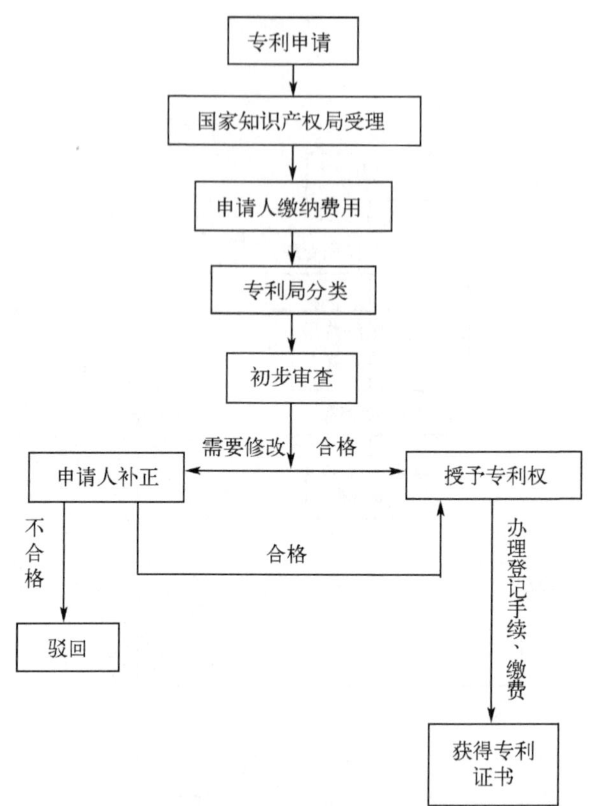

图 14-2 实用新型专利和外观设计专利审批流程图

第二节 专利审查内容

发明或者实用新型专利申请授权都有各自的审批程序，本节主要对各个阶段的审查内容进行介绍。

一、受理阶段

专利申请受理是指专利局受理处和专利局代办处受理专利申请及其他有关文件。未经过受理登记的文件不得进入审批程序。专利局设置受理处，并开设受理窗口，申请人可邮寄申请文件、电子申请或者直接去受理窗口进行办理。

（一）受理条件

不管采用怎样的投递方式，申请文件必须齐全，必须满足以下条件，即根据《专利法》第二十六条规定："申请发明或者实用新型专利的，应当提交请求书、说明书及其摘要和权利要求书等文件。"

申请文件中必须有请求书，请求书中要清楚地写出专利的类型，并且写明申请人姓名和地址等，由代理公司代理的必须写明代理机构名称或者代理人姓名和地址等信息；发明专利的文件中必须有说明书和权利要求书，实用新型专利申请文件中必须有说明书、说明书附图和权利要求书，外观设计专利申请文件必须有图片或照片，辅以简要说明。各个申请文件需按照国家知识产权局制定的统一的模板和规定的格式进行撰写，文件中字迹清楚，附图线条明显清晰，纸张整洁，无污渍、无涂改等。

（二）不受理条件

专利局根据相应的法律文件条文对所有专利申请进行审核，决定是否受理。不予受理的条件也相当多，护理人员常见的问题有发明或者实用新型专利缺少请求书、说明书或权利要求书的；实用新型专利缺少说明书附图的；外观设计缺少照片或图片的，以上情形专利局受理处必须否决。此外，还包括未按照国家知识产权局规定要求格式进行书写的；申请书中缺少申请人姓名或单位名称的等。

（三）受理程序

按照规定，专利申请符合受理条件的要予以受理，按照以下程序进行：确定收到日、核实文件数量、确定申请日、给出申请号、记录邮件挂号号码、审查费用减缓请求书、采集与核实数据、发出通知书、扫描文件。在受理程序中有以下两个部分值得护理人员注意。

1. *确定申请日*　由国家知识产权局受理处根据递交形式确定，向国家知识产权局受理处窗口直接递交的专利申请，以收到日为申请日；通过邮局邮寄递交的专利申请以信封上的寄出邮戳日为申请日；通过速递公司递交到专利局受理处的专利申请以收到日为申请日。申请日是一个重要的时间点，申请人一定要清楚知道自己申请专利的申请日，这在实际操作中有重要的意义。例如，在审查专利新颖性时，《专利法》所称的现有技术和现有设计，是指申请日以前在国内外为公众所知的技术、设计，是以申请日为时间截点的；发明和实用新型专利专利权的期限均自申请日起计算；专利年度费用也是从申请日起算。综上所述，申请日是一个重要的时间概念，是专利申请、保护和维权的重要证明时间点。

2. *审查费用减缓请求书*　根据2016年9月1日开始施行的《专利收费减缴办法》规定，符合条件的单个申请人（个人或单位）减缴规定收费的85%；符合条件的共同专利申请人或共有专利权人（两个或两个以上的个人或单位），减缴规定收费的70%。所以，专利局审查员在审查专利申请的同时，要对提交的费用减缓请求书进行审查，作出费用减缓审批决定，并在请求书上注明相应标记。我们在申请专利时可以根据《专利收费减缴办法》，查看自己是否符合费用减缴条件，如果符合申请的，可以按照相关规定及时提交费用减缓请求书。

（四）查询

专利局受理处设置收文登记簿。除当事人能提供专利局或专利局代办处的收文回执或受理通知书外，以收文登记簿的记载为准。查询时效为一年，自提交该文件之日起算。

二、初步审查

发明、实用新型和外观设计专利都有初审阶段。根据《专利法》第三十四条规定，国务院专利行政部门收到发明专利申请后，经初步审查认为符合本法要求的，自申请日起满十八个月，即行公布。国务院专利行政部门可以根据申请人的请求早日公布其申请。根据《专利法》第四十条规定，实用新型和外观设计专利申请经初步审查没有发现驳回理由的，由国务院专利行政部门作出授予实用新型专利权或者外观设计专利权的决定，发给相应的专利证书，同时予以登记和公告。实用新型专利权和外观设计专利权自公告之日起生效。实用新型和外观设计专利申请的初步审查是受理实用新型专利申请之后、授予专利权之前的一个必要程序。本书第15章主要对专利审查进行详细介绍，本节只做简要介绍。

（一）初步审查范围

发明、实用新型和外观设计专利都是根据《专利法》和《专利法实施细则》的相关内容进行初步审查。

首先，对申请文件的形式进行审查，是否符合《专利法》第二十六条规定的申请文件等其他的条文规定；其次，对申请文件的明显实质性缺陷审查，包括专利申请是否明显属于《专利法》第五条、第二十五条规定的情形，是否符合《专利法》第十八条、第十九条第一款、第二十条第一款等其他的条文规定；最后，对有关费用的审查，包括专利申请是否按照《专利法实施细则》第九十三条、第九十五条、第九十六条、第九十九条的规定缴纳了相关费用。

（二）初步审查原则

初步审查程序中，专利局审查员应遵循以下审查原则。

1. 保密原则　根据有关保密规定，对于尚未公布、公告的专利申请文件等或相关事宜，审查员负有保密责任。

2. 书面审查原则　应当以申请人提交的书面文件为基础进行审查，初步审查程序中，原则上不进行会晤。

3. 听证原则　作出驳回决定之前，应当将驳回所依据的事实、理由和证据通知申请人，至少给申请人一次陈述意见和（或）修改申请文件的机会。审查员作出驳回决定时，应当是已经通知过申请人的。

4. 程序节约原则　在符合规定的情况下，审查员应当尽可能提高审查效率，缩短审查过程。

（三）初步审查程序

发明和实用新型与外观设计的初步审查程序不一样，发明在初步审查后进行公布，然后进入下一步的实质审查，再根据审查结果决定是否授予专利权；实用新型和外观设计专利在初步审查没有发现驳回理由的，应授予专利权。由此可见，三者审查的步骤和形式不一样。一般情况下，程序初步审查主要包括申请文件的形式审查、明显实质性缺陷的处理、通知书的答复、申请的驳回、特殊专利申请的初步审查，以及其他文件和相关手续的审查。

三、公　　布

发明专利申请公布是指国家知识产权局将请求书中记载的著录事项和说明书的摘要刊登在发明专利公报上，并将发明专利申请的说明书及其附图和权利要求书另行全文出版。我国《专利法》规定，申请实用新型专利、外观设计专利在初步审查通过，进行授权公告时予以公布；但在申请发明专利时，规定在申请日起满十八个月进行公布。发明专利需要通过实质审查，审查周期长，如果在实质审查通过后再进行公布就有可能导致对同一问题进行重复研究和重复申请。

公布时间的早晚对申请人来说各有利弊。有些发明人在一定时候也希望能早日公布，如果申请人自己的某种产品即将上市，为了防止他人模仿，申请人可以要求尽早公布获得所谓的“临时保护”。但是，如果申请人在申请专利时，遇到各种各样的原因需要撤回申请，此时没有公布，对于发明人来说此项技术还处于一种保密状态，如果过早公布则申请人在撤回时其技术已经公开，发明人不能再次以相同的内容获得专利保护。有些申请人希望晚一些公布，以有足够的时间来确定此项技术是否要公布。为了平衡这些利益，我国根据国际惯例规定公布专利时间为申请日起十八个月。

四、实质审查

实质审查是指国家知识产权局对发明专利的申请文件进行仔细研究,对要求保护的发明进行检索,确定该申请是否符合《专利法》和《专利法实施细则》的规定，特别是有关专利法的规定，最终作出是否授予专利权的决定。

根据《专利法》第三十五条的规定：“发明专利申请自申请日起三年内，国务院专利行政部门可以根据申请人随时提出的请求，对其申请进行实质审查；申请人无正当理由逾期不请求实质审查的，该申请即被视为撤回。”国务院专利行政部门认为有必要的时候，可以自行对发明专利申请进行实质审查。对发明专利申请进行实质审查的目的在于确定发明专利申请是否应当被授予专利权，特别是确定其是否符合《专利法》有关新颖性、创造性和实用性的规定。根据《专利法》第三十九条的规定："发明专利申请经实质审查没有发现驳回理由的，由国务院专利行政部门作出授予发明专利权的决定，发给发明专利证书，同时予以登记和公告。发明专利权自公告之日起生效。"

（一）实质审查原则

1. *请求原则*　除《专利法》及《专利法实施细则》另有规定外，实质审查程序只有在申请人提出实质审查请求的前提下才能启动。审查员只能根据申请人依法正式呈请审查（包括提出申请时、依法提出修改时或答复审查意见通知书时）的申请文件进行审查。

2. *听证原则*　在实质审查过程中，审查员在作出驳回决定之前，应当给申请人提供至少一次针对驳回所依据的事实、理由和证据陈述意见和（或）修改申请文件的机会，即审查员作出驳回决定时，驳回所依据的事实、理由和证据应当在之前的审查意见通知书中已经告知过申请人。

3. *程序节约原则*　在对发明专利申请进行实质审查时，审查员应当尽可能地缩短审查过程。换言之，审查员要设法尽早结案。因此，除非确认申请根本没有被授权的前景，审查员应当在第一次审查意见通知书中，将申请中不符合《专利法》及《专利法实施细则》规定的所有问题通知申请人，要求其在指定期限内对所有问题给予答复，尽量减少与申请人通信的次数，以节约程序。

（二）实质审查内容

实质审查主要包括以下内容：申请专利的主题是否属于《专利法》和《专利法实施细则》规定的不能授予专利权的范围内；申请专利的主题是否违反国家法律、社会公德等；根据申请文件内容进行深度检索，判断发明专利申请保护的技术方案是否具有新颖性、创造性和实用性；说明书是否对申请所要求保护的发明进行了清楚、完整的说明，使所属技术领域人员能够实现；权利要求书是否清楚和简要地表达了请求保护的范围，权利要求书是否以说明书为依据等。

五、授　　权

（一）授予专利权通知

根据《专利法》第三十九条、第四十条规定："发明专利申请经实质审查没有发现驳回理由的，由国务院专利行政部门作出授予发明专利权的决定，发给发明专利证书，同时予以登记和公告。发明专利权自公告之日起生效。实用新型和外观设计专利申请经初步审查没有发现驳回理由的，由国务院专利行政部门作出授予实用新型专利权或外观设计专利权的决定，发给相应的专利证书，同时予以登记和公告。实用新型专利权和外观设计专利权自公告之日起生效。"在授予专利权之前，专利局应当发出授予专利权的通知书。

（二）办理登记手续通知

根据《专利法实施细则》第五十四条规定："国务院专利行政部门发出授予专利权的通知后，申请人应当自收到通知之日起 2 个月内办理登记手续。申请人按期办理登记手续的，国务院专利行政部门应当授予专利权，颁发专利证书，并予以公告。期满未办理登记手续的，视为放弃取得专利权的权利。"

（三）登记手续

根据《专利法实施细则》第九十七条规定："申请人办理登记手续时，应当缴纳专利登记费、公告印刷费和授予专利权当年的年费；期满未缴纳或者未缴足的，视为未办理登记手续。"同时还应当缴纳专利证书印花税。

（四）颁发专利证书、登记和公告授予专利权

申请人在规定期限之内办理登记手续的，专利局应当颁发专利证书，并同时予以登记和公告，专利权自公告之日起生效。申请人办理登记手续后，专利局应当制作专利证书，进行专利权授予登记和公告授予专利权决定的准备。

以上简要介绍了发明专利、实用新型专利和外观设计专利申请的审批程序，申请人必须熟悉每一个审批程序的阶段要求，根据要求及时提交相应文件和补正文件，并根据专利局通知及时办理相关登记和

缴费手续，以免耽误申请专利的及时授权。

参考文献

国家知识产权局，2010. 专利审查指南 [M]. 北京：知识产权出版社.

国务院，2010. 中华人民共和国专利法实施细则 [Z].

全国人大常委会，2008. 中华人民共和国专利法 [Z].

吴观乐，2013. 发明和实用新型专利申请文件撰写案例剖析 [M]. 北京：知识产权出版社.

赵敏，史晓凌，2016.TRIZ 入门及实践 [M]. 北京：科学出版社.

第15章

专利审查

任何一项发明创造完成之后都不会自动取得专利权。自专利制度产生以来，专利权都需要按照法定程序，经过国家主管机关审查核准后依法授予。专利申请的审查分为初步审查和实质审查。

第一节　专利申请初步审查

专利申请人按规定交纳申请费后，申请自动进入初步审查阶段。这是申请发明专利、实用新型专利和外观设计专利流程中的必经程序。经初审合格后，实用新型专利和外观设计专利申请即可核准，予以授权，发明专利申请进入等待公布阶段。

一、初步审查的范围

1. 申请文件的形式审查，包括专利申请是否包含《专利法》第二十六条规定的申请文件，以及这些文件格式上是否明显不符合《专利法实施细则》的相关规定。

2. 申请文件的明显实质性缺陷审查，包括专利申请是否明显属于《专利法》第五条、第二十五条规定的情形，是否不符合《专利法》第十八条、第十九条第一款、第二十条第一款的规定，是否明显不符合《专利法》第二条、第二十六条、第三十一条第一款、第三十三条或《专利法实施细则》的相关规定；实用新型专利是否依照《专利法》第九条规定不能取得专利权。

3. 其他文件的形式审查，包括与专利申请有关的其他手续和文件是否符合《专利法》第十条、第二十四条、第二十九条、第三十条，以及《专利法实施细则》第二条、第三条、第六条、第七条、第十五条等相关规定。

4. 有关费用的审查，包括专利申请是否按照《专利法实施细则》第九十三条、第九十五条、第九十六条、第九十九条的规定缴纳了相关费用。

二、审查原则

初步审查程序中，审查员应当遵循以下《专利审查指南》中的审查原则。

（一）保密原则

审查员在专利申请的审批程序中，根据有关保密规定，对于尚未公布、公告的专利申请文件和与专利申请有关的其他内容，以及其他不适宜公开的信息负有保密责任。

（二）书面审查原则

审查员应当以申请人提交的书面文件为基础进行审查，审查意见（包括补正通知）和审查结果应当以书面形式通知申请人。初步审查程序中，原则上不进行会晤。

（三）听证原则

审查员在作出驳回决定之前，应当将驳回所依据的事实、理由和证据通知申请人，至少给申请人一次陈述意见和（或）修改申请文件的机会。审查员作出驳回决定时，驳回决定所依据的事实、理由和证据，应当是已经通知过申请人的，不得包含新的事实、理由和（或）证据。

（四）程序节约原则

在符合规定的情况下，审查员应当尽可能提高审查效率，缩短审查过程。对于存在可以通过补正克服的缺陷的申请，审查员应当进行全面审查，并尽可能在一次补正通知书中指出全部缺陷。对于申请文件中文字和符号的明显错误，审查员可以依职权自行修改，并通知申请人。对于存在不可能通过补正克服的实质性缺陷的申请，审查员可以不对申请文件和其他文件的形式缺陷进行审查，在审查意见通知书中可以仅指出实质性缺陷。

除遵循以上原则外，审查员在作出视为未提出或视为撤回、驳回等决定的同时，应当告知申请人可以启动的后续程序。

三、审查程序

（一）初步审查合格

发明专利经初步审查，对于申请文件符合《专利法》及《专利法实施细则》有关规定并且不存在明显实质性缺陷的专利申请，包括经过补正符合初步审查要求的专利申请，应当认为初步审查合格。审查员应当发出初步审查合格通知书，指明公布所依据的申请文本，之后进入公布程序。

实用新型专利和外观设计专利申请经初步审查没有发现驳回理由的，审查员应当作出授予实用新型专利权的通知。能够授予专利权的专利申请包括不需要补正就符合初步审查要求的专利申请，以及经过补正符合初步审查要求的专利申请。

（二）申请文件的补正

初步审查中,对于申请文件存在可以通过补正克服缺陷的专利申请,审查员应当进行全面审查，并发出补正通知书。补正通知书中应当指明专利申请存在的缺陷，说明理由，同时指定答复期限。经申请人补正后，申请文件仍然存在缺陷的，审查员应当再次发出补正通知书。

（三）明显实质性缺陷的处理

初步审查中，对于申请文件存在不可能通过补正方式克服的明显实质性缺陷的专利申请，审查员应当发出审查意见通知书。审查意见通知书中应当指明专利申请存在的实质性缺陷，说明理由，同时指定答复期限。

（四）通知书的答复

申请人在收到补正通知书或审查意见通知书后，应当在指定的期限内补正或陈述意见。申请人对专利申请进行补正的，应当提交补正书和相应修改文件替换页。申请文件的修改替换页应当一式两份，其他文件只需提交一份。对申请文件的修改，应当针对通知书指出的缺陷进行。修改的内容不得超出申请日提交的说明书和权利要求书记载的范围。

申请人期满未答复的，审查员应当根据情况发出视为撤回通知书或其他通知书。申请人因正当理由难以在指定的期限内作出答复的，可以提出延长期限请求。

对于因不可抗拒事由或因其他正当理由耽误期限而导致专利申请被视为撤回的，申请人可以在规定的期限内向专利局提出恢复权利的请求。可以在规定的期限内向专利局提出恢复权利的请求。

（五）申请的驳回

申请文件存在明显实质性缺陷，在审查员发出审查意见通知书后，经申请人陈述意见或修改后仍然没有消除的，或者申请文件存在形式缺陷，审查员针对该缺陷已发出过两次补正通知书，经申请人陈述意见或补正后仍然没有消除的，审查员可以作出驳回决定。

（六）前置审查与复审的处理

申请人对驳回决定不服的，可以在规定的期限内向专利复审委员会提出复审请求。

第二节 专利申请实质审查

专利申请实质审查是指专利局对专利申请文件全面、深入的审查，不仅要对申请案的形式要件进行审查，还要对申请案中的发明创造是否符合新颖性、创造性和实用性等实质性要件进行审查。实质审查是在初步审查的基础上进行的，仅适用于发明专利申请。实质审查的方法是通过较全面的世界性文献检索，判断申请专利的发明是否具有新颖性,然后判断该发明是否具有创造性和实用性。根据我国《专利法》，实用新型专利和外观设计专利只实行初步审查，不进行实质审查。

一、实质审查程序和原则

（一）实质审查程序启动

专利申请通过初步审查后，进入实质审查。《专利法》第三十五条规定："发明专利申请自申请日起三年内，国务院专利行政部门可以根据申请人随时提出的请求，对其申请进行实质审查；申请人无正当理由逾期不请求实质审查的，该申请即被视为撤回。"国家知识产权局认为有必要的时候，可以自行对发明专利申请进行实质审查，并通知专利申请人。

（二）实质审查程序中的基本原则

1. *请求原则* 除《专利法》及《专利法实施细则》另有规定外，实质审查程序只有在申请人提出实质审查请求的前提下才能启动。审查员只能根据申请人依法正式呈请审查（包括提出申请时、依法提出修改时或答复审查意见通知书时）的申请文件进行审查。

2. *听证原则* 在实质审查过程中，审查员在作出驳回决定之前，应当给申请人提供至少一次针对驳回所依据的事实、理由和证据陈述意见和（或）修改申请文件的机会，即审查员作出驳回决定时，驳回所依据的事实、理由和证据应当在之前的审查意见通知书中已经告知过申请人。

3. *程序节约原则* 在对发明专利申请进行实质审查时，审查员应当尽可能地缩短审查过程。换言之，审查员要设法尽早结案。因此，除非确认申请根本没有被授权的前景，审查员应当在第一次审查意见通知书中，将申请中不符合《专利法》及《专利法实施细则》规定的所有问题通知申请人，要求其在指定期限内对所有问题给予答复，尽量地减少与申请人通信的次数，以节约程序。

（三）实质审查程序中可能发生的结果

1. 发明专利申请进行实质审查后，审查员认为该申请不符合《专利法》及《专利法实施细则》有关规定的，应当通知申请人，要求其在指定的期限内陈述意见或对其申请进行修改；审查员发出通知书（审查意见通知书、分案通知书或提交资料通知书等）和申请人的答复可能反复多次，直到申请被授予专利权、被驳回、被撤回或被视为撤回。

2. 对经实质审查没有发现驳回理由，或者经申请人陈述意见或修改后消除了原有缺陷的专利申请，审查员应当发出授予发明专利权的通知书。

3. 专利申请经申请人陈述意见或修改后，仍然存在通知书中指出过的属于《专利法实施细则》第五十三条所列情形的缺陷的，审查员应当予以驳回。

4. 申请人无正当理由对审查意见通知书、分案通知书或提交资料通知书等逾期不答复的，审查员应当发出申请被视为撤回通知书。

二、实质审查内容

1. 申请专利的主题是否属于《专利法》和《专利法实施细则》规定的不能授予专利权的范围。

2. 申请专利的主题是否违反国家法律、社会公德等。

3. 根据申请文件内容进行深度检索，判断发明专利申请保护的技术方案是否具有新颖性、创造性和实用性。

4. 权利要求书是否按照《专利法》第二十六条第四款的规定，以说明书为依据，清楚、简要地限定要求专利保护的范围。

5. 说明书（及其附图）是否清楚、完整地公开了发明。

6. 对于依赖遗传资源完成的发明创造，是否有来源的披露。

7. 是否符合单一性要求。

8. 申请人向国外申请该发明的专利权时是否依法经过保密审查。

9. 发明是否属于不得授予专利的情况。

10. 是否可能构成重复授权。

11. 修改是否超过范围，分案申请过程的修改是否超出原申请。

三、申请人的陈述或修改

审查员对申请进行实质审查后，通常以审查意见通知书的形式，将审查的意见和倾向性结论通知申请人。申请人在规定期限内陈述意见，或对申请进行修改。申请人无正当理由逾期不答复的，该申请即被视为撤回。

申请人收到审查意见通知书后，应该首先根据审查意见通知书扉页表格的内容判断审查员的倾向性意见，然后根据判断结果确定陈述意见和修改申请文件的基本内容和方向。同时，应当核实审查意见通知书“审查的结论性意见”并找出依据，对审查员的意见逐条阅读和分析。如果审查员引用了对比文件，结合审查员的评价对引用的对比文件仔细分析。最后撰写意见陈述书和修改专利申请文件。

实质审查实际过程中，审查员往往需要多次给申请人发出通知书（审查意见通知书、分案通知书和提交资料通知书等），而申请人相应地需要多次答复、修改或陈述意见，直至发明专利申请被授予专利权、被驳回、被撤回或被视为撤回，案卷才告审结。申请人在上述规定期间内多次对申请文件进行主动修改的，应当以最后一次提交的申请文件为审查文本。

第三节　专 利 复 审

专利申请未通过初步审查或实质审查，专利申请人对驳回申请决定不服的，可以自收到通知之日起三个月内向专利复审委员会请求复审。专利复审委员会复审后作出决定，并通知专利申请人。根据《专利法》第四十一条规定：“专利申请人对专利复审委员会的复审决定不服的，可以自收到通知书之日起三个月内向人民法院起诉。”

一、专利复审原则

1. 合法原则　专利复审委员会应当依法行政，复审的审查程序和审查决定应当符合法律、法规、规章等有关规定。

2. 公正执法原则　专利复审委员会以客观、公正、准确、及时为原则，坚持以事实为根据，以法律为准绳，独立地履行审查职责，不徇私情，全面、客观、科学地分析判断，作出公正的决定。

3. 请求原则　复审程序应当基于当事人的请求启动。请求人在专利复审委员会作出复审请求决定前撤回其请求的，其启动的审查程序终止。请求人在审查决定的结论已宣布或书面决定已经发出之后撤回请求的，不影响审查决定的有效性。

4. 依职权审查原则　专利复审委员会可以对所审查的案件依职权进行审查，而不受当事人请求的范围和提出的理由、证据的限制。

5. *听证原则* 在作出审查决定之前，应当给予审查决定对其不利的当事人针对审查决定所依据的理由、证据和认定的事实陈述意见的机会，即审查决定对其不利的当事人已经通过通知书、转送文件或口头审理被告知过审查决定所依据的理由、证据和认定的事实，并且具有陈述意见的机会。

6. *公开原则* 除了根据国家法律、法规等规定需要保密的案件（包括专利申请人不服初审驳回提出复审请求的案件）以外，其他各种案件的口头审理应当公开举行，审查决定应当公开出版发行。

二、专利复审程序

（一）专利复审程序的启动

专利复审程序的启动有一定的时间限制，专利申请人在接到驳回专利申请通知后的3个月内可以决定是否请求复审。

（二）专利复审审查

专利复审委员会经过形式审查受理复审请求，从而启动复审程序。应将复审请求书（包括附具的证明文件和修改后的申请文件）连同原申请案卷一并送交作出驳回申请决定的原审查部门进行前置审查。原审查部门应当向专利复审委员会提交前置审查意见书。除特殊情况外，原审查部门应当自收到案卷之日起1个月内完成前置审查。原审查部门在前置审查意见中同意撤销原驳回决定的，专利复审委员会直接作出撤销原驳回决定的复审决定，通知复审请求人，并且由原审查部门继续进行审批。原审查部门在前置审查意见中坚持原驳回决定的，专利复审委员会成立合议组进行审查。

1. *复审请求的形式审查* 对专利局驳回决定不服的申请人可以向专利复审委员会递交复审请求书。专利复审委员会收到复审请求书后，应当首先对其进行形式审查。形式审查的主要内容如下所示①复审请求是否属于《专利法》第四十一条第一款规定的对专利局作出的驳回申请的决定不服的请求；②复审请求人是否为被驳回申请的申请人；被驳回申请的申请人属于共同申请人的，复审请求人是否是全部申请人；③提出复审请求的期限是否符合《专利法》第四十一条第一款的规定；该期限不符合规定的，在有恢复权利请求的情况下，该请求是否符合《专利法实施细则》第七条及第九十三条有关请求恢复权利的规定；④复审请求人是否按照《专利法实施细则》第九十条、第九十一条和第九十三条规定缴纳复审费；在规定的期限内未缴纳或未缴足复审费的，在有恢复权利请求的情况下，该请求是否符合《专利法实施细则》第七条及第九十三条有关请求恢复权利的规定；⑤复审请求书是否符合标准表格规定的格式；⑥复审请求人委托专利代理机构请求复审的，是否提交了委托书并写明了委托权限。

2. *前置审查* 根据《专利法实施细则》第六十一条的规定，专利复审委员会应当将经形式审查合格的对专利局驳回申请决定不服的复审请求书（包括附具的证明文件和修改后的申请文件）连同原申请案卷一并送交作出驳回申请决定的原申请审查部门进行前置审查。该审查部门应当提交前置审查意见书。除特殊情况外，前置审查应当在自收到案卷后 2 个月内完成。

（三）专利复审决定的作出

合议组经审查后作出复审决定。

（四）专利复审后续的司法救济程序

根据《专利法》第四十一条第二款的规定，专利申请人对专利复审委员会作出的复审决定不服的，可以自收到通知之日起 3 个月内向人民法院起诉。专利申请人未在规定的期限内起诉的，复审决定生效。

参考文献

何怀文，2016. 专利法 [M]. 杭州：浙江大学出版社 .

张玉敏，2017. 专利法 [M]. 厦门：厦门大学出版社 .

第 16 章

专利权的授予与保护

申请人向国家知识产权局提交相关文件，申请获得专利权。国家知识产权局在初步审查和实质审查中没有发现驳回理由的，应授予专利权。专利权从公告之日算起，同时也获得实际意义上的法律保护。不管是权利人还是发明人，都应该熟悉相关专利权的保护范围或相关侵权事项。本章主要介绍专利权授予与保护的相关内容。

第一节 专利权的授予

根据《专利法》第三十九条、第四十条规定，发明专利申请经实质审查没有发现驳回理由的，由国务院专利行政部门作出授予发明专利权的决定，发给发明专利证书，同时予以登记和公告。发明专利权自公告之日起生效。实用新型和外观设计专利申请经初步审查没有发现驳回理由的，由国务院专利行政部门作出授予实用新型专利权或外观设计专利权的决定，发给相应的专利证书，同时予以登记和公告。实用新型专利权和外观设计专利权自公告之日起生效。

授予专利权的主要过程是国家知识产权局主导的行为，但是作为申请人也需要进行积极的配合。根据《专利法实施细则》第五十四条的规定，国务院专利行政部门发出授予专利权的通知后，申请人应当自收到通知之日起 2 个月内办理登记手续。申请人按期办理登记手续的，国务院专利行政部门应当授予专利权，颁发专利证书，并予以公告。期满未办理登记手续的，视为放弃取得专利权的权利。对于专利授权的整个过程，我们也要掌握相关流程或步骤，切莫因为自己的无知在最后办理登记、缴费过程中丧失专利权，这样就得不偿失了。

一、颁发专利证书

专利证书是国家知识产权局决定授予一项专利专利权的一个文书标志，权利人取得证书后必须认真阅读，检查是否有错误信息，便于及时更正，同时专利权人也要妥善保管保存，以免损坏或丢失。

（一）证书构成

专利证书由证书首页和专利单行本构成。专利证书应当记载与专利权有关的重要著录事项、国家知识产权局印记、局长签字和授权公告日等。著录事项包括专利证书号（顺序号）、发明创造名称、专利号(即申请号)、专利申请日、发明人或设计人姓名和专利权人姓名或名称。

（二）证书副本

一件专利有多个权利人的情况，根据权利人的申请请求，国家知识产权局可以颁发专利证书副本。专利证书副本标有“副本”字样，副本和正本的内容、格式和所有信息完全一致。专利证书副本不能超过所有权利人的数量，如果申请人不提出诉求需要办理副本的，国家知识产权局只颁发一本正本证书。另外，颁发专利证书后，因专利权转移发生专利权人变更的，专利局不再向新专利权人或新增专利权人颁发专利证书副本。

（三）证书更换

专利证书损坏的，专利权人可以请求更换专利证书。在更换时，专利权人必须上交已损坏的证书残本，并需要缴纳手续费。专利证书更换后的证书内容和正本内容、格式及所有信息与原证书完全一致。专利权终止后，专利局不再更换专利证书。因专利权的转移、专利权人更名发生专利权人姓名或名称变更的，均不予更换专利证书。

二、专利登记簿

授予专利权时，专利登记簿与专利证书上记载的内容是一致的，在法律上具有同等效力。专利权授予之后，专利法律状态的变更仅在专利登记簿上记载，由此导致专利登记簿与专利证书上记载内容不一致的，以专利登记簿上记载的法律状态为准。

三、专利费用

根据《专利法实施细则》第九十三条规定，向国务院专利行政部门申请专利和办理其他手续时，应当缴纳下列费用：①申请费、申请附加费、公布印刷费、优先权要求费；②发明专利申请实质审查费、复审费；③专利登记费、公告印刷费、年费；④恢复权利请求费、延长期限请求费；⑤著录事项变更费、专利权评价报告请求费、无效宣告请求费。前款所列各种费用的缴纳标准由国务院价格管理部门、财政部门会同国务院专利行政部门规定。

授予专利权当年的年费应当在办理登记手续的同时缴纳，以后的年费应当在上一年度期满前缴纳。缴费期限届满日是申请日在该年的相应日。专利年度费用从申请日起算。例如，一项专利的申请日期是 2018 年 3 月 10 日，那么它的第一年度是 2018 年 3 月 10 日至 2019 年 3 月 9 日，第二年度则是 2019 年 3 月 10 日至 2020 年 3 月 9 日，其他年度以此类推。

四、专利权的终止

（一）专利权期限终止

根据《专利法》第四十二条规定："发明专利权的期限为二十年，实用新型专利权和外观设计专利权的期限为十年，均自申请日起计算。"例如，一件发明专利的申请日是 2018 年 3 月 10 日，此发明专利的期限是 2018 年 3 月 10 至 2038 年 3 月 9 日，其专利权期满终止于 2038 年 3 月 9 日。专利期限期满是专利权的自然终止。

（二）期限届满前终止

根据《专利法》第四十四条规定，有下列情形之一的，专利权在期限届满前终止：①没有按照规定缴纳年费的；②专利权人以书面声明放弃其专利权的。

专利权在期限届满前终止的，由国务院专利行政部门登记和公告。

缴纳年费是权利人应尽的义务，如果权利人不再履行这项义务，不再缴纳年费，则国家知识产权局认为其放弃专利权，专利权在期限届满前终止。专利权人以书面声明放弃其专利权的，则于国家知识产权局收到该声明之日终止。

（三）终止

专利年费滞纳期满仍未缴纳或缴足专利年费或滞纳金的，自滞纳期满之日起 2 个月后审查员应当发出专利权终止通知书。专利权人未启动恢复程序或恢复权利请求未被批准的，专利局应当在终止通知书发出 4 个月后进行失效处理，并在专利公报上公告。专利权自应当缴纳年费期满之日起终止。在专利权终止通知书发出以后规定时间内，如果未申请恢复将作永久性失效处理。

总之，申请人在收到授权通知后，按照要求在完成一系列的手续后获得专利权，专利权作为一种财产权具有独占性质，专利权人有权处理和支配此发明创造的使用或转让，发明人所获得的是荣誉权，可以支配变更。

第二节　专利权的保护

根据《专利法》第一条的规定，专利立法的宗旨是为保护专利权人的合法权益，鼓励发明创造，推动发明创造的应用，提高创新能力，促进科学技术进步和经济社会发展。我们从中可以总结出，“保护专利权人的合法权益”是专利法的核心，是第一目标。《专利法》第一条开门见山地直接点明我国对专利权的保护。

专利权属于一种财产权，是知识产权的一种，是一种无形资产，但它又与一般意义上的财产权不一样。作为护理人员，下文重点从护理专利撰写和维权的角度分析护理人员在撰写和申请专利时要如何做到不侵权，同时所申请的专利授权后又如何不被别人侵权。

一、专利权的保护范围

根据《专利法》第五十九条规定：“发明或者实用新型专利权的保

护范围以其权利要求的内容为准，说明书及附图可以用于解释权利要求的内容。外观设计专利权的保护范围以表示在图片或者照片中的该产品的外观设计为准，简要说明可以用于解释图片或者照片所表示的该产品的外观设计。”专利权权利的客体是发明、实用新型和外观设计，权利的内容是权利要求书。说明书用于介绍本专利的技术特征、技术方案等技术信息，权利要求书用于确定专利权的保护范围。

无论怎样来界定发明和实用新型专利的保护范围，我们都要合理、正确地看待。首先，不能剥夺大众使用已知已公开技术的自由。另外，使公众能够明白清楚地认识到哪些是受到专利保护的技术。按照法律规定，权利要求书是受保护的技术方案法律文件，他人所实施的行为中包含一项权利要求中记载的全部技术特征，就是落入了该专利的保护范围，构成侵权行为，反之则不构成侵权。这是专利保护最基本的规则。权利要求书不仅告知公众专利包括的已知技术是否具有新颖性和创造性的基础，同时也告知了本技术方案专利权的保护范围。由此可见权利要求书的重要性。

在长期实践中，人们发现一项权利要求描述的技术特征越少，采用的术语越抽象，则该权利要求的范围就越大。反之，一项权利要求描述的技术特征越多，采用的术语越具体，其保护的范围就越小。专利权人希望自己的专利保护的范围最大，那么他的权利要求描述的技术特征就会少，但技术特征越少，往往又会导致与现有技术的相似性增加，就会丧失新颖性和创造性，不符合《专利法》规定的专利申请条件，导致最后申请的失败。反之，一项权利要求描述的技术特征越多，内容越具体，符合新颖性和创造性，那么专利全的保护范围又会越小。两者相互制约，这就要求申请人在两者之间达到一个最佳的平衡。

根据《专利法实施细则》的规定，权利要求包括独立权利要求和从属权利要求，独立权利要求应当从整体上反映发明或实用新型的技术方案，记载解决技术问题的必要技术特征。从属权利要求应当用附加的技术特征对引用的权利要求作进一步限定。同上所述，只要他人所实施的行为中包含一项权利要求中记载的全部技术特征，就是落入了该专利的保护范围。

假如一项专利有四种权利要求。权利要求1：一种器械干燥装置（产品），包括A、B、C，其技术特征在于D、E；权利要求2：如权利要求1所述的器械干燥装置（产品），其特征在于F；权利要求3：如权利要求2所述的器械干燥装置（产品），其特征在于G；权利要求4：如权利要求3所述的器械干燥装置（产品），其特征在于H。按照《专利法实施细则》的独立要求的规定，权利要求1所要求的技术方案包括A、B、C、D、E这5个技术特征，不仅仅是技术特征D、E。根据《专利法实施细则》的从属要求的规定，从属权利要求2所要求的技术方案包括A、B、C、D、E、F这6个技术特征，不仅仅是技术特征F；从属权利要求3所要求的技术方案包括A、B、C、D、E、F、G这7个技术特征，不仅仅是技术特征G；从属权利要求4所要求的技术方案包括A、B、C、D、E、F、G、H这8个技术特征，不仅仅是技术特征H。每一项从属权利要求所确定的保护范围必然落入其引用的权利要求所确定的保护范围之内。例如，一种手术探查指示灯的独立权利要求和从属权利要求如下所示。

（1）一种手术探查指示灯，包括盒体；安置在所述盒体内的用于提供电源的电池；安置在所述盒体内且与所述电池连接的多个光源；电池的一端与所述多个光源连接用于传导光线的多个光导纤维束；其特征在于，所述多个光导纤维束的外部套装有可折弯的外套管，所述外套管的尾端连接所述盒体，所述外套管的头端内部安置有与所述多个光导纤维束的另一端连接的灯头。

（2）根据权利要求1所述的手术探查指示灯，其特征在于，所述外套管的头端顶部开设有至少一个聚光光线输出窗口，所述外套管的头端侧部均匀开设有多个散光光线输出窗口。

（3）根据权利要求2所述的手术探查指示灯，其特征在于，所述灯头包括与所述聚光光线输出窗口对应设置的聚光灯头；与所述散光光线输出窗口对应设置的散光灯头。

（4）根据权利要求3所述的手术探查指示灯，其特征在于，所述多个光源包括一个聚光光源和一个散光光源。

二、专利违法行为

根据《专利法》第六十条规定:“未经专利权人许可，实施其专利，即侵犯其专利权，引起纠纷的，由当事人协商解决；不愿协商或者协商不成的，专利权人或者利害关系人可以向人民法院起诉，也可以请求管理专利工作的部门处理。管理专利工作的部门处理时，认定侵权行为成立的，可以责令侵权人立即停止侵权行为，当事人不服的，可以自收到处理通知之日起十五日内依照《中华人民共和国行政诉讼法》向人民法院起诉；侵权人期满不起诉又不停止侵权行为的，管理专利工作的部门可以申请人民法院强制执行。进行处理的管理专利工作的部门应当事人的请求，可以就侵犯专利权的赔偿数额进行调解；调解不成的，当事人可以依照《中华人民共和国民事诉讼法》向人民法院起诉。”

根据《专利法》第六十三条规定：“假冒专利的，除依法承担民事责任外，由管理专利工作的部门责令改正并予公告，没收违法所得，可以并处违法所得四倍以下的罚款；没有违法所得的，可以处二十万元以下的罚款；构成犯罪的，依法追究刑事责任。”根据《专利法实施细则》第八十四条规定，下列行为属于《专利法》第六十三条规定的假冒专利的行为。

(1) 在未被授予专利权的产品或者其包装上标注专利标识，专利权被宣告无效后或者终止后继续在产品或者其包装上标注专利标识，或者未经许可在产品或者产品包装上标注他人的专利号。

(2) 销售第 (1) 项所述产品。

(3) 在产品说明书等材料中将未被授予专利权的技术或者设计称为专利技术或者专利设计，将专利申请称为专利，或者未经许可使用他人的专利号，使公众将所涉及的技术或者设计误认为是专利技术或者专利设计。

(4) 伪造或者变造专利证书、专利文件或者专利申请文件。

(5) 其他使公众混淆，将未被授予专利权的技术或者设计误认为是专利技术或者专利设计的行为。

专利权终止前依法在专利产品、依照专利方法直接获得的产品或者其包装上标注专利标识，在专利权终止后许诺销售、销售该产品的，不属于假冒专利行为。销售不知道是假冒专利的产品，并且能够证明该产品合法来源的，由管理专利工作的部门责令停止销售，但免除罚款的处罚。

权利人的损失、侵权人获得的利益和专利许可使用费均难以确定的，人民法院可以根据专利权的类型、侵权行为的性质和情节等因素，确定给予一万元以上一百万元以下的赔偿。

参考文献

国家知识产权局，2010. 专利审查指南 [M]. 北京：知识产权出版社.
国务院，2010. 中华人民共和国专利法实施细则 [Z].
黄贤伟，张腾飞，2016.08.31. 一种手术探查指示灯：201620197524.9[P].
全国人大常委会，2008. 中华人民共和国专利法 [Z].

第17章

专利权的转让

专利申请人获得专利授权后，即获得专利权，即依法排除他人未经许可使用受专利保护的客体。作为财产权之一的专利权有明确的可交易性，具备成为交易对象的根本条件和客观条件。专利权可以转让。

一、专利权转让的概念

专利权转让是指专利权人作为转让方，根据转让有关法律法规、双方签订的转让合同及市场交易规则，将专利权让与受让方。首先，受让方享有的是专利权的所有权，有权行使作为所有权人享有的一切权能，可以自己实施、禁止或许可他人实施、转让、放弃等。其次，受让方取得的专利权可以作为其财产构成内容之一，是受让方的有效资产，可以自由地进行质押、投资，在其民事权利主体身份终止时，专利权被纳入继承和清算财产范围。

在这里，要区分专利权转让与专利申请权转让的概念。专利申请权是指发明人、设计人或其他有权提出专利申请的主体，在取得国家知识产权局下达的专利申请受理通知书后，并在获得专利授权之前这段时间内，获得专利授权的机会和资格。专利申请权转让是指专利申请人将专利申请的资格按市场交易的规则让渡给交易对方，受让方支付交易对价后获得专利申请人身份的交易活动。

二、专利权转让应具备的条件

我国《专利法》第十条第三款规定 :“转让专利申请权或者专利权的，当事人应当签订书面合同，并向国务院专利行政部门登记，由国务院专利行政部门予以公告。专利申请权或者专利权的转让自登记之日起生效。”书面形式和登记及公告是专利申请权转让合同生效的法定条件，未签订书面形式或未经专利局登记和公告的专利权转让合同不受法律保护。

三、专利权转让合同

专利权转让合同主要包括以下条款。

（1）所转让专利权基本信息，包括名称、专利号、有效期限等。

（2）转让费及支付方式。

（3）转让方需要交付技术资料的内容、时间、地点和方式。

（4）对已订立的专利实施许可合同的处理。

（5）专利权被宣告无效的处理。

（6）过渡期条款，专利权专一的登记手续办理责任。

（7）违约责任、索赔、不可抗力、税费、争议解决方案等。

（8）依据《中华人民共和国合同法》第三百二十四条第二款的内容，还可以把与专利有关的技术背景资料、可行性论证、技术评价、技术标准、技术规范及其他相关文档列入合同附件，作为合同的一个组成部分。

专利权技术转让合同举例如下。

专利权技术转让合同

合同编号 :____________

项目名称 :____________

受让方（甲方）:____________

住所地 :____________

法定代表人 :____________

项目联系人 :____________

联系方式：__________

通讯地址：__________

电话：__________

传真：__________

电子信箱：__________

让与方（乙方）：__________

住所地：__________

法定代表人：__________

项目联系人：__________

联系方式：__________

通讯地址：__________

电话：__________

传真：__________

电子信箱：__________

有效期限：__________年__________月__________日至__________年__________月__________日

本合同乙方将其__________的专利权转让甲方，甲方受让并支付相应的转让价款。双方经过平等协商，在真实、充分地表达各自意愿的基础上，根据《中华人民共和国合同法》的规定，达成如下协议，并由双方共同恪守。

第一条　本合同转让的专利权。

1. 为__________（发明、实用新型、外观设计）专利。

2. 发明人 / 设计人：__________。

3. 专利权人：__________。

4. 专利授权日：__________。

5. 专利号：__________。

6. 专利有效期限：__________。

7. 专利年费已交至__________。

第二条　乙方在本合同签署前实施或许可本项专利权的状况如下。

1. 乙方实施本项专利权的状况（时间、地点、方式和规模）：＿＿＿＿＿＿＿＿。

2. 乙方许可他人使用本项专利权的状况(时间、地点、方式和规模)：＿＿＿＿＿＿＿＿。

3. 本合同生效后，乙方有义务在＿＿＿＿＿＿＿＿日内将本项专利权转让的状况告知被许可使用本发明创造的当事人。

第三条　甲方应在本合同生效后，保证原专利实施许可合同的履行。乙方在原专利实施许可合同中享有的权利和义务，自本合同生效之日起，由甲方承受。乙方应当在＿＿＿＿＿＿＿日内通知并协助原专利实施许可合同的让与人与甲方办理合同变更事项。

第四条　本合同生效后乙方继续实施本项专利的，按以下约定办理：＿＿＿＿＿＿

第五条　为保证甲方有效拥有本项专利权，乙方应向甲方提交以下技术资料。

1.＿＿＿＿＿＿。

2.＿＿＿＿＿＿。

3.＿＿＿＿＿＿。

4.＿＿＿＿＿＿。

第六条　乙方向甲方提交技术资料的时间、地点、方式如下。

1. 提交时间：＿＿＿＿＿＿

2. 提交地点：＿＿＿＿＿＿

3. 提交方式：＿＿＿＿＿＿

第七条　本合同签署后，由＿＿＿＿＿＿＿方负责在＿＿＿＿＿＿＿日内办理专利权转让登记事宜。

第八条　为保证甲方有效拥有本项专利，乙方向甲方转让与实施本项专利权有关的技术秘密。

1. 技术秘密的内容：＿＿＿＿＿＿。

2. 技术秘密的实施要求：＿＿＿＿＿＿。

3. 技术秘密的保密范围和期限：＿＿＿＿＿＿。

第九条　乙方应当保证其专利权转让不侵犯任何第三人的合法权

益。如发生第三人指控甲方侵权的，乙方应当__________。

第十条　乙方在本合同生效后专利权被宣告无效，不承担法律责任。

第十一条　甲方向乙方支付该项专利权转让的价款及支付方式如下。

1. 专利权的转让价款总额为___________；其中，技术秘密转让价款为__________。

2. 专利权的转让价款由甲方__________（一次、分期或提成）支付乙方。

具体支付方式和时间如下。

(1)__________

(2)__________

(3)__________

乙方开户银行名称、地址和账号如下。

开户银行：__________

地址：__________

账号：__________

3. 双方确定，甲方以实施研究开发成果所产生的利益提成支付乙方的研究开发经费和报酬的，乙方有权以___________方式查阅甲方有关的会计账目。

第十二条　双方确定，在本合同履行中，任何一方不得以下列方式限制另一方的技术竞争和技术发展。

1.__________。

2.__________。

3.__________。

第十三条　双方确定。

1. 甲方有权利用乙方转让专利权涉及的发明创造进行后续改进。由此产生的具有实质性或创造性技术进步特征的新的技术成果，归_____________（甲方、双方）所有。具体相关利益的分配办法如下：__________。

2. 乙方有权在已交付甲方该项专利权后，对该项专利权涉及的发明创造进行后续改进。由此产生的具有实质性或创造性技术进步特征的新的技术成果，归＿＿＿＿＿（乙方、双方）所有。具体相关利益的分配办法如下：＿＿＿＿＿。

第十四条　双方确定，按以下约定承担各自的违约责任。

1.＿＿＿＿＿方违反本合同第＿＿＿＿＿条约定，应当＿＿＿＿＿（支付违约金或损失赔偿额的计算方法）。

2.＿＿＿＿＿方违反本合同第＿＿＿＿＿条约定，应当＿＿＿＿＿（支付违约金或损失赔偿额的计算方法）。

3.＿＿＿＿＿方违反本合同第＿＿＿＿＿条约定，应当＿＿＿＿＿（支付违约金或损失赔偿额的计算方法）。

4.＿＿＿＿＿方违反本合同第＿＿＿＿＿条约定，应当＿＿＿＿＿（支付违约金或损失赔偿额的计算方法）。

第十五条　双方确定，在本合同有效期内，甲方指定＿＿＿＿＿为甲方项目联系人，乙方指定＿＿＿＿＿为乙方项目联系人。项目联系人承担以下责任。

1.＿＿＿＿＿。

2.＿＿＿＿＿。

3.＿＿＿＿＿。

一方变更项目联系人的，应当及时以书面形式通知另一方。未及时通知并影响本合同履行或造成损失的，应承担相应的责任。

第十六条　双方确定，出现下列情形，致使本合同的履行成为不必要或不可能的，可以解除本合同。

1. 因发生不可抗力。

2.＿＿＿＿＿。

3.＿＿＿＿＿。

第十七条　双方因履行本合同而发生的争议，应协商、调解解决。协商、调解不成的，确定按以下第＿＿＿＿＿种方式处理。

1. 提交＿＿＿＿＿仲裁委员会仲裁。

2. 依法向人民法院起诉。

第十八条　双方确定：本合同及相关附件中所涉及的有关名词和技术术语，其定义和解释如下。

1.________。

2.________。

3.________。

4.________。

第十九条　与履行本合同有关的下列技术文件，经双方以________方式确认后，为本合同的组成部分。

1. 技术背景资料：________。

2. 可行性论证报告：________。

3. 技术评价报告：________。

4. 技术标准和规范：________。

5. 原始设计和工艺文件：________。

6. 其他：________。

第二十条　双方约定本合同其他相关事项为：________。

第二十一条　本合同一式 ________ 份，具有同等法律效力。

第二十二条　本合同自国务院专利行政部门登记之日起生效。

甲方（盖章）：________　　　　乙方（盖章）：________

法定代表人（签字）：________　　　　法定代表人（签字）：______

签订地点：________　　　　签订地点：________

________年____月____日　　　　________年____月____日

四、专利权转让的有关费用

1. 官费　交纳著录项目变更费，应当自提出请求之日起一个月内缴纳。

2. 代理费用　如果通过专利事务所等中介机构代办，收费标准参见中介机构代理费用。

3. 缴纳税费

（1）转让专利收入需要按“转让无形资产”税目缴纳增值税、城建税与附加教育费。

（2）按转让专利收入扣除相关税收、费用后，按“特许权使用费所得”税目缴纳 20% 的个人所得税。

（3）收入扣除缴纳的相关税金（营业税、城建税、教育费附加）后，区别不同收入分别处理。

1）不到 4000 元的，扣除费用 800 元：应纳税所得 = 收入 − 800 元。

2）收入超过 4000 元的，扣除 20% 的费用：应纳税所得 = 收入 ×（1 − 20%）。

3）应纳税款 = 应纳税所得 ×20%。

五、专利权转让的流程

专利权转让的流程如图 17-1 所示。

第一步：寻找专利转让的途径。

第二步：专利转让人和专利受让人签署专利权转让合同。这是专利转让流程关键的一步。专利转让人和受让人双方取得一致的意见之后签署转让合同。在转让合同中，对于双方的利益都应该有明确的文字内容。

第三步：双方准备好专利转让需要的相关文件，这些文件应该严格地按照规定的形式进行填写，这样就可以缩短国家知识产权局审核文件的时间，加快审核的速度。

第四步：委托专利代理机构将相关的文件递交给专利局。这是专利转让流程中重要的一个部分。只有专利局审核通过后才能让专利转让具有法律依据。为保护专利权人权益、避免纠纷，需慎重选择专利代理机构。

第五步：等待专利转让结果。

当专利局审查后，会对审查结果做出通知。如果审核通过的话，专利局一般会在 2 ～ 6 个月发专利转让合格通知书，并且可以在国家知识产权局专利库中查询到相关的变更结果。

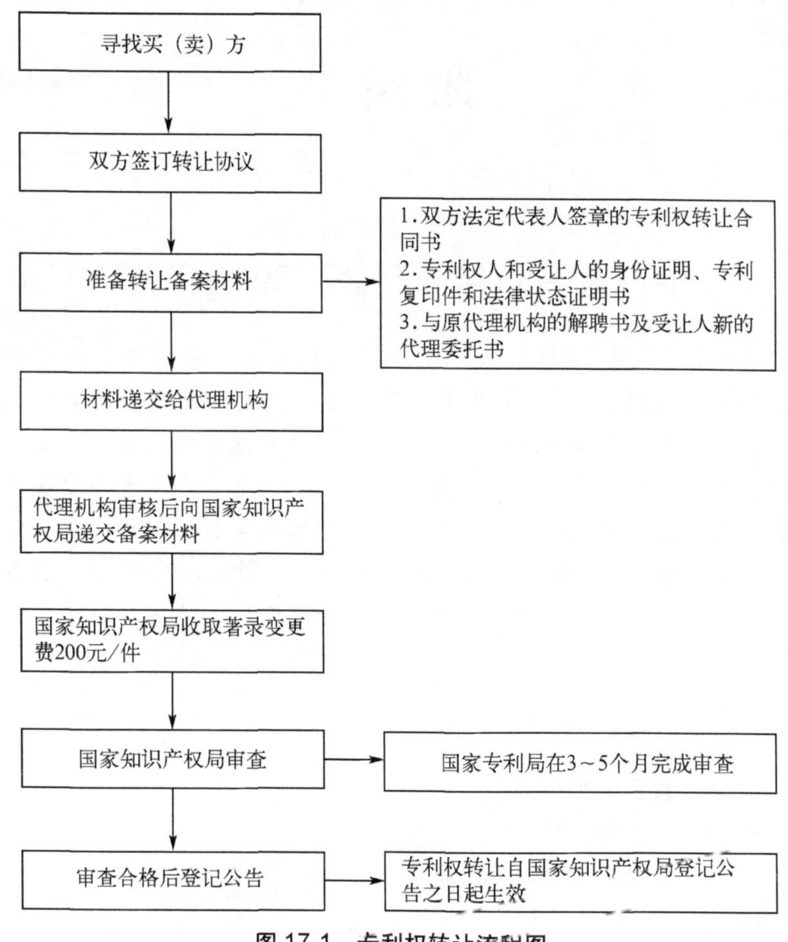

图 17-1　专利权转让流程图

参考文献

何怀文，2016. 专利法 [M]. 杭州：浙江大学出版社.

马碧玉，2016. 专利权建议法律制度研究 [M]. 北京：中国社会科学出版社.

附 录 1

中华人民共和国专利法（2008 年修正）

（1984 年 3 月 12 日第六届全国人民代表大会常务委员会第四次会议通过；根据 1992 年 9 月 4 日第七届全国人民代表大会常务委员会第二十七次会议《关于修改〈中华人民共和国专利法〉的决定》第一次修正；根据 2000 年 8 月 25 日第九届全国人民代表大会常务委员会第十七次会议《关于修改〈中华人民共和国专利法〉的决定》第二次修正；根据 2008 年 12 月 27 日第十一届全国人民代表大会常务委员会第六次会议《关于修改〈中华人民共和国专利法〉的决定》第三次修正）

目录

第一章　总　　则

第一条　为了保护专利权人的合法权益，鼓励发明创造，推动发明创造的应用，提高创新能力，促进科学技术进步和经济社会发展，制定本法。

第二条　本法所称的发明创造是指发明、实用新型和外观设计。

发明，是指对产品、方法或者其改进所提出的新的技术方案。

实用新型，是指对产品的形状、构造或者其结合所提出的适于实用的新的技术方案。

外观设计，是指对产品的形状、图案或者其结合以及色彩与形状、图案的结合所作出的富有美感并适于工业应用的新设计。

第三条　国务院专利行政部门负责管理全国的专利工作；统一受理和审查专利申请，依法授予专利权。

省、自治区、直辖市人民政府管理专利工作的部门负责本行政区域内的专利管理工作。

第四条　申请专利的发明创造涉及国家安全或者重大利益需要保密的，按照国家有关规定办理。

第五条　对违反法律、社会公德或者妨害公共利益的发明创造，不授予专利权。

对违反法律、行政法规的规定获取或者利用遗传资源，并依赖该遗传资源完成的发明创造，不授予专利权。

第六条　执行本单位的任务或者主要是利用本单位的物质技术条件所完成的发明创造为职务发明创造。职务发明创造申请专利的权利属于该单位；申请被批准后，该单位为专利权人。

非职务发明创造，申请专利的权利属于发明人或者设计人；申请被批准后，该发明人或者设计人为专利权人。

利用本单位的物质技术条件所完成的发明创造，单位与发明人或者设计人订有合同，对申请专利的权利和专利权的归属作出约定的，从其约定。

第七条　对发明人或者设计人的非职务发明创造专利申请，任何单位或者个人不得压制。

第八条　两个以上单位或者个人合作完成的发明创造、一个单位或者个人接受其他单位或者个人委托所完成的发明创造，除另有协议的以外，申请专利的权利属于完成或者共同完成的单位或者个人；申请被批准后，申请的单位或者个人为专利权人。

第九条　同样的发明创造只能授予一项专利权。但是，同一申请人同日对同样的发明创造既申请实用新型专利又申请发明专利，先获得的实用新型专利权尚未终止，且申请人声明放弃该实用新型专利权的，可以授予发明专利权。

两个以上的申请人分别就同样的发明创造申请专利的，专利权授予最先申请的人。

第十条　专利申请权和专利权可以转让。

中国单位或者个人向外国人、外国企业或者外国其他组织转让专利申请权或者专利权的，应当依照有关法律、行政法规的规定办理手续。

转让专利申请权或者专利权的，当事人应当订立书面合同，并向国务院专利行政部门登记，由国务院专利行政部门予以公告。专利申请权或者专利权的转让自登记之日起生效。

第十一条　发明和实用新型专利权被授予后，除本法另有规定的以外，任何单位或者个人未经专利权人许可，都不得实施其专利，即不得为生产经营目的制造、使用、许诺销售、销售、进口其专利产品，或者使用其专利方法以及使用、许诺销售、销售、进口依照该专利方法直接获得的产品。

外观设计专利权被授予后，任何单位或者个人未经专利权人许可，都不得实施其专利，即不得为生产经营目的制造、许诺销售、销售、进口其外观设计专利产品。

第十二条　任何单位或者个人实施他人专利的，应当与专利权人订立实施许可合同，向专利权人支付专利使用费。被许可人无权允许合同规定以外的任何单位或者个人实施该专利。

第十三条　发明专利申请公布后，申请人可以要求实施其发明的单位或者个人支付适当的费用。

第十四条　国有企业事业单位的发明专利，对国家利益或者公共利益具有重大意义的，国务院有关主管部门和省、自治区、直辖市人民政府报经国务院批准，可以决定在批准的范围内推广应用，允许指定的单位实施，由实施单位按照国家规定向专利权人支付使用费。

第十五条　专利申请权或者专利权的共有人对权利的行使有约定的，从其约定。没有约定的，共有人可以单独实施或者以普通许可方式许可他人实施该专利；许可他人实施该专利的，收取的使用费应当在共有人之间分配。

除前款规定的情形外，行使共有的专利申请权或者专利权应当取得全体共有人的同意。

第十六条　被授予专利权的单位应当对职务发明创造的发明人或者设计人给予奖励；发明创造专利实施后，根据其推广应用的范围和取得的经济效益，对发明人或者设计人给予合理的报酬。

第十七条　发明人或者设计人有权在专利文件中写明自己是发明人或者设计人。

专利权人有权在其专利产品或者该产品的包装上标明专利标识。

第十八条　在中国没有经常居所或者营业所的外国人、外国企业或者外国其他组织在中国申请专利的，依照其所属国同中国签订的协议或者共同参加的国际条约，或者依照互惠原则，根据本法办理。

第十九条　在中国没有经常居所或者营业所的外国人、外国企业或者外国其他组织在中国申请专利和办理其他专利事务的，应当委托依法设立的专利代理机构办理。

中国单位或者个人在国内申请专利和办理其他专利事务的，可以委托依法设立的专利代理机构办理。

专利代理机构应当遵守法律、行政法规，按照被代理人的委托办理专利申请或者其他专利事务；对被代理人发明创造的内容，除专利申请已经公布或者公告的以外，负有保密责任。专利代理机构的具体管理办法由国务院规定。

第二十条　任何单位或者个人将在中国完成的发明或者实用新型向外国申请专利的，应当事先报经国务院专利行政部门进行保密审查。保密审查的程序、期限等按照国务院的规定执行。

中国单位或者个人可以根据中华人民共和国参加的有关国际条约提出专利国际申请。申请人提出专利国际申请的，应当遵守前款规定。

国务院专利行政部门依照中华人民共和国参加的有关国际条约、

本法和国务院有关规定处理专利国际申请。

对违反本条第一款规定向外国申请专利的发明或者实用新型，在中国申请专利的，不授予专利权。

第二十一条　国务院专利行政部门及其专利复审委员会应当按照客观、公正、准确、及时的要求，依法处理有关专利的申请和请求。

国务院专利行政部门应当完整、准确、及时发布专利信息，定期出版专利公报。

在专利申请公布或者公告前，国务院专利行政部门的工作人员及有关人员对其内容负有保密责任。

第二章　授予专利权的条件

第二十二条　授予专利权的发明和实用新型，应当具备新颖性、创造性和实用性。

新颖性，是指该发明或者实用新型不属于现有技术；也没有任何单位或者个人就同样的发明或者实用新型在申请日以前向国务院专利行政部门提出过申请，并记载在申请日以后公布的专利申请文件或者公告的专利文件中。

创造性，是指与现有技术相比，该发明具有突出的实质性特点和显著的进步，该实用新型具有实质性特点和进步。

实用性，是指该发明或者实用新型能够制造或者使用，并且能够产生积极效果。

本法所称现有技术，是指申请日以前在国内外为公众所知的技术。

第二十三条　授予专利权的外观设计，应当不属于现有设计；也没有任何单位或者个人就同样的外观设计在申请日以前向国务院专利行政部门提出过申请，并记载在申请日以后公告的专利文件中。

授予专利权的外观设计与现有设计或者现有设计特征的组合相比，应当具有明显区别。

授予专利权的外观设计不得与他人在申请日以前已经取得的合法权利相冲突。

本法所称现有设计，是指申请日以前在国内外为公众所知的设计。

第二十四条　申请专利的发明创造在申请日以前六个月内，有下列情形之一的，不丧失新颖性：

（一）在中国政府主办或者承认的国际展览会上首次展出的；

（二）在规定的学术会议或者技术会议上首次发表的；

（三）他人未经申请人同意而泄露其内容的。

第二十五条　对下列各项，不授予专利权：

（一）科学发现；

（二）智力活动的规则和方法；

（三）疾病的诊断和治疗方法；

（四）动物和植物品种；

（五）用原子核变换方法获得的物质；

（六）对平面印刷品的图案、色彩或者二者的结合作出的主要起标识作用的设计。

对前款第（四）项所列产品的生产方法，可以依照本法规定授予专利权。

第三章　专利的申请

第二十六条　申请发明或者实用新型专利的，应当提交请求书、说明书及其摘要和权利要求书等文件。

请求书应当写明发明或者实用新型的名称，发明人的姓名，申请人姓名或者名称、地址，以及其他事项。

说明书应当对发明或者实用新型作出清楚、完整的说明，以所属技术领域的技术人员能够实现为准；必要的时候，应当有附图。摘要应当简要说明发明或者实用新型的技术要点。

权利要求书应当以说明书为依据，清楚、简要地限定要求专利保护的范围。

依赖遗传资源完成的发明创造，申请人应当在专利申请文件中说明该遗传资源的直接来源和原始来源；申请人无法说明原始来源的，应当陈述理由。

第二十七条　申请外观设计专利的，应当提交请求书、该外观设计的图片或者照片以及对该外观设计的简要说明等文件。

申请人提交的有关图片或者照片应当清楚地显示要求专利保护的产品的外观设计。

第二十八条　国务院专利行政部门收到专利申请文件之日为申请日。如果申请文件是邮寄的，以寄出的邮戳日为申请日。

第二十九条　申请人自发明或者实用新型在外国第一次提出专利申请之日起十二个月内，或者自外观设计在外国第一次提出专利申请之日起六个月内，又在中国就相同主题提出专利申请的，依照该外国同中国签订的协议或者共同参加的国际条约，或者依照相互承认优先权的原则，可以享有优先权。

申请人自发明或者实用新型在中国第一次提出专利申请之日起十二个月内，又向国务院专利行政部门就相同主题提出专利申请的，可以享有优先权。

第三十条　申请人要求优先权的，应当在申请的时候提出书面声明，并且在三个月内提交第一次提出的专利申请文件的副本；未提出书面声明或者逾期未提交专利申请文件副本的，视为未要求优先权。

第三十一条　一件发明或者实用新型专利申请应当限于一项发明或者实用新型。属于一个总的发明构思的两项以上的发明或者实用新型，可以作为一件申请提出。

一件外观设计专利申请应当限于一项外观设计。同一产品两项以上的相似外观设计，或者用于同一类别并且成套出售或者使用的产品的两项以上外观设计，可以作为一件申请提出。

第三十二条　申请人可以在被授予专利权之前随时撤回其专利申请。

第三十三条　申请人可以对其专利申请文件进行修改，但是，对发明和实用新型专利申请文件的修改不得超出原说明书和权利要求书记载的范围，对外观设计专利申请文件的修改不得超出原图片或者照片表示的范围。

第四章 专利申请的审查和批准

第三十四条 国务院专利行政部门收到发明专利申请后，经初步审查认为符合本法要求的，自申请日起满十八个月，即行公布。国务院专利行政部门可以根据申请人的请求早日公布其申请。

第三十五条 发明专利申请自申请日起三年内，国务院专利行政部门可以根据申请人随时提出的请求，对其申请进行实质审查；申请人无正当理由逾期不请求实质审查的，该申请即被视为撤回。

国务院专利行政部门认为必要的时候，可以自行对发明专利申请进行实质审查。

第三十六条 发明专利的申请人请求实质审查的时候，应当提交在申请日前与其发明有关的参考资料。

发明专利已经在外国提出过申请的，国务院专利行政部门可以要求申请人在指定期限内提交该国为审查其申请进行检索的资料或者审查结果的资料；无正当理由逾期不提交的，该申请即被视为撤回。

第三十七条 国务院专利行政部门对发明专利申请进行实质审查后，认为不符合本法规定的，应当通知申请人，要求其在指定的期限内陈述意见，或者对其申请进行修改；无正当理由逾期不答复的，该申请即被视为撤回。

第三十八条 发明专利申请经申请人陈述意见或者进行修改后，国务院专利行政部门仍然认为不符合本法规定的，应当予以驳回。

第三十九条 发明专利申请经实质审查没有发现驳回理由的，由国务院专利行政部门作出授予发明专利权的决定，发给发明专利证书，同时予以登记和公告。发明专利权自公告之日起生效。

第四十条 实用新型和外观设计专利申请经初步审查没有发现驳回理由的，由国务院专利行政部门作出授予实用新型专利权或者外观设计专利权的决定，发给相应的专利证书，同时予以登记和公告。实用新型专利权和外观设计专利权自公告之日起生效。

第四十一条 国务院专利行政部门设立专利复审委员会。专利申请人对国务院专利行政部门驳回申请的决定不服的，可以自收到通知之日起三个月内，向专利复审委员会请求复审。专利复审委员会复审后，作出决定，并通知专利申请人。

专利申请人对专利复审委员会的复审决定不服的，可以自收到通知之日起三个月内向人民法院起诉。

第五章　专利权的期限、终止和无效

第四十二条　发明专利权的期限为二十年，实用新型专利权和外观设计专利权的期限为十年，均自申请日起计算。

第四十三条　专利权人应当自被授予专利权的当年开始缴纳年费。

第四十四条　有下列情形之一的，专利权在期限届满前终止：

（一）没有按照规定缴纳年费的；

（二）专利权人以书面声明放弃其专利权的。

专利权在期限届满前终止的，由国务院专利行政部门登记和公告。

第四十五条　自国务院专利行政部门公告授予专利权之日起，任何单位或者个人认为该专利权的授予不符合本法有关规定的，可以请求专利复审委员会宣告该专利权无效。

第四十六条　专利复审委员会对宣告专利权无效的请求应当及时审查和作出决定，并通知请求人和专利权人。宣告专利权无效的决定，由国务院专利行政部门登记和公告。

对专利复审委员会宣告专利权无效或者维持专利权的决定不服的，可以自收到通知之日起三个月内向人民法院起诉。人民法院应当通知无效宣告请求程序的对方当事人作为第三人参加诉讼。

第四十七条　宣告无效的专利权视为自始即不存在。

宣告专利权无效的决定，对在宣告专利权无效前人民法院作出并已执行的专利侵权的判决、调解书，已经履行或者强制执行的专利侵权纠纷处理决定，以及已经履行的专利实施许可合同和专利权转让合同，不具有追溯力。但是因专利权人的恶意给他人造成的损失，应当给予赔偿。

依照前款规定不返还专利侵权赔偿金、专利使用费、专利权转让费，明显违反公平原则的，应当全部或者部分返还。

第六章　专利实施的强制许可

第四十八条　有下列情形之一的，国务院专利行政部门根据具备实施条件的单位或者个人的申请，可以给予实施发明专利或者实用新型专利的强制许可：

（一）专利权人自专利权被授予之日起满三年，且自提出专利申请之日起满四年，无正当理由未实施或者未充分实施其专利的；

（二）专利权人行使专利权的行为被依法认定为垄断行为，为消除或者减少该行为对竞争产生的不利影响的。

第四十九条　在国家出现紧急状态或者非常情况时，或者为了公共利益的目的，国务院专利行政部门可以给予实施发明专利或者实用新型专利的强制许可。

第五十条　为了公共健康目的，对取得专利权的药品，国务院专利行政部门可以给予制造并将其出口到符合中华人民共和国参加的有关国际条约规定的国家或者地区的强制许可。

第五十一条　一项取得专利权的发明或者实用新型比前已经取得专利权的发明或者实用新型具有显著经济意义的重大技术进步，其实施又有赖于前一发明或者实用新型的实施的，国务院专利行政部门根据后一专利权人的申请，可以给予实施前一发明或者实用新型的强制许可。

在依照前款规定给予实施强制许可的情形下，国务院专利行政部门根据前一专利权人的申请，也可以给予实施后一发明或者实用新型的强制许可。

第五十二条　强制许可涉及的发明创造为半导体技术的，其实施限于公共利益的目的和本法第四十八条第（二）项规定的情形。

第五十三条　除依照本法第四十八条第（二）项、第五十条规定给予的强制许可外，强制许可的实施应当主要为了供应国内市场。

第五十四条　依照本法第四十八条第（一）项、第五十一条规定申请强制许可的单位或者个人应当提供证据，证明其以合理的条件请求专利权人许可其实施专利，但未能在合理的时间内获得许可。

第五十五条　国务院专利行政部门作出的给予实施强制许可的决定，应当及时通知专利权人，并予以登记和公告。

给予实施强制许可的决定，应当根据强制许可的理由规定实施的范围和时间。强制许可的理由消除并不再发生时，国务院专利行政部门应当根据专利权人的请求，经审查后作出终止实施强制许可的决定。

第五十六条　取得实施强制许可的单位或者个人不享有独占的实施权，并且无权允许他人实施。

第五十七条　取得实施强制许可的单位或者个人应当付给专利权人合理的使用费，或者依照中华人民共和国参加的有关国际条约的规定处理使用费问题。付给使用费的，其数额由双方协商；双方不能达成协议的，由国务院专利行政部门裁决。

第五十八条　专利权人对国务院专利行政部门关于实施强制许可的决定不服的，专利权人和取得实施强制许可的单位或者个人对国务院专利行政部门关于实施强制许可的使用费的裁决不服的，可以自收到通知之日起三个月内向人民法院起诉。

第七章　专利权的保护

第五十九条　发明或者实用新型专利权的保护范围以其权利要求的内容为准，说明书及附图可以用于解释权利要求的内容。

外观设计专利权的保护范围以表示在图片或者照片中的该产品的外观设计为准，简要说明可以用于解释图片或者照片所表示的该产品的外观设计。

第六十条　未经专利权人许可，实施其专利，即侵犯其专利权，引起纠纷的，由当事人协商解决；不愿协商或者协商不成的，专利权人或者利害关系人可以向人民法院起诉，也可以请求管理专利工作的部门处理。管理专利工作的部门处理时，认定侵权行为成立的，可以责令侵权人立即停止侵权行为，当事人不服的，可以自收到处理通知之日起十五日内依照《中华人民共和国行政诉讼法》向人民法院起诉；

侵权人期满不起诉又不停止侵权行为的，管理专利工作的部门可以申请人民法院强制执行。进行处理的管理专利工作的部门应当事人的请求，可以就侵犯专利权的赔偿数额进行调解；调解不成的，当事人可以依照《中华人民共和国民事诉讼法》向人民法院起诉。

第六十一条　专利侵权纠纷涉及新产品制造方法的发明专利的，制造同样产品的单位或者个人应当提供其产品制造方法不同于专利方法的证明。

专利侵权纠纷涉及实用新型专利或者外观设计专利的，人民法院或者管理专利工作的部门可以要求专利权人或者利害关系人出具由国务院专利行政部门对相关实用新型或者外观设计进行检索、分析和评价后作出的专利权评价报告，作为审理、处理专利侵权纠纷的证据。

第六十二条　在专利侵权纠纷中，被控侵权人有证据证明其实施的技术或者设计属于现有技术或者现有设计的，不构成侵犯专利权。

第六十三条　假冒专利的，除依法承担民事责任外，由管理专利工作的部门责令改正并予公告，没收违法所得，可以并处违法所得四倍以下的罚款；没有违法所得的，可以处二十万元以下的罚款；构成犯罪的，依法追究刑事责任。

第六十四条　管理专利工作的部门根据已经取得的证据，对涉嫌假冒专利行为进行查处时，可以询问有关当事人，调查与涉嫌违法行为有关的情况；对当事人涉嫌违法行为的场所实施现场检查；查阅、复制与涉嫌违法行为有关的合同、发票、账簿以及其他有关资料；检查与涉嫌违法行为有关的产品，对有证据证明是假冒专利的产品，可以查封或者扣押。

管理专利工作的部门依法行使前款规定的职权时，当事人应当予以协助、配合，不得拒绝、阻挠。

第六十五条　侵犯专利权的赔偿数额按照权利人因被侵权所受到的实际损失确定；实际损失难以确定的，可以按照侵权人因侵权所获得的利益确定。权利人的损失或者侵权人获得的利益难以确定的，参照该专利许可使用费的倍数合理确定。赔偿数额还应当包括权利人为制止侵权行为所支付的合理开支。

权利人的损失、侵权人获得的利益和专利许可使用费均难以确定的，人民法院可以根据专利权的类型、侵权行为的性质和情节等因素，确定给予一万元以上一百万元以下的赔偿。

第六十六条　专利权人或者利害关系人有证据证明他人正在实施或者即将实施侵犯专利权的行为，如不及时制止将会使其合法权益受到难以弥补的损害的，可以在起诉前向人民法院申请采取责令停止有关行为的措施。

申请人提出申请时，应当提供担保；不提供担保的，驳回申请。

人民法院应当自接受申请之时起四十八小时内作出裁定；有特殊情况需要延长的，可以延长四十八小时。裁定责令停止有关行为的，应当立即执行。当事人对裁定不服的，可以申请复议一次；复议期间不停止裁定的执行。

申请人自人民法院采取责令停止有关行为的措施之日起十五日内不起诉的，人民法院应当解除该措施。

申请有错误的，申请人应当赔偿被申请人因停止有关行为所遭受的损失。

第六十七条　为了制止专利侵权行为，在证据可能灭失或者以后难以取得的情况下，专利权人或者利害关系人可以在起诉前向人民法院申请保全证据。

人民法院采取保全措施，可以责令申请人提供担保；申请人不提供担保的，驳回申请。

人民法院应当自接受申请之时起四十八小时内作出裁定；裁定采取保全措施的，应当立即执行。

申请人自人民法院采取保全措施之日起十五日内不起诉的，人民法院应当解除该措施。

第六十八条　侵犯专利权的诉讼时效为二年，自专利权人或者利害关系人得知或者应当得知侵权行为之日起计算。

发明专利申请公布后至专利权授予前使用该发明未支付适当使用费的，专利权人要求支付使用费的诉讼时效为二年，自专利权人得知或者应当得知他人使用其发明之日起计算，但是，专利权人于专利权授予之日前即已得知或者应当得知的，自专利权授予之日起计算。

第六十九条 有下列情形之一的，不视为侵犯专利权：

（一）专利产品或者依照专利方法直接获得的产品，由专利权人或者经其许可的单位、个人售出后，使用、许诺销售、销售、进口该产品的；

（二）在专利申请日前已经制造相同产品、使用相同方法或者已经作好制造、使用的必要准备，并且仅在原有范围内继续制造、使用的；

（三）临时通过中国领陆、领水、领空的外国运输工具，依照其所属国同中国签订的协议或者共同参加的国际条约，或者依照互惠原则，为运输工具自身需要而在其装置和设备中使用有关专利的；

（四）专为科学研究和实验而使用有关专利的；

（五）为提供行政审批所需要的信息，制造、使用、进口专利药品或者专利医疗器械的，以及专门为其制造、进口专利药品或者专利医疗器械的。

第七十条 为生产经营目的使用、许诺销售或者销售不知道是未经专利权人许可而制造并售出的专利侵权产品，能证明该产品合法来源的，不承担赔偿责任。

第七十一条 违反本法第二十条规定向外国申请专利，泄露国家秘密的，由所在单位或者上级主管机关给予行政处分；构成犯罪的，依法追究刑事责任。

第七十二条 侵夺发明人或者设计人的非职务发明创造专利申请权和本法规定的其他权益的，由所在单位或者上级主管机关给予行政处分。

第七十三条 管理专利工作的部门不得参与向社会推荐专利产品等经营活动。

管理专利工作的部门违反前款规定的，由其上级机关或者监察机关责令改正，消除影响，有违法收入的予以没收；情节严重的，对直接负责的主管人员和其他直接责任人员依法给予行政处分。

第七十四条 从事专利管理工作的国家机关工作人员以及其他有关国家机关工作人员玩忽职守、滥用职权、徇私舞弊，构成犯罪的，依法追究刑事责任；尚不构成犯罪的，依法给予行政处分。

第八章 附 则

第七十五条 向国务院专利行政部门申请专利和办理其他手续，应当按照规定缴纳费用。

第七十六条 本法自 1985 年 4 月 1 日起施行。

附录2

中华人民共和国专利法实施细则（2010修订）

（2001年6月15日中华人民共和国国务院令第306号公布；根据2002年12月28日《国务院关于修改〈中华人民共和国专利法实施细则〉的决定》第一次修订；根据2010年1月9日《国务院关于修改〈中华人民共和国专利法实施细则〉的决定》第二次修订）

第一章 总 则

第一条 根据《中华人民共和国专利法》（以下简称专利法），制定本细则。

第二条 专利法和本细则规定的各种手续，应当以书面形式或者国务院专利行政部门规定的其他形式办理。

第三条 依照专利法和本细则规定提交的各种文件应当使用中文；国家有统一规定的科技术语的，应当采用规范词；外国人名、地名和科技术语没有统一中文译文的，应当注明原文。

依照专利法和本细则规定提交的各种证件和证明文件是外文的，国务院专利行政部门认为必要时，可以要求当事人在指定期限内附送中文译文；期满未附送的，视为未提交该证件和证明文件。

第四条 向国务院专利行政部门邮寄的各种文件，以寄出的邮戳日为递交日；邮戳日不清晰的，除当事人能够提出证明外，以国务院专利行政部门收到日为递交日。

国务院专利行政部门的各种文件，可以通过邮寄、直接送交或者其他方式送达当事人。当事人委托专利代理机构的，文件送交专利代理机构；未委托专利代理机构的，文件送交请求书中指明的联系人。

国务院专利行政部门邮寄的各种文件，自文件发出之日起满15日，推定为当事人收到文件之日。

根据国务院专利行政部门规定应当直接送交的文件，以交付日为送达日。

文件送交地址不清，无法邮寄的，可以通过公告的方式送达当事人。自公告之日起满1个月，该文件视为已经送达。

第五条 专利法和本细则规定的各种期限的第一日不计算在期限内。期限以年或者月计算的，以其最后一月的相应日为期限届满日；该月无相应日的，以该月最后一日为期限届满日；期限届满日是法定休假日的，以休假日后的第一个工作日为期限届满日。

第六条 当事人因不可抗拒的事由而延误专利法或者本细则规定的期限或者国务院专利行政部门指定的期限，导致其权利丧失的，自障碍消除之日起2个月内，最迟自期限届满之日起2年内，可以向国务院专利行政部门请求恢复权利。

除前款规定的情形外，当事人因其他正当理由延误专利法或者本细则规定的期限或者国务院专利行政部门指定的期限，导致其权利丧失的，可以自收到国务院专利行政部门的通知之日起2个月内向国务院专利行政部门请求恢复权利。

当事人依照本条第一款或者第二款的规定请求恢复权利的，应当提交恢复权利请求书，说明理由，必要时附具有关证明文件，并办理权利丧失前应当办理的相应手续；依照本条第二款的规定请求恢复权利的，还应当缴纳恢复权利请求费。

当事人请求延长国务院专利行政部门指定的期限的，应当在期限届满前，向国务院专利行政部门说明理由并办理有关手续。

本条第一款和第二款的规定不适用专利法第二十四条、第二十九条、第四十二条、第六十八条规定的期限。

第七条 专利申请涉及国防利益需要保密的，由国防专利机构受理并进行审查；国务院专利行政部门受理的专利申请涉及国防利益需要保密的，应当及时移交国防专利机构进行审查。经国防专利机构审查没有发现驳回理由的，由国务院专利行政部门作出授予国防专利权的决定。

国务院专利行政部门认为其受理的发明或者实用新型专利申请涉及国防利益以外的国家安全或者重大利益需要保密的，应当及时作出按照保密专利申请处理的决定，并通知申请人。保密专利申请的审查、复审以及保密专利权无效宣告的特殊程序，由国务院专利行政部门规定。

第八条　专利法第二十条所称在中国完成的发明或者实用新型，是指技术方案的实质性内容在中国境内完成的发明或者实用新型。

任何单位或者个人将在中国完成的发明或者实用新型向外国申请专利的，应当按照下列方式之一请求国务院专利行政部门进行保密审查：

（一）直接向外国申请专利或者向有关国外机构提交专利国际申请的，应当事先向国务院专利行政部门提出请求，并详细说明其技术方案；

（二）向国务院专利行政部门申请专利后拟向外国申请专利或者向有关国外机构提交专利国际申请的，应当在向外国申请专利或者向有关国外机构提交专利国际申请前向国务院专利行政部门提出请求。

向国务院专利行政部门提交专利国际申请的，视为同时提出了保密审查请求。

第九条　国务院专利行政部门收到依照本细则第八条规定递交的请求后，经过审查认为该发明或者实用新型可能涉及国家安全或者重大利益需要保密的，应当及时向申请人发出保密审查通知；申请人未在其请求递交日起4个月内收到保密审查通知的，可以就该发明或者实用新型向外国申请专利或者向有关国外机构提交专利国际申请。

国务院专利行政部门依照前款规定通知进行保密审查的，应当及时作出是否需要保密的决定，并通知申请人。申请人未在其请求递交日起6个月内收到需要保密的决定的，可以就该发明或者实用新型向外国申请专利或者向有关国外机构提交专利国际申请。

第十条　专利法第五条所称违反法律的发明创造，不包括仅其实施为法律所禁止的发明创造。

第十一条　除专利法第二十八条和第四十二条规定的情形外，专利法所称申请日，有优先权的，指优先权日。

本细则所称申请日，除另有规定的外，是指专利法第二十八条规定的申请日。

第十二条　专利法第六条所称执行本单位的任务所完成的职务发明创造，是指：

（一）在本职工作中作出的发明创造；

（二）履行本单位交付的本职工作之外的任务所作出的发明创造；

（三）退休、调离原单位后或者劳动、人事关系终止后 1 年内作出的，与其在原单位承担的本职工作或者原单位分配的任务有关的发明创造。

专利法第六条所称本单位，包括临时工作单位；专利法第六条所称本单位的物质技术条件，是指本单位的资金、设备、零部件、原材料或者不对外公开的技术资料等。

第十三条　专利法所称发明人或者设计人，是指对发明创造的实质性特点作出创造性贡献的人。在完成发明创造过程中，只负责组织工作的人、为物质技术条件的利用提供方便的人或者从事其他辅助工作的人，不是发明人或者设计人。

第十四条　除依照专利法第十条规定转让专利权外，专利权因其他事由发生转移的，当事人应当凭有关证明文件或者法律文书向国务院专利行政部门办理专利权转移手续。

专利权人与他人订立的专利实施许可合同，应当自合同生效之日起 3 个月内向国务院专利行政部门备案。

以专利权出质的，由出质人和质权人共同向国务院专利行政部门办理出质登记。

第二章　专利的申请

第十五条　以书面形式申请专利的，应当向国务院专利行政部门提交申请文件一式两份。

以国务院专利行政部门规定的其他形式申请专利的，应当符合规定的要求。

申请人委托专利代理机构向国务院专利行政部门申请专利和办理其他专利事务的，应当同时提交委托书，写明委托权限。

申请人有 2 人以上且未委托专利代理机构的，除请求书中另有声明的外，以请求书中指明的第一申请人为代表人。

第十六条　发明、实用新型或者外观设计专利申请的请求书应当写明下列事项：

（一）发明、实用新型或者外观设计的名称；

（二）申请人是中国单位或者个人的，其名称或者姓名、地址、邮政编码、组织机构代码或者居民身份证件号码；申请人是外国人、外国企业或者外国其他组织的，其姓名或者名称、国籍或者注册的国家或者地区；

（三）发明人或者设计人的姓名；

（四）申请人委托专利代理机构的，受托机构的名称、机构代码以及该机构指定的专利代理人的姓名、执业证号码、联系电话；

（五）要求优先权的，申请人第一次提出专利申请（以下简称在先申请）的申请日、申请号以及原受理机构的名称；

（六）申请人或者专利代理机构的签字或者盖章；

（七）申请文件清单；

（八）附加文件清单；

（九）其他需要写明的有关事项。

第十七条　发明或者实用新型专利申请的说明书应当写明发明或者实用新型的名称，该名称应当与请求书中的名称一致。说明书应当包括下列内容：

（一）技术领域：写明要求保护的技术方案所属的技术领域；

（二）背景技术：写明对发明或者实用新型的理解、检索、审查有用的背景技术；有可能的，并引证反映这些背景技术的文件；

（三）发明内容：写明发明或者实用新型所要解决的技术问题以及解决其技术问题采用的技术方案，并对照现有技术写明发明或者实用新型的有益效果；

（四）附图说明：说明书有附图的，对各幅附图作简略说明；

（五）具体实施方式：详细写明申请人认为实现发明或者实用新型的优选方式；必要时，举例说明；有附图的，对照附图。

发明或者实用新型专利申请人应当按照前款规定的方式和顺序撰写说明书，并在说明书每一部分前面写明标题，除非其发明或者实用新型的性质用其他方式或者顺序撰写能节约说明书的篇幅并使他人能够准确理解其发明或者实用新型。

发明或者实用新型说明书应当用词规范、语句清楚，并不得使用“如权利要求……所述的……”一类的引用语，也不得使用商业性宣传用语。

发明专利申请包含一个或者多个核苷酸或者氨基酸序列的，说明书应当包括符合国务院专利行政部门规定的序列表。申请人应当将该序列表作为说明书的一个单独部分提交，并按照国务院专利行政部门的规定提交该序列表的计算机可读形式的副本。

实用新型专利申请说明书应当有表示要求保护的产品的形状、构造或者其结合的附图。

第十八条　发明或者实用新型的几幅附图应当按照“图 1，图 2，……”顺序编号排列。

发明或者实用新型说明书文字部分中未提及的附图标记不得在附图中出现，附图中未出现的附图标记不得在说明书文字部分中提及。申请文件中表示同一组成部分的附图标记应当一致。

附图中除必需的词语外，不应当含有其他注释。

第十九条　权利要求书应当记载发明或者实用新型的技术特征。

权利要求书有几项权利要求的，应当用阿拉伯数字顺序编号。

权利要求书中使用的科技术语应当与说明书中使用的科技术语一致，可以有化学式或者数学式，但是不得有插图。除绝对必要的外，不得使用“如说明书……部分所述”或者“如图……所示”的用语。

权利要求中的技术特征可以引用说明书附图中相应的标记，该标记应当放在相应的技术特征后并置于括号内，便于理解权利要求。附图标记不得解释为对权利要求的限制。

第二十条　权利要求书应当有独立权利要求，也可以有从属权利要求。

独立权利要求应当从整体上反映发明或者实用新型的技术方案，记载解决技术问题的必要技术特征。

从属权利要求应当用附加的技术特征，对引用的权利要求作进一步限定。

第二十一条　发明或者实用新型的独立权利要求应当包括前序部分和特征部分，按照下列规定撰写：

（一）前序部分：写明要求保护的发明或者实用新型技术方案的主题名称和发明或者实用新型主题与最接近的现有技术共有的必要技术特征；

（二）特征部分：使用“其特征是……”或者类似的用语，写明发明或者实用新型区别于最接近的现有技术的技术特征。这些特征和前序部分写明的特征合在一起,限定发明或者实用新型要求保护的范围。

发明或者实用新型的性质不适于用前款方式表达的，独立权利要求可以用其他方式撰写。

一项发明或者实用新型应当只有一个独立权利要求，并写在同一发明或者实用新型的从属权利要求之前。

第二十二条　发明或者实用新型的从属权利要求应当包括引用部分和限定部分，按照下列规定撰写：

（一）引用部分：写明引用的权利要求的编号及其主题名称；

（二）限定部分：写明发明或者实用新型附加的技术特征。

从属权利要求只能引用在前的权利要求。引用两项以上权利要求的多项从属权利要求，只能以择一方式引用在前的权利要求，并不得作为另一项多项从属权利要求的基础。

第二十三条　说明书摘要应当写明发明或者实用新型专利申请所公开内容的概要，即写明发明或者实用新型的名称和所属技术领域，并清楚地反映所要解决的技术问题、解决该问题的技术方案的要点以及主要用途。

说明书摘要可以包含最能说明发明的化学式；有附图的专利申请，

还应当提供一幅最能说明该发明或者实用新型技术特征的附图。附图的大小及清晰度应当保证在该图缩小到 4 厘米 ×6 厘米时，仍能清晰地分辨出图中的各个细节。摘要文字部分不得超过 300 个字。摘要中不得使用商业性宣传用语。

第二十四条　申请专利的发明涉及新的生物材料，该生物材料公众不能得到，并且对该生物材料的说明不足以使所属领域的技术人员实施其发明的，除应当符合专利法和本细则的有关规定外，申请人还应当办理下列手续：

（一）在申请日前或者最迟在申请日（有优先权的，指优先权日），将该生物材料的样品提交国务院专利行政部门认可的保藏单位保藏，并在申请时或者最迟自申请日起 4 个月内提交保藏单位出具的保藏证明和存活证明；期满未提交证明的，该样品视为未提交保藏；

（二）在申请文件中，提供有关该生物材料特征的资料；

（三）涉及生物材料样品保藏的专利申请应当在请求书和说明书中写明该生物材料的分类命名（注明拉丁文名称）、保藏该生物材料样品的单位名称、地址、保藏日期和保藏编号；申请时未写明的，应当自申请日起 4 个月内补正；期满未补正的，视为未提交保藏。

第二十五条　发明专利申请人依照本细则第二十四条的规定保藏生物材料样品的，在发明专利申请公布后，任何单位或者个人需要将该专利申请所涉及的生物材料作为实验目的使用的，应当向国务院专利行政部门提出请求，并写明下列事项：

（一）请求人的姓名或者名称和地址；

（二）不向其他任何人提供该生物材料的保证；

（三）在授予专利权前，只作为实验目的使用的保证。

第二十六条　专利法所称遗传资源，是指取自人体、动物、植物或者微生物等含有遗传功能单位并具有实际或者潜在价值的材料；专利法所称依赖遗传资源完成的发明创造，是指利用了遗传资源的遗传功能完成的发明创造。

就依赖遗传资源完成的发明创造申请专利的，申请人应当在请求书中予以说明，并填写国务院专利行政部门制定的表格。

第二十七条 申请人请求保护色彩的，应当提交彩色图片或者照片。

申请人应当就每件外观设计产品所需要保护的内容提交有关图片或者照片。

第二十八条 外观设计的简要说明应当写明外观设计产品的名称、用途，外观设计的设计要点，并指定一幅最能表明设计要点的图片或者照片。省略视图或者请求保护色彩的，应当在简要说明中写明。

对同一产品的多项相似外观设计提出一件外观设计专利申请的，应当在简要说明中指定其中一项作为基本设计。

简要说明不得使用商业性宣传用语，也不能用来说明产品的性能。

第二十九条 国务院专利行政部门认为必要时，可以要求外观设计专利申请人提交使用外观设计的产品样品或者模型。样品或者模型的体积不得超过 30 厘米 ×30 厘米 ×30 厘米，重量不得超过 15 公斤。易腐、易损或者危险品不得作为样品或者模型提交。

第三十条 专利法第二十四条第（一）项所称中国政府承认的国际展览会，是指国际展览会公约规定的在国际展览局注册或者由其认可的国际展览会。

专利法第二十四条第（二）项所称学术会议或者技术会议，是指国务院有关主管部门或者全国性学术团体组织召开的学术会议或者技术会议。

申请专利的发明创造有专利法第二十四条第（一）项或者第（二）项所列情形的，申请人应当在提出专利申请时声明，并自申请日起 2 个月内提交有关国际展览会或者学术会议、技术会议的组织单位出具的有关发明创造已经展出或者发表，以及展出或者发表日期的证明文件。

申请专利的发明创造有专利法第二十四条第（三）项所列情形的，国务院专利行政部门认为必要时，可以要求申请人在指定期限内提交证明文件。

申请人未依照本条第三款的规定提出声明和提交证明文件的，或者未依照本条第四款的规定在指定期限内提交证明文件的，其申请不适用专利法第二十四条的规定。

第三十一条　申请人依照专利法第三十条的规定要求外国优先权的，申请人提交的在先申请文件副本应当经原受理机构证明。依照国务院专利行政部门与该受理机构签订的协议，国务院专利行政部门通过电子交换等途径获得在先申请文件副本的，视为申请人提交了经该受理机构证明的在先申请文件副本。要求本国优先权，申请人在请求书中写明在先申请的申请日和申请号的，视为提交了在先申请文件副本。

要求优先权，但请求书中漏写或者错写在先申请的申请日、申请号和原受理机构名称中的一项或者两项内容的，国务院专利行政部门应当通知申请人在指定期限内补正；期满未补正的，视为未要求优先权。

要求优先权的申请人的姓名或者名称与在先申请文件副本中记载的申请人姓名或者名称不一致的，应当提交优先权转让证明材料，未提交该证明材料的，视为未要求优先权。

外观设计专利申请的申请人要求外国优先权，其在先申请未包括对外观设计的简要说明，申请人按照本细则第二十八条规定提交的简要说明未超出在先申请文件的图片或者照片表示的范围的，不影响其享有优先权。

第三十二条　申请人在一件专利申请中，可以要求一项或者多项优先权；要求多项优先权的，该申请的优先权期限从最早的优先权日起计算。

申请人要求本国优先权，在先申请是发明专利申请的，可以就相同主题提出发明或者实用新型专利申请；在先申请是实用新型专利申请的，可以就相同主题提出实用新型或者发明专利申请。但是，提出后一申请时，在先申请的主题有下列情形之一的，不得作为要求本国优先权的基础：

（一）已经要求外国优先权或者本国优先权的；

（二）已经被授予专利权的；

（三）属于按照规定提出的分案申请的。

申请人要求本国优先权的，其在先申请自后一申请提出之日起即视为撤回。

第三十三条 在中国没有经常居所或者营业所的申请人，申请专利或者要求外国优先权的，国务院专利行政部门认为必要时，可以要求其提供下列文件：

（一）申请人是个人的，其国籍证明；

（二）申请人是企业或者其他组织的，其注册的国家或者地区的证明文件；

（三）申请人的所属国，承认中国单位和个人可以按照该国国民的同等条件，在该国享有专利权、优先权和其他与专利有关的权利的证明文件。

第三十四条 依照专利法第三十一条第一款规定，可以作为一件专利申请提出的属于一个总的发明构思的两项以上的发明或者实用新型，应当在技术上相互关联，包含一个或者多个相同或者相应的特定技术特征，其中特定技术特征是指每一项发明或者实用新型作为整体，对现有技术作出贡献的技术特征。

第三十五条 依照专利法第三十一条第二款规定，将同一产品的多项相似外观设计作为一件申请提出的，对该产品的其他设计应当与简要说明中指定的基本设计相似。一件外观设计专利申请中的相似外观设计不得超过 10 项。

专利法第三十一条第二款所称同一类别并且成套出售或者使用的产品的两项以上外观设计，是指各产品属于分类表中同一大类，习惯上同时出售或者同时使用，而且各产品的外观设计具有相同的设计构思。

将两项以上外观设计作为一件申请提出的，应当将各项外观设计的顺序编号标注在每件外观设计产品各幅图片或者照片的名称之前。

第三十六条 申请人撤回专利申请的，应当向国务院专利行政部门提出声明，写明发明创造的名称、申请号和申请日。

撤回专利申请的声明在国务院专利行政部门作好公布专利申请文件的印刷准备工作后提出的，申请文件仍予公布；但是，撤回专利申请的声明应当在以后出版的专利公报上予以公告。

第三章 专利申请的审查和批准

第三十七条 在初步审查、实质审查、复审和无效宣告程序中，实施审查和审理的人员有下列情形之一的，应当自行回避，当事人或者其他利害关系人可以要求其回避：

（一）是当事人或者其代理人的近亲属的；

（二）与专利申请或者专利权有利害关系的；

（三）与当事人或者其代理人有其他关系，可能影响公正审查和审理的；

（四）专利复审委员会成员曾参与原申请的审查的。

第三十八条 国务院专利行政部门收到发明或者实用新型专利申请的请求书、说明书（实用新型必须包括附图）和权利要求书，或者外观设计专利申请的请求书、外观设计的图片或者照片和简要说明后，应当明确申请日、给予申请号，并通知申请人。

第三十九条 专利申请文件有下列情形之一的，国务院专利行政部门不予受理，并通知申请人：

（一）发明或者实用新型专利申请缺少请求书、说明书（实用新型无附图）或者权利要求书的，或者外观设计专利申请缺少请求书、图片或者照片、简要说明的；

（二）未使用中文的；

（三）不符合本细则第一百二十一条第一款规定的；

（四）请求书中缺少申请人姓名或者名称，或者缺少地址的；

（五）明显不符合专利法第十八条或者第十九条第一款的规定的；

（六）专利申请类别（发明、实用新型或者外观设计）不明确或者难以确定的。

第四十条 说明书中写有对附图的说明但无附图或者缺少部分附图的，申请人应当在国务院专利行政部门指定的期限内补交附图或者声明取消对附图的说明。申请人补交附图的，以向国务院专利行政部门提交或者邮寄附图之日为申请日；取消对附图的说明的，保留原申请日。

第四十一条　两个以上的申请人同日（指申请日；有优先权的，指优先权日）分别就同样的发明创造申请专利的，应当在收到国务院专利行政部门的通知后自行协商确定申请人。

同一申请人在同日（指申请日）对同样的发明创造既申请实用新型专利又申请发明专利的，应当在申请时分别说明对同样的发明创造已申请了另一专利；未作说明的，依照专利法第九条第一款关于同样的发明创造只能授予一项专利权的规定处理。

国务院专利行政部门公告授予实用新型专利权，应当公告申请人已依照本条第二款的规定同时申请了发明专利的说明。

发明专利申请经审查没有发现驳回理由，国务院专利行政部门应当通知申请人在规定期限内声明放弃实用新型专利权。申请人声明放弃的，国务院专利行政部门应当作出授予发明专利权的决定，并在公告授予发明专利权时一并公告申请人放弃实用新型专利权声明。申请人不同意放弃的，国务院专利行政部门应当驳回该发明专利申请；申请人期满未答复的，视为撤回该发明专利申请。

实用新型专利权自公告授予发明专利权之日起终止。

第四十二条　一件专利申请包括两项以上发明、实用新型或者外观设计的，申请人可以在本细则第五十四条第一款规定的期限届满前，向国务院专利行政部门提出分案申请；但是，专利申请已经被驳回、撤回或者视为撤回的，不能提出分案申请。

国务院专利行政部门认为一件专利申请不符合专利法第三十一条和本细则第三十四条或者第三十五条的规定的，应当通知申请人在指定期限内对其申请进行修改；申请人期满未答复的，该申请视为撤回。

分案的申请不得改变原申请的类别。

第四十三条　依照本细则第四十二条规定提出的分案申请，可以保留原申请日，享有优先权的，可以保留优先权日，但是不得超出原申请记载的范围。

分案申请应当依照专利法及本细则的规定办理有关手续。

分案申请的请求书中应当写明原申请的申请号和申请日。提交分案申请时，申请人应当提交原申请文件副本；原申请享有优先权的，并应当提交原申请的优先权文件副本。

第四十四条　专利法第三十四条和第四十条所称初步审查，是指审查专利申请是否具备专利法第二十六条或者第二十七条规定的文件和其他必要的文件，这些文件是否符合规定的格式，并审查下列各项：

（一）发明专利申请是否明显属于专利法第五条、第二十五条规定的情形，是否不符合专利法第十八条、第十九条第一款、第二十条第一款或者本细则第十六条、第二十六条第二款的规定，是否明显不符合专利法第二条第二款、第二十六条第五款、第三十一条第一款、第三十三条或者本细则第十七条至第二十一条的规定；

（二）实用新型专利申请是否明显属于专利法第五条、第二十五条规定的情形，是否不符合专利法第十八条、第十九条第一款、第二十条第一款或者本细则第十六条至第十九条、第二十一条至第二十三条的规定，是否明显不符合专利法第二条第三款、第二十二条第二款、第四款、第二十六条第三款、第四款、第三十一条第一款、第三十三条或者本细则第二十条、第四十三条第一款的规定，是否依照专利法第九条规定不能取得专利权；

（三）外观设计专利申请是否明显属于专利法第五条、第二十五条第一款第（六）项规定的情形，是否不符合专利法第十八条、第十九条第一款或者本细则第十六条、第二十七条、第二十八条的规定，是否明显不符合专利法第二条第四款、第二十三条第一款、第二十七条第二款、第三十一条第二款、第三十三条或者本细则第四十三条第一款的规定，是否依照专利法第九条规定不能取得专利权；

（四）申请文件是否符合本细则第二条、第三条第一款的规定。

国务院专利行政部门应当将审查意见通知申请人，要求其在指定期限内陈述意见或者补正；申请人期满未答复的，其申请视为撤回。申请人陈述意见或者补正后，国务院专利行政部门仍然认为不符合前款所列各项规定的，应当予以驳回。

第四十五条　除专利申请文件外，申请人向国务院专利行政部门提交的与专利申请有关的其他文件有下列情形之一的，视为未提交：

（一）未使用规定的格式或者填写不符合规定的；

（二）未按照规定提交证明材料的。

国务院专利行政部门应当将视为未提交的审查意见通知申请人。

第四十六条　申请人请求早日公布其发明专利申请的，应当向国务院专利行政部门声明。国务院专利行政部门对该申请进行初步审查后，除予以驳回的外，应当立即将申请予以公布。

第四十七条　申请人写明使用外观设计的产品及其所属类别的，应当使用国务院专利行政部门公布的外观设计产品分类表。未写明使用外观设计的产品所属类别或者所写的类别不确切的，国务院专利行政部门可以予以补充或者修改。

第四十八条　自发明专利申请公布之日起至公告授予专利权之日止，任何人均可以对不符合专利法规定的专利申请向国务院专利行政部门提出意见，并说明理由。

第四十九条　发明专利申请人因有正当理由无法提交专利法第三十六条规定的检索资料或者审查结果资料的，应当向国务院专利行政部门声明，并在得到有关资料后补交。

第五十条　国务院专利行政部门依照专利法第三十五条第二款的规定对专利申请自行进行审查时，应当通知申请人。

第五十一条　发明专利申请人在提出实质审查请求时以及在收到国务院专利行政部门发出的发明专利申请进入实质审查阶段通知书之日起的 3 个月内，可以对发明专利申请主动提出修改。

实用新型或者外观设计专利申请人自申请日起 2 个月内，可以对实用新型或者外观设计专利申请主动提出修改。

申请人在收到国务院专利行政部门发出的审查意见通知书后对专利申请文件进行修改的，应当针对通知书指出的缺陷进行修改。

国务院专利行政部门可以自行修改专利申请文件中文字和符号的明显错误。国务院专利行政部门自行修改的，应当通知申请人。

第五十二条　发明或者实用新型专利申请的说明书或者权利要求书的修改部分，除个别文字修改或者增删外，应当按照规定格式提交替换页。外观设计专利申请的图片或者照片的修改，应当按照规定提交替换页。

第五十三条 依照专利法第三十八条的规定，发明专利申请经实质审查应当予以驳回的情形是指：

（一）申请属于专利法第五条、第二十五条规定的情形，或者依照专利法第九条规定不能取得专利权的；

（二）申请不符合专利法第二条第二款、第二十条第一款、第二十二条、第二十六条第三款、第四款、第五款、第三十一条第一款或者本细则第二十条第二款规定的；

（三）申请的修改不符合专利法第三十三条规定，或者分案的申请不符合本细则第四十三条第一款的规定的。

第五十四条 国务院专利行政部门发出授予专利权的通知后，申请人应当自收到通知之日起 2 个月内办理登记手续。申请人按期办理登记手续的，国务院专利行政部门应当授予专利权，颁发专利证书，并予以公告。

期满未办理登记手续的，视为放弃取得专利权的权利。

第五十五条 保密专利申请经审查没有发现驳回理由的，国务院专利行政部门应当作出授予保密专利权的决定，颁发保密专利证书，登记保密专利权的有关事项。

第五十六条 授予实用新型或者外观设计专利权的决定公告后，专利法第六十条规定的专利权人或者利害关系人可以请求国务院专利行政部门作出专利权评价报告。

请求作出专利权评价报告的，应当提交专利权评价报告请求书，写明专利号。每项请求应当限于一项专利权。

专利权评价报告请求书不符合规定的，国务院专利行政部门应当通知请求人在指定期限内补正；请求人期满未补正的，视为未提出请求。

第五十七条 国务院专利行政部门应当自收到专利权评价报告请求书后 2 个月内作出专利权评价报告。对同一项实用新型或者外观设计专利权，有多个请求人请求作出专利权评价报告的，国务院专利行政部门仅作出一份专利权评价报告。任何单位或者个人可以查阅或者复制该专利权评价报告。

第五十八条　国务院专利行政部门对专利公告、专利单行本中出现的错误，一经发现，应当及时更正，并对所作更正予以公告。

第四章　专利申请的复审与专利权的无效宣告

第五十九条　专利复审委员会由国务院专利行政部门指定的技术专家和法律专家组成，主任委员由国务院专利行政部门负责人兼任。

第六十条　依照专利法第四十一条的规定向专利复审委员会请求复审的，应当提交复审请求书，说明理由，必要时还应当附具有关证据。

复审请求不符合专利法第十九条第一款或者第四十一条第一款规定的，专利复审委员会不予受理，书面通知复审请求人并说明理由。

复审请求书不符合规定格式的，复审请求人应当在专利复审委员会指定的期限内补正；期满未补正的，该复审请求视为未提出。

第六十一条　请求人在提出复审请求或者在对专利复审委员会的复审通知书作出答复时，可以修改专利申请文件；但是，修改应当仅限于消除驳回决定或者复审通知书指出的缺陷。

修改的专利申请文件应当提交一式两份。

第六十二条　专利复审委员会应当将受理的复审请求书转交国务院专利行政部门原审查部门进行审查。原审查部门根据复审请求人的请求，同意撤销原决定的，专利复审委员会应当据此作出复审决定，并通知复审请求人。

第六十三条　专利复审委员会进行复审后，认为复审请求不符合专利法和本细则有关规定的，应当通知复审请求人，要求其在指定期限内陈述意见。期满未答复的，该复审请求视为撤回；经陈述意见或者进行修改后，专利复审委员会认为仍不符合专利法和本细则有关规定的，应当作出维持原驳回决定的复审决定。

专利复审委员会进行复审后，认为原驳回决定不符合专利法和本细则有关规定的，或者认为经过修改的专利申请文件消除了原驳回决定指出的缺陷的，应当撤销原驳回决定，由原审查部门继续进行审查程序。

第六十四条　复审请求人在专利复审委员会作出决定前，可以撤回其复审请求。

复审请求人在专利复审委员会作出决定前撤回其复审请求的，复审程序终止。

第六十五条　依照专利法第四十五条的规定，请求宣告专利权无效或者部分无效的，应当向专利复审委员会提交专利权无效宣告请求书和必要的证据一式两份。无效宣告请求书应当结合提交的所有证据，具体说明无效宣告请求的理由，并指明每项理由所依据的证据。

前款所称无效宣告请求的理由，是指被授予专利的发明创造不符合专利法第二条、第二十条第一款、第二十二条、第二十三条、第二十六条第三款、第四款、第二十七条第二款、第三十三条或者本细则第二十条第二款、第四十三条第一款的规定，或者属于专利法第五条、第二十五条的规定，或者依照专利法第九条规定不能取得专利权。

第六十六条　专利权无效宣告请求不符合专利法第十九条第一款或者本细则第六十五条规定的，专利复审委员会不予受理。

在专利复审委员会就无效宣告请求作出决定之后，又以同样的理由和证据请求无效宣告的，专利复审委员会不予受理。

以不符合专利法第二十三条第三款的规定为理由请求宣告外观设计专利权无效，但是未提交证明权利冲突的证据的，专利复审委员会不予受理。

专利权无效宣告请求书不符合规定格式的，无效宣告请求人应当在专利复审委员会指定的期限内补正；期满未补正的，该无效宣告请求视为未提出。

第六十七条　在专利复审委员会受理无效宣告请求后，请求人可以在提出无效宣告请求之日起1个月内增加理由或者补充证据。逾期增加理由或者补充证据的，专利复审委员会可以不予考虑。

第六十八条　专利复审委员会应当将专利权无效宣告请求书和有关文件的副本送交专利权人，要求其在指定的期限内陈述意见。

专利权人和无效宣告请求人应当在指定期限内答复专利复审委员会发出的转送文件通知书或者无效宣告请求审查通知书；期满未答复的，不影响专利复审委员会审理。

第六十九条　在无效宣告请求的审查过程中，发明或者实用新型专利的专利权人可以修改其权利要求书，但是不得扩大原专利的保护范围。

发明或者实用新型专利的专利权人不得修改专利说明书和附图，外观设计专利的专利权人不得修改图片、照片和简要说明。

第七十条　专利复审委员会根据当事人的请求或者案情需要，可以决定对无效宣告请求进行口头审理。

专利复审委员会决定对无效宣告请求进行口头审理的，应当向当事人发出口头审理通知书，告知举行口头审理的日期和地点。当事人应当在通知书指定的期限内作出答复。

无效宣告请求人对专利复审委员会发出的口头审理通知书在指定的期限内未作答复，并且不参加口头审理的，其无效宣告请求视为撤回；专利权人不参加口头审理的，可以缺席审理。

第七十一条　在无效宣告请求审查程序中，专利复审委员会指定的期限不得延长。

第七十二条　专利复审委员会对无效宣告的请求作出决定前，无效宣告请求人可以撤回其请求。

专利复审委员会作出决定之前，无效宣告请求人撤回其请求或者其无效宣告请求被视为撤回的，无效宣告请求审查程序终止。但是，专利复审委员会认为根据已进行的审查工作能够作出宣告专利权无效或者部分无效的决定的，不终止审查程序。

第五章　专利实施的强制许可

第七十三条　专利法第四十八条第（一）项所称未充分实施其专利，是指专利权人及其被许可人实施其专利的方式或者规模不能满足国内对专利产品或者专利方法的需求。

专利法第五十条所称取得专利权的药品，是指解决公共健康问题所需的医药领域中的任何专利产品或者依照专利方法直接获得的产品，包括取得专利权的制造该产品所需的活性成分以及使用该产品所需的诊断用品。

第七十四条　请求给予强制许可的，应当向国务院专利行政部门提交强制许可请求书，说明理由并附具有关证明文件。

国务院专利行政部门应当将强制许可请求书的副本送交专利权人，专利权人应当在国务院专利行政部门指定的期限内陈述意见；期满未答复的，不影响国务院专利行政部门作出决定。

国务院专利行政部门在作出驳回强制许可请求的决定或者给予强制许可的决定前,应当通知请求人和专利权人拟作出的决定及其理由。

国务院专利行政部门依照专利法第五十条的规定作出给予强制许可的决定，应当同时符合中国缔结或者参加的有关国际条约关于为了解决公共健康问题而给予强制许可的规定，但中国作出保留的除外。

第七十五条　依照专利法第五十七条的规定，请求国务院专利行政部门裁决使用费数额的，当事人应当提出裁决请求书，并附具双方不能达成协议的证明文件。国务院专利行政部门应当自收到请求书之日起 3 个月内作出裁决，并通知当事人。

第六章　对职务发明创造的发明人或者设计人的奖励和报酬

第七十六条　被授予专利权的单位可以与发明人、设计人约定或者在其依法制定的规章制度中规定专利法第十六条规定的奖励、报酬的方式和数额。

企业、事业单位给予发明人或者设计人的奖励、报酬，按照国家有关财务、会计制度的规定进行处理。

第七十七条　被授予专利权的单位未与发明人、设计人约定也未在其依法制定的规章制度中规定专利法第十六条规定的奖励的方式和数额的，应当自专利权公告之日起 3 个月内发给发明人或者设计人奖金。一项发明专利的奖金最低不少于 3000 元；一项实用新型专利或者外观设计专利的奖金最低不少于 1000 元。

由于发明人或者设计人的建议被其所属单位采纳而完成的发明创造，被授予专利权的单位应当从优发给奖金。

第七十八条　被授予专利权的单位未与发明人、设计人约定也未在其依法制定的规章制度中规定专利法第十六条规定的报酬的方式和数额的，在专利权有效期限内，实施发明创造专利后，每年应当从实施该项发明或者实用新型专利的营业利润中提取不低于 2% 或者从实施该项外观设计专利的营业利润中提取不低于 0.2%，作为报酬给予发明人或者设计人，或者参照上述比例，给予发明人或者设计人一次性报酬；被授予专利权的单位许可其他单位或者个人实施其专利的，应当从收取的使用费中提取不低于 10%，作为报酬给予发明人或者设计人。

第七章　专利权的保护

第七十九条　专利法和本细则所称管理专利工作的部门，是指由省、自治区、直辖市人民政府以及专利管理工作量大又有实际处理能力的设区的市人民政府设立的管理专利工作的部门。

第八十条　国务院专利行政部门应当对管理专利工作的部门处理专利侵权纠纷、查处假冒专利行为、调解专利纠纷进行业务指导。

第八十一条　当事人请求处理专利侵权纠纷或者调解专利纠纷的，由被请求人所在地或者侵权行为地的管理专利工作的部门管辖。

两个以上管理专利工作的部门都有管辖权的专利纠纷，当事人可以向其中一个管理专利工作的部门提出请求；当事人向两个以上有管辖权的管理专利工作的部门提出请求的，由最先受理的管理专利工作的部门管辖。

管理专利工作的部门对管辖权发生争议的，由其共同的上级人民政府管理专利工作的部门指定管辖；无共同上级人民政府管理专利工作的部门的，由国务院专利行政部门指定管辖。

第八十二条　在处理专利侵权纠纷过程中，被请求人提出无效宣告请求并被专利复审委员会受理的，可以请求管理专利工作的部门中止处理。

管理专利工作的部门认为被请求人提出的中止理由明显不能成立的，可以不中止处理。

第八十三条　专利权人依照专利法第十七条的规定，在其专利产品或者该产品的包装上标明专利标识的，应当按照国务院专利行政部门规定的方式予以标明。

专利标识不符合前款规定的，由管理专利工作的部门责令改正。

第八十四条　下列行为属于专利法第六十三条规定的假冒专利的行为：

（一）在未被授予专利权的产品或者其包装上标注专利标识，专利权被宣告无效后或者终止后继续在产品或者其包装上标注专利标识，或者未经许可在产品或者产品包装上标注他人的专利号；

（二）销售第（一）项所述产品；

（三）在产品说明书等材料中将未被授予专利权的技术或者设计称为专利技术或者专利设计，将专利申请称为专利，或者未经许可使用他人的专利号，使公众将所涉及的技术或者设计误认为是专利技术或者专利设计；

（四）伪造或者变造专利证书、专利文件或者专利申请文件；

（五）其他使公众混淆，将未被授予专利权的技术或者设计误认为是专利技术或者专利设计的行为。

专利权终止前依法在专利产品、依照专利方法直接获得的产品或者其包装上标注专利标识，在专利权终止后许诺销售、销售该产品的，不属于假冒专利行为。

销售不知道是假冒专利的产品，并且能够证明该产品合法来源的，由管理专利工作的部门责令停止销售，但免除罚款的处罚。

第八十五条　除专利法第六十条规定的外，管理专利工作的部门应当事人请求，可以对下列专利纠纷进行调解：

（一）专利申请权和专利权归属纠纷；

（二）发明人、设计人资格纠纷；

（三）职务发明创造的发明人、设计人的奖励和报酬纠纷；

（四）在发明专利申请公布后专利权授予前使用发明而未支付适当费用的纠纷；

（五）其他专利纠纷。

对于前款第（四）项所列的纠纷，当事人请求管理专利工作的部门调解的，应当在专利权被授予之后提出。

第八十六条　当事人因专利申请权或者专利权的归属发生纠纷，已请求管理专利工作的部门调解或者向人民法院起诉的，可以请求国务院专利行政部门中止有关程序。

依照前款规定请求中止有关程序的，应当向国务院专利行政部门提交请求书，并附具管理专利工作的部门或者人民法院的写明申请号或者专利号的有关受理文件副本。

管理专利工作的部门作出的调解书或者人民法院作出的判决生效后，当事人应当向国务院专利行政部门办理恢复有关程序的手续。自请求中止之日起 1 年内，有关专利申请权或者专利权归属的纠纷未能结案，需要继续中止有关程序的，请求人应当在该期限内请求延长中止。期满未请求延长的，国务院专利行政部门自行恢复有关程序。

第八十七条　人民法院在审理民事案件中裁定对专利申请权或者专利权采取保全措施的，国务院专利行政部门应当在收到写明申请号或者专利号的裁定书和协助执行通知书之日中止被保全的专利申请权或者专利权的有关程序。保全期限届满，人民法院没有裁定继续采取保全措施的，国务院专利行政部门自行恢复有关程序。

第八十八条　国务院专利行政部门根据本细则第八十六条和第八十七条规定中止有关程序，是指暂停专利申请的初步审查、实质审查、复审程序，授予专利权程序和专利权无效宣告程序；暂停办理放弃、变更、转移专利权或者专利申请权手续，专利权质押手续以及专利权期限届满前的终止手续等。

第八章　专利登记和专利公报

第八十九条　国务院专利行政部门设置专利登记簿，登记下列与专利申请和专利权有关的事项：

（一）专利权的授予；

（二）专利申请权、专利权的转移；

（三）专利权的质押、保全及其解除；

（四）专利实施许可合同的备案；

（五）专利权的无效宣告；

（六）专利权的终止；

（七）专利权的恢复；

（八）专利实施的强制许可；

（九）专利权人的姓名或者名称、国籍和地址的变更。

第九十条　国务院专利行政部门定期出版专利公报，公布或者公告下列内容：

（一）发明专利申请的著录事项和说明书摘要；

（二）发明专利申请的实质审查请求和国务院专利行政部门对发明专利申请自行进行实质审查的决定；

（三）发明专利申请公布后的驳回、撤回、视为撤回、视为放弃、恢复和转移；

（四）专利权的授予以及专利权的著录事项；

（五）发明或者实用新型专利的说明书摘要，外观设计专利的一幅图片或者照片；

（六）国防专利、保密专利的解密；

（七）专利权的无效宣告；

（八）专利权的终止、恢复；

（九）专利权的转移；

（十）专利实施许可合同的备案；

（十一）专利权的质押、保全及其解除；

（十二）专利实施的强制许可的给予；

（十三）专利权人的姓名或者名称、地址的变更；

（十四）文件的公告送达；

（十五）国务院专利行政部门作出的更正；

（十六）其他有关事项。

第九十一条　国务院专利行政部门应当提供专利公报、发明专利申请单行本以及发明专利、实用新型专利、外观设计专利单行本，供公众免费查阅。

第九十二条　国务院专利行政部门负责按照互惠原则与其他国

家、地区的专利机关或者区域性专利组织交换专利文献。

第九章　费　　用

第九十三条　向国务院专利行政部门申请专利和办理其他手续时，应当缴纳下列费用：

（一）申请费、申请附加费、公布印刷费、优先权要求费；

（二）发明专利申请实质审查费、复审费；

（三）专利登记费、公告印刷费、年费；

（四）恢复权利请求费、延长期限请求费；

（五）著录事项变更费、专利权评价报告请求费、无效宣告请求费。

前款所列各种费用的缴纳标准，由国务院价格管理部门、财政部门会同国务院专利行政部门规定。

第九十四条　专利法和本细则规定的各种费用，可以直接向国务院专利行政部门缴纳，也可以通过邮局或者银行汇付，或者以国务院专利行政部门规定的其他方式缴纳。

通过邮局或者银行汇付的，应当在送交国务院专利行政部门的汇单上写明正确的申请号或者专利号以及缴纳的费用名称。不符合本款规定的，视为未办理缴费手续。

直接向国务院专利行政部门缴纳费用的，以缴纳当日为缴费日；以邮局汇付方式缴纳费用的，以邮局汇出的邮戳日为缴费日；以银行汇付方式缴纳费用的，以银行实际汇出日为缴费日。

多缴、重缴、错缴专利费用的，当事人可以自缴费日起 3 年内，向国务院专利行政部门提出退款请求，国务院专利行政部门应当予以退还。

第九十五条　申请人应当自申请日起 2 个月内或者在收到受理通知书之日起 15 日内缴纳申请费、公布印刷费和必要的申请附加费；期满未缴纳或者未缴足的，其申请视为撤回。

申请人要求优先权的，应当在缴纳申请费的同时缴纳优先权要求费；期满未缴纳或者未缴足的，视为未要求优先权。

第九十六条　当事人请求实质审查或者复审的，应当在专利法及本细则规定的相关期限内缴纳费用；期满未缴纳或者未缴足的，视为未提出请求。

第九十七条　申请人办理登记手续时，应当缴纳专利登记费、公告印刷费和授予专利权当年的年费；期满未缴纳或者未缴足的，视为未办理登记手续。

第九十八条　授予专利权当年以后的年费应当在上一年度期满前缴纳。专利权人未缴纳或者未缴足的，国务院专利行政部门应当通知专利权人自应当缴纳年费期满之日起6个月内补缴，同时缴纳滞纳金；滞纳金的金额按照每超过规定的缴费时间1个月，加收当年全额年费的5%计算；期满未缴纳的，专利权自应当缴纳年费期满之日起终止。

第九十九条　恢复权利请求费应当在本细则规定的相关期限内缴纳；期满未缴纳或者未缴足的，视为未提出请求。

延长期限请求费应当在相应期限届满之日前缴纳；期满未缴纳或者未缴足的，视为未提出请求。

著录事项变更费、专利权评价报告请求费、无效宣告请求费应当自提出请求之日起1个月内缴纳；期满未缴纳或者未缴足的，视为未提出请求。

第一百条　申请人或者专利权人缴纳本细则规定的各种费用有困难的，可以按照规定向国务院专利行政部门提出减缴或者缓缴的请求。减缴或者缓缴的办法由国务院财政部门会同国务院价格管理部门、国务院专利行政部门规定。

第十章　关于国际申请的特别规定

第一百零一条　国务院专利行政部门根据专利法第二十条规定，受理按照专利合作条约提出的专利国际申请。

按照专利合作条约提出并指定中国的专利国际申请（以下简称国际申请）进入国务院专利行政部门处理阶段（以下称进入中国国家阶段）的条件和程序适用本章的规定；本章没有规定的，适用专利法及本细则其他各章的有关规定。

第一百零二条　按照专利合作条约已确定国际申请日并指定中国

的国际申请，视为向国务院专利行政部门提出的专利申请，该国际申请日视为专利法第二十八条所称的申请日。

第一百零三条　国际申请的申请人应当在专利合作条约第二条所称的优先权日（本章简称优先权日）起30个月内，向国务院专利行政部门办理进入中国国家阶段的手续；申请人未在该期限内办理该手续的，在缴纳宽限费后，可以在自优先权日起32个月内办理进入中国国家阶段的手续。

第一百零四条　申请人依照本细则第一百零三条的规定办理进入中国国家阶段的手续的，应当符合下列要求：

（一）以中文提交进入中国国家阶段的书面声明，写明国际申请号和要求获得的专利权类型；

（二）缴纳本细则第九十三条第一款规定的申请费、公布印刷费，必要时缴纳本细则第一百零三条规定的宽限费；

（三）国际申请以外文提出的，提交原始国际申请的说明书和权利要求书的中文译文；

（四）在进入中国国家阶段的书面声明中写明发明创造的名称，申请人姓名或者名称、地址和发明人的姓名，上述内容应当与世界知识产权组织国际局（以下简称国际局）的记录一致；国际申请中未写明发明人的，在上述声明中写明发明人的姓名；

（五）国际申请以外文提出的，提交摘要的中文译文，有附图和摘要附图的，提交附图副本和摘要附图副本，附图中有文字的，将其替换为对应的中文文字；国际申请以中文提出的，提交国际公布文件中的摘要和摘要附图副本；

（六）在国际阶段向国际局已办理申请人变更手续的，提供变更后的申请人享有申请权的证明材料；

（七）必要时缴纳本细则第九十三条第一款规定的申请附加费。

符合本条第一款第（一）项至第（三）项要求的，国务院专利行政部门应当给予申请号，明确国际申请进入中国国家阶段的日期（以下简称进入日），并通知申请人其国际申请已进入中国国家阶段。

国际申请已进入中国国家阶段，但不符合本条第一款第（四）项至第（七）项要求的，国务院专利行政部门应当通知申请人在指定期限内补正；期满未补正的，其申请视为撤回。

第一百零五条　国际申请有下列情形之一的，其在中国的效力终止：

（一）在国际阶段，国际申请被撤回或者被视为撤回，或者国际申请对中国的指定被撤回的；

（二）申请人未在优先权日起32个月内按照本细则第一百零三条规定办理进入中国国家阶段手续的；

（三）申请人办理进入中国国家阶段的手续，但自优先权日起32个月期限届满仍不符合本细则第一百零四条第（一）项至第（三）项要求的。

依照前款第（一）项的规定，国际申请在中国的效力终止的，不适用本细则第六条的规定；依照前款第（二）项、第（三）项的规定，国际申请在中国的效力终止的，不适用本细则第六条第二款的规定。

第一百零六条　国际申请在国际阶段作过修改，申请人要求以经修改的申请文件为基础进行审查的，应当自进入日起2个月内提交修改部分的中文译文。在该期间内未提交中文译文的，对申请人在国际阶段提出的修改，国务院专利行政部门不予考虑。

第一百零七条　国际申请涉及的发明创造有专利法第二十四条第（一）项或者第（二）项所列情形之一，在提出国际申请时作过声明的，申请人应当在进入中国国家阶段的书面声明中予以说明，并自进入日起2个月内提交本细则第三十条第三款规定的有关证明文件；未予说明或者期满未提交证明文件的，其申请不适用专利法第二十四条的规定。

第一百零八条　申请人按照专利合作条约的规定，对生物材料样品的保藏已作出说明的，视为已经满足了本细则第二十四条第（三）项的要求。申请人应当在进入中国国家阶段声明中指明记载生物材料样品保藏事项的文件以及在该文件中的具体记载位置。

申请人在原始提交的国际申请的说明书中已记载生物材料样品保藏事项，但是没有在进入中国国家阶段声明中指明的，应当自进入日起 4 个月内补正。期满未补正的，该生物材料视为未提交保藏。

申请人自进入日起 4 个月内向国务院专利行政部门提交生物材料样品保藏证明和存活证明的，视为在本细则第二十四条第（一）项规定的期限内提交。

第一百零九条　国际申请涉及的发明创造依赖遗传资源完成的，申请人应当在国际申请进入中国国家阶段的书面声明中予以说明，并填写国务院专利行政部门制定的表格。

第一百一十条　申请人在国际阶段已要求一项或者多项优先权，在进入中国国家阶段时该优先权要求继续有效的，视为已经依照专利法第三十条的规定提出了书面声明。

申请人应当自进入日起 2 个月内缴纳优先权要求费；期满未缴纳或者未缴足的，视为未要求该优先权。

申请人在国际阶段已依照专利合作条约的规定，提交过在先申请文件副本的，办理进入中国国家阶段手续时不需要向国务院专利行政部门提交在先申请文件副本。申请人在国际阶段未提交在先申请文件副本的，国务院专利行政部门认为必要时，可以通知申请人在指定期限内补交；申请人期满未补交的，其优先权要求视为未提出。

第一百一十一条　在优先权日起 30 个月期满前要求国务院专利行政部门提前处理和审查国际申请的，申请人除应当办理进入中国国家阶段手续外，还应当依照专利合作条约第二十三条第二款规定提出请求。国际局尚未向国务院专利行政部门传送国际申请的，申请人应当提交经确认的国际申请副本。

第一百一十二条　要求获得实用新型专利权的国际申请，申请人可以自进入日起 2 个月内对专利申请文件主动提出修改。

要求获得发明专利权的国际申请，适用本细则第五十一条第一款的规定。

第一百一十三条　申请人发现提交的说明书、权利要求书或者附图中的文字的中文译文存在错误的，可以在下列规定期限内依照原始国际申请文本提出改正：

（一）在国务院专利行政部门作好公布发明专利申请或者公告实用

新型专利权的准备工作之前；

（二）在收到国务院专利行政部门发出的发明专利申请进入实质审查阶段通知书之日起 3 个月内。

申请人改正译文错误的，应当提出书面请求并缴纳规定的译文改正费。

申请人按照国务院专利行政部门的通知书的要求改正译文的，应当在指定期限内办理本条第二款规定的手续；期满未办理规定手续的，该申请视为撤回。

第一百一十四条　对要求获得发明专利权的国际申请，国务院专利行政部门经初步审查认为符合专利法和本细则有关规定的，应当在专利公报上予以公布；国际申请以中文以外的文字提出的，应当公布申请文件的中文译文。

要求获得发明专利权的国际申请，由国际局以中文进行国际公布的，自国际公布日起适用专利法第十三条的规定；由国际局以中文以外的文字进行国际公布的，自国务院专利行政部门公布之日起适用专利法第十三条的规定。

对国际申请，专利法第二十一条和第二十二条中所称的公布是指本条第一款所规定的公布。

第一百一十五条　国际申请包含两项以上发明或者实用新型的，申请人可以自进入日起，依照本细则第四十二条第一款的规定提出分案申请。

在国际阶段，国际检索单位或者国际初步审查单位认为国际申请不符合专利合作条约规定的单一性要求时，申请人未按照规定缴纳附加费，导致国际申请某些部分未经国际检索或者未经国际初步审查，在进入中国国家阶段时，申请人要求将所述部分作为审查基础，国务院专利行政部门认为国际检索单位或者国际初步审查单位对发明单一性的判断正确的，应当通知申请人在指定期限内缴纳单一性恢复费。期满未缴纳或者未足额缴纳的，国际申请中未经检索或者未经国际初步审查的部分视为撤回。

第一百一十六条　国际申请在国际阶段被有关国际单位拒绝给予

国际申请日或者宣布视为撤回的，申请人在收到通知之日起 2 个月内，可以请求国际局将国际申请档案中任何文件的副本转交国务院专利行政部门，并在该期限内向国务院专利行政部门办理本细则第一百零三条规定的手续，国务院专利行政部门应当在接到国际局传送的文件后，对国际单位作出的决定是否正确进行复查。

第一百一十七条　基于国际申请授予的专利权，由于译文错误，致使依照专利法第五十九条规定确定的保护范围超出国际申请的原文所表达的范围的，以依据原文限制后的保护范围为准；致使保护范围小于国际申请的原文所表达的范围的，以授权时的保护范围为准。

第十一章　附　　则

第一百一十八条　经国务院专利行政部门同意，任何人均可以查阅或者复制已经公布或者公告的专利申请的案卷和专利登记簿，并可以请求国务院专利行政部门出具专利登记簿副本。

已视为撤回、驳回和主动撤回的专利申请的案卷，自该专利申请失效之日起满 2 年后不予保存。

已放弃、宣告全部无效和终止的专利权的案卷，自该专利权失效之日起满 3 年后不予保存。

第一百一十九条　向国务院专利行政部门提交申请文件或者办理各种手续，应当由申请人、专利权人、其他利害关系人或者其代表人签字或者盖章；委托专利代理机构的，由专利代理机构盖章。

请求变更发明人姓名、专利申请人和专利权人的姓名或者名称、国籍和地址、专利代理机构的名称、地址和代理人姓名的，应当向国务院专利行政部门办理著录事项变更手续，并附具变更理由的证明材料。

第一百二十条　向国务院专利行政部门邮寄有关申请或者专利权的文件，应当使用挂号信函，不得使用包裹。

除首次提交专利申请文件外，向国务院专利行政部门提交各种文件、办理各种手续的，应当标明申请号或者专利号、发明创造名称和申请人或者专利权人姓名或者名称。

一件信函中应当只包含同一申请的文件。

第一百二十一条　各类申请文件应当打字或者印刷，字迹呈黑色，整齐清晰，并不得涂改。附图应当用制图工具和黑色墨水绘制，线条应当均匀清晰，并不得涂改。

请求书、说明书、权利要求书、附图和摘要应当分别用阿拉伯数字顺序编号。

申请文件的文字部分应当横向书写。纸张限于单面使用。

第一百二十二条　国务院专利行政部门根据专利法和本细则制定专利审查指南。

第一百二十三条　本细则自 2001 年 7 月 1 日起施行。1992 年 12 月 12 日国务院批准修订、1992 年 12 月 21 日中国专利局发布的《中华人民共和国专利法实施细则》同时废止。

附录3

（一）外观设计专利侵权案

案例一

原告：深圳市某科技有限公司

被告：东莞市某电子有限公司

原告深圳市某科技有限公司是一项名称为“移动电源”的外观设计专利权人，其发现被告东莞市某电子有限公司作为制造商，在阿里巴巴网络平台上销售、许诺销售侵害涉案专利权的汽车移动充电电源，侵害其专利权，故请求法院判令对方停止制造、销售、许诺销售侵权，并赔偿损失 10 万元。法院审理认为，被告未经原告的许可，实施制造、销售、许诺销售被诉侵权产品的行为，侵害了原告的外观设计专利权。关于赔偿数额的确定，根据相关法律规定，确定侵权人因侵权所获得的利益，应当限于侵权人因侵犯专利权行为所获得的利益。

法院充分结合涉案专利的市场价值及侵犯该涉案专利权的电源主机在实现整款汽车应急启动电源的市场利润时所发挥的作用，认为汽车应急启动电源为具有一定创新程度的高新科技领域产品，而电源主机作为该款产品的主要零部件，其外观也构成产品整体外观的主要部分，对产品的整体视觉效果产生重要影响，对实现产品的市场利润发挥了主要作用。在此认定的前提下，法院经综合考虑涉案专利的类型、侵权行为的性质和情节等因素，判决被告赔偿原告经济损失及合理费用共 5 万元。

案例二

原告：胡某

被告：海口某茶叶公司

胡某设计的茶叶包装盒被授予外观设计专利，专利号

ZL200730005046.3。采用此外观设计专利的茶叶包装盒推出市场后，其外形美观的特点深受广大消费者的欢迎，本专利产品销量直线上升，取得了非常好的经济效益。但2008年9月，胡某在海口市新港水产批发市场发现，该茶艺公司未经许可大量制造、销售、使用胡某享有专利权的茶叶包装盒，用本专利产品赢得市场之机，大量生产、销售、使用侵权产品，充斥市场。本专利产品由于受到这些仿制品的冲击，销量直线下降。胡某为了维权，委托海南××律师事务所李××律师代理此案。李××律师接受代理后，认真研究案情，指导当事人收集、保全证据，经过努力，最后法院判决侵权成立，判令：①被告海口某茶叶公司立即停止销售侵权原告胡某专利号为ZL200730005046.3的外观设计专利权产品的行为，销毁侵权产品并在《海南日报》上公开赔礼道歉；②被告赔偿因其侵权行为给原告造成的经济损失人民币10万元；③被告赔偿因其侵权行为给原告造成的其他经济损失人民币6500元（其中包括原告为制止侵权行为支出的律师服务费5000元，公证费、差旅费1500元）；④本案诉讼费由被告承担。

（二）发明专利侵权案

案例一

原告：华为终端有限公司

被告：三星（中国）投资有限公司

华为终端有限公司认为自己的专利被侵权，将三星等被告起诉到泉州中级人民法院，索赔8000万元。

2016年5月25日，华为对外宣布在中国和美国同时对韩国三星公司提起知识产权诉讼。华为在诉讼中要求三星就其知识产权侵权行为对华为进行赔偿，这些知识产权包括涉及通信技术的高价值专利和三星手机使用的软件。华为认为其有权获得合理赔偿。

华为终端公司称，2010年年初，公司就“一种可应用于终端组件显示的处理方法和用户设备”的技术方案向国家知识产权局提出发明专利申请。经实质审查，该申请于2011年6月5日被授予发明专利权，专利号为ZL201010104157.0。该专利目前合法有效，受法律保护。

华为终端公司称，经过分析，该公司发现三星的某些手机的技术特征与 ZL201010104157.0 号发明专利权中的权利要求（合计 8 项）的所有技术特征一一对应。经过进一步深入调查分析，认为被告共有 16 款产品涉嫌侵权。

案例二

原告：史某

被告：大连某生物制药公司

哈尔滨药学专家史某研制的治疗心脑血管疾病的中成药“安脑丸”于 1997 年获得专利权，之后史某将该专利许可黑龙江路神集团制药有限公司实施，并授权该公司维护专利权。

正当路神“安脑丸”的生产和销售红火进行时，在哈尔滨、大连、沈阳等地市场却出现了一种署名大连某生物制药公司生产的“安脑丸”。其包装盒上注明的药物成分、功能主治、用法用量等均与路神相仿，很快给路神公司的销售带来较大的冲击。

为挽回损失，路神公司以专利被侵权为由，将大连某生物制药公司告上哈尔滨市中级人民法院，请求停止侵权并赔偿损失。

法院经审理认为，被告未经原告和专利权人许可，擅自生产专利产品“安脑丸”并销售，已构成专利侵权，因此判决大连某生物制药公司立即停止生产、销售这一专利产品，赔偿原告 50 万元。

（三）实用新型侵权案

案例一

原告：芜湖某公司

被告：东岳某机械公司

原告芜湖某公司系实用新型专利“一种蒸养车自动挂钩脱钩装置”的专利权人。原告发现被告东岳某机械公司制造的蒸养车产品擅自使用了其专利，并将侵权产品销售给被告江苏中技公司等客户，侵害了其专利权，遂诉至法院请求判令停止侵权并赔偿经济损失 1 619 820 元。

法院经审理认为，被控技术方案包含了与原告涉案专利权利要求 1 中记载的全部技术特征相同或等同的特征，已经落入涉案专利权的保护范围。判令被告东岳某机械公司停止侵权并赔偿原告经济损失 233 000 元。

案例二

一名技术人员郭某被本市第一中级人民法院确认为通过不正当手段获得本案原告“水轮发电机组用制动器”的技术发明并申请专利，从而被法院一审剥夺了对涉案技术发明的专利权。同时，法院一审确认涉案专利的专利权人为本案原告。

原告某发电技术设备公司的代理人在庭审中称，原告单位成立于1994年，系以水轮发电机组辅机的技术开发、制造、销售为主要经营业务的专业企业。1999～2003年，作为原告法定代表人兼总工程师的何某先后完成了包括“水轮发电机组用制动器”系列在内的多项发明制造，并对上述技术成果采取了相应的保密措施。本案第二被告李某原系原告聘用的职工，于1998～2004年在原告处从事水电设备的制图、生产、销售等工作，2004年离职。由于工作上的便利，李某能够方便地接触到包括“制动器”在内的产品技术图纸和相关技术资料。2005年10月，原告发现第一被告郭某向国家知识产权局提出名称为“用于水轮发电机组的刹车制动器”的专利申请,并取得实用新型专利。经过比对，该专利的技术内容与原告总工程师何某发明的“制动器”系列产品中的一种产品的结构完全相同。此后，经调查得知，郭某申请专利的技术资料均由李某利用职务之便，在未经原告许可的情况下，通过不合法的方法从原告处取得。为规避法律，第二被告将郭某虚列为发明人，以郭某的名义提出专利申请，并取得了专利权。原告认为，第二被告为达到将原告的发明技术成果据为己有的目的，采用非法取得、规避法律和擅自将原告研究、开发的技术成果申请专利的方法取得专利权，其行为有违民事法律行为应当遵守的诚实信用原则，严重侵害了本应由原告享有的专利权，侵害了原告的合法权益。因此，原告请求法院依法确认其为涉案实用新型专利的专利权人；两个被告在媒体公开向原告赔礼道歉；本案各项诉讼费用、原告聘请律师的费用由两个被告承担。

被告郭某辩称其多年来一直从事技术开发、研究工作，而且在从事技术开发的工作中进行了技术发明工作。被告设计的专利已经依法取得专利权，与原告没有任何关系，请求法院依法驳回原告的诉讼请求。

被告李某表示其确实于 1998 ～ 2004 年在原告处工作，从事的是技术生产及相关工作。原告对诉争技术没有采取保密措施，而且该技术不具有价值，自己没有义务为原告保密。李某说，原告没有证据证明其拥有专利权，其诉讼请求应被驳回。

法官经询问得知，郭某并不了解涉案发明装置安装在水轮发电机中的具体位置，也不能正确指出专利附图中装置的具体名称。

法院经审理认为，国家设立专利制度的目的在于鼓励发明创造，保护发明创造者的合法权益。专利权属的确定应依据专利技术的发明权属确定，以他人的技术发明申请专利违反了当事人在民事活动中应遵循的诚实信用的基本原则。从本案查明的事实可以确定，本案涉诉的专利技术是由原告发明的，原告应为该专利的权利人。被告郭某通过不正当的手段获得他人技术发明并申请专利的行为，侵害了原告的合法权益。两个被告的抗辩缺乏事实依据，法院不予支持。

案例三

原告：哈某

被告：解放军某医院

原告哈某系被告单位麻醉科主治医师，长期从事麻醉工作。在其给口腔患者做手术时，看到由于喉镜上没有麻醉配件，患者非常痛苦，因此设想把喉镜与麻醉系统连在一起。1988 年 1 月，原告完成了“多功能喉镜”的构思，并于同年 3 月 2 日用草图向国家专利局申请“多功能喉镜”实用新型专利。1989 年 3 月 21 日取得专利权，专利证书号为 88203809.5。同年 4 月，原告与航天工业部青云仪器厂试制出五台样机。1991 年初，原告欲将该专利转让给北京某厂，被告得知后即派员去该厂，说明此项专利为职务发明，专利权不归原告所有。某厂因此终止与原告达成的转让协议。1991 年被告开会并下文令原告将专利证书交出，由被告进一步开发利用此项专利，否则，对原告立功、晋升级别不予申报。原告在此压力下，于同年 4 月 19 日函告国家专利局，其原申请的“多功能喉镜”，因属职务发明，经协商将该专利权转归被告所有，并填写了《权利转让登记请求书》《著录项目变更申请书》备案。同年 10 月 17 日，原告又致函国家专利局，申明前述行为非其真实意思表示，应为无效。1992 年 5 月，被告从某厂拿走原告的专利证书。原告遂向呼和浩特市中级人民法院起诉，诉称：1988 年 3 月 2 日其向国家专利局申请“多功能喉镜”实用新型专利，1989 年 3 月 21 日取得专利权。后被告以不予立功和晋升级别相胁迫，迫使我违背本意变更专利权属；1992 年 5 月，被告又从某厂拿走我的专利证书，被告的行为是严重的侵权行为。请求法院确认“多功能喉镜”发明为非职务发明，并追究被告扣押专利证书的法律责任。

被告在答辩期间，以其与原告专利权属纠纷已经军队专利管理机关依法裁决，且已发生法律效力为理由提出本案管辖权异议。

被告答辩称：原告为麻醉医师，对麻醉器具的革新属于本职工作，且“多功能喉镜”已列入本院 1987 ～ 1991 科研规划；据《专利法实施细则》第十条规定，原告的发明与其从事的工作有关；原告在发明过程中借用了单位的“新喉镜、手柄、窥视片”等物品，被告还提供了科研经费 553.8 元及工作时间；原告于 1991 年 4 月致函国家专利局，称“多功能喉镜”专利属职务发明，并签署了《权利转让登记请求书》《著录项目变更申请书》，说明原告本人也认为该项发明为职务发明，请求驳回原告诉讼请求。

呼和浩特市中级人民法院经对被告提出的管辖权异议进行审查，认为根据《中华人民共和国专利法实施细则》第七十六条规定，专利管理机关不包括军队的专利管理机关。据此，裁定驳回了被告的管辖权异议。被告不服，向内蒙古高级人民法院提起上诉。内蒙古高级人民法院经审查，认为呼和浩特市中级人民法院有管辖权，裁定驳回上诉。

呼和浩特市中级人民法院经审理查明：被告提交的 1987 年 12 月所制订的“1987 ～ 1991 医学科研规划项目表”及“1988 年 3 月 8 日的科委会记录”，将原告发明的“硬膜外穿刺定位器”“多功能喉镜”列入计划项目，但原告于 1988 年 7 月 1 日申请专利，1989 年 12 月 8 日取得专利证书的“硬膜外穿刺自动阻力消失器”，是 1988 年 5 月更名为“硬膜外穿刺定位器”的，它不可能出现在更名前的 1987 年

12月的“科研规划项目表”及1988年3月8日的“科委会记录”上，故被告所提供的上述证据缺乏真实性。1988年2月29日，原告以“新喉镜研制费”名义向被告借款300元，此属借款不是拨款，不能据此认定原告的发明使用了被告的科研经费。1989年10月16日，原告以“多功能喉镜申请费”及“专利的年、证、印费”名义向被告报销费用205元属实，但报销时间在该专利的申请日之后，故以上两项费用与“多功能喉镜”的发明无关。1988年2月2日，原告借被告新喉镜一副，手柄、窥视片各一件，作为构思发明草图的参考，并未用其作“多功能喉镜”的零部件，且已归还，不能认定为原告利用了被告的设备。

根据以上事实，呼和浩特市中级人民法院认为：原告作为麻醉师，其本职工作是在患者手术前利用现有药物及器械为患者实施麻醉。其在长期的临床实践中发现普通喉镜在临床使用时的诸多不便，因此，产生了对普通喉镜的革新构思。“多功能喉镜”的发明，从构思开始到申请专利之前，被告从未对原告下达过此项科研任务，原告也未利用过被告的设备和经费，且按时按量完成了本职工作，故原告为实用新型“多功能喉镜”的发明人。依据《中华人民共和国专利法》第六条第一款、《中华人民共和国民事诉讼法》第一百三十八条之规定，于1993年10月30日判决如下：确认实用新型“多功能喉镜”发明为非职务发明，专利权归原告所有。

被告不服一审判决，向内蒙古自治区高级人民法院上诉，称：一审判决认定“多功能喉镜”的发明不是职务发明，不符合法律和事实，对专利权的归属适用法律不当。卫生部颁发的《医院工作人员职责》中规定，麻醉科医师有日常麻醉教学、科研的任务，故哈某改进麻醉器械，发明“多功能喉镜”是本职工作。哈某1988年2月29日所借“新喉镜研制费”300元是预支科研经费，最后凭单据报销。我院在哈某构思阶段报销了其购置零配件费用，借给了有关用具，以后还出了年费。一审判决对“多功能喉镜”技术特点与用途的描述存在缺陷。本案应适用《专利法实施细则》第十条的规定，一审判决适用法律不当。

内蒙古自治区高级人民法院经审理认为：《医院工作人员职责》中规定的麻醉科医师的职责是授权性规范，而不是义务性规范。义务性规范是要求人们作为，若不作为即违反法定义务，要承担法律责任。麻醉师的本职工作是利用现有药物及器械在患者手术前为其实施麻醉。所以，在上诉人未给被上诉人下达科研任务的情况下，从事“多功能喉镜”的研究，是被上诉人的权利而不是义务。另外，从“多功能喉镜”的专利权内容来看，其技术领域属机械设计，本质上与医疗业务无关。而医生的本职工作是以人体为对象，治病救人，医生没有发明医疗器械与生产医疗器械的义务。故被上诉人的发明不属于本职工作。被上诉人在申请“多功能喉镜”专利前一天向上诉人借“新喉镜研制费”300 元，系申请专利之用，是正常的借贷关系，并非拨款，不能以此证明被上诉人使用过上诉人的科研经费。1988 年 2 月 2 日，被上诉人借上诉人的喉镜、手柄、窥视片是为绘图参考使用，不构成主要利用单位的物质条件。上诉人提交的“1987 ～ 1991 科研规划项目表”所列的被上诉人的另一项发明“硬膜外穿刺自动阻力消失器”，当时还未取名为“硬膜外穿刺定位器”，却出现在表中，并且把“多功能喉镜”也列入表中，又无明确的科研安排。该科研规划项目表为复制件，经合议庭提示，上诉人拒不提供原件；被上诉人对该项目表也不予承认。根据最高人民法院《关于适用〈中华人民共和国民事诉讼法〉若干问题的意见》第 78 条之规定，对此不予采信。1988 年 3 月 8 日的科委会记录因在“多功能喉镜”专利申请日之后，故与本案无关。综上，被上诉人发明实用新型“多功能喉镜”不是上诉人下达的科研任务，不属本职工作，也没有主要利用上诉人的物质条件，应确定为非职务发明。原审法院认定事实清楚，适用法律正确。上诉人的理由不能成立。根据《中华人民共和国民事诉讼法》第一百五十三条第一款第（一）项之规定，于 1994 年 4 月 4 日判决如下：驳回上诉，维持原判。

本案是一起专利权属纠纷案件。争议的焦点是“多功能喉镜”究竟是职务发明，还是非职务发明。《中华人民共和国专利法实施细则》第十二条规定：“专利法第六条所称执行本单位的任务所完成的职务发明创造是指：（一）在本职工作中作出的发明创造；（二）履行本单位交付的本职工作之外的任务所作出的发明创造；（三）退职、退休或者调动工作后一年内作出的，与其在原单位承担的本职工作或者分配的任务有关的发明创造。专利法第六条所称本单位的物质条件是指本单位的资金、设备、零部件、原材料或者不对外公开的技术资料等。”

本案被告在一审答辩及二审上诉理由中所提的四点依据似乎显示“多功能喉镜”确实属于职务发明，给人一种扑朔迷离的感觉。但是，依据《专利法实施细则》第十二条的规定，应当确认“多功能喉镜”发明为非职务发明。(一) 原告作为麻醉师，其本职工作是在患者做手术前利用现有药物及器械为患者实施麻醉。(二)“多功能喉镜”的发明从构思开始到申请专利之前，被告从未对原告下达过此项科研任务。(三) 从“多功能喉镜”的专利内容来看，其技术领域属机械制造业，虽然此项专利技术的成果是用于医疗，但是这项技术的发明本质上是与医疗业务无关的。医生的本职工作是以人体为对象，治病救人，没有发明医疗器械与生产医疗器械的义务。故原告的此项发明不属职务发明。另外,原告在申请“多功能喉镜”专利前向被告所借“新喉镜研制费”300 元,是用于申请专利,在研究构思及发明的全过程中,这 300 元借款并未使用，所以这 300 元并非研制经费，应属正常的借贷关系。原告 1988 年 2 月 2 日借单位的喉镜、手柄、窥视片是完成发明构思后为绘制图纸作参考的，不构成主要利用本单位的物质条件。综上，原告的此项发明应为非职务发明。

被告主张原告的发明为职务发明，实质上是将“职务发明”理解得过宽，将职务技术成果与在本职岗位上获得知识、技术、经验和信息混同起来，将职工的本岗位职责与个人所学的专业领域、与本职工作所属的行业混同起来，把个人在其专业背景下所作出的一切技术成果不加区别地按职务成果处理，其结果是侵夺了职工的非职务技术成果。本案被告不但把“职务发明”理解得过宽，而且以行政手段迫使原告承认此项发明是职务发明，其结果是侵夺了原告的非职务技术成果。一、二审法院判决确认了原告的此项专利权是正确的。